Friedl Thorward

Mein wildes Waldgebirge

Inhalt

Wie es zu diesem Buch kam

Ich weiß, es gibt keine Märchen mehr – aber trotzdem, wenn einer zu mir sagen würde: Such dir das schönste Plätzchen auf der Erde, richte es dir dort gemütlich ein, doch deine Heimat, die mußt du für immer dagegen tauschen – ich würde ablehnen. Und wenn er gar sagen würde: Ich geb dir dazu alles, was du dir sonst noch zu deinem Glück wünschest, ich geb dir Berge von Geld und Gold . . . – ich würde ablehnen.

Was kann es Besseres geben als die Zufriedenheit? Hier im »Wald« bin ich zuhause. In der Senke zwischen Hohenbogen und Cerkov kam ich zur Welt – in einer Zeit, da das Hurra-Geschrei der ersten Kriegstage allmählich leiser wurde und den Tränen wich, weil der Heldentod im Rösselsprung schon durch Städte und Dörfer ging.

Mir wurde das Ungemach jener Zeit kaum bewußt. Abgeschirmt durch meine Eltern, eingebettet in ihre Liebe und Sorge wuchs ich mit drei Geschwistern heran. Und kaum, daß ich die ersten Hosen trug, lief ich unbekümmert hinaus in die blühenden Wiesen, und die Bergwälder wurden mir bald zum liebsten Aufenthalt, sie wurden zur Kulisse meiner ersten »großen Erlebnisse«. Vor allem aber meinem Vater und meinen Brüdern verdanke ich die Liebe zum Wald und ein überreiches Naturerleben.

Ganz langsam reifte in mir der Entschluß, den vielen Waldfreunden mitzuteilen und sie erleben zu lassen, was ich selbst so oft erleben durfte. Lange habe ich den Inhalt überdacht, nach einem Titel gesucht: Da führt der Weg, weitab von Straßen und menschlichen Siedlungen und vom Gedränge des Fremdenstroms durch Wildnis und Schachten, über Filze und Fels, durch Stille und Einsamkeit. Wir sehen die Wunder am Wege, erleben die Berge im Wechsel des Lichts und der Jahreszeiten. Das Werden des Grenzlandes wird sichtbar. Säumer und Siedler, Bischöfe und Mönche, Heilige und Propheten, Aschenbrenner, Holzhauer, Hirten, Glashütten und Klöster begegnen uns auf einem langen Weg. Doch um alles spannt sich der wilde Wald, dessen Hauch wir atmen, dessen Seele wir ahnen. Ein unwiderstehlicher Zauber geht von diesem Gebirge aus . . . Zauber, Wildheit . . ., das waren die richtigen Worte. Ich wagte einen Namen für mein Buch, der alles sagt. Wer aber meint, daß die Worte zu schwach wären, der möge dahinter die wunderbare, göttliche Ordnung und die Ursprünglichkeit sehen, die uns in der Einsamkeit des Waldlandes noch überall begegnet.

Und nun, Bergsteiger, Wanderer, wenn ich dir raten darf, nimm zunächst die Kompaßkarte zur Hand, wandere auf ihr – wie das Buch dir sagt – hinein in das Waldgebirge! Schnell wirst du seinem Zauber erliegen. Und tu es eines Tages auch in der Natur! Erleb es so, wie ich es in einem halben Jahrhundert vielhundertmal erlebt habe!

Läßt es aber deine Gesundheit nicht zu, tragen dich die Füße nicht mehr so weit, so wirst du auch ohne beschwerliche Wanderung in diesem Buch dein Erlebnis haben.

Es ist für alle geschrieben, die den »Wald« lieben, die ihn kennen und die ihn kennen lernen wollen.

Frühjahr 1980 Friedl Thorward

Im Bann des Hohenbogen

Zwischen dem Bayerischen Wald im Süden und dem Oberpfälzer Wald im Norden liegt die Further Senke, das uralte Völkertor zwischen Ost und West. Schon wenn wir von den Waldmünchener Bergen, etwa vom Dachsriegel, vom Reißeck oder vom Geißriegel auf sie hinunterschauen, sind wir fasziniert, sofern wir nur ein wenig die Geschichte kennen. Sie war schon in grauer Vorzeit die natürliche Verbindung zwischen den Siedlungsräumen in Böhmen und Bayern. Erst spät begann man zu forschen und die Funde, meist steinerne Zeugen, einzuordnen in das Geschehen früherer Jahrtausende, das man aus den angrenzenden Ebenen schon näher kannte.

Immer noch ist viel von dem, was einmal war, im Dunkel der Vergangenheit geblieben. Aber eines ist sicher: Nahezu hunderttausend Jahre vor der Zeitenwende zogen durch diese Senke schon Menschen, während der übrige »Nordwald«, wie der Bayerische Wald früher hieß, noch um das Jahr 1000 nach Christus fast unwegsam war.

Es waren Menschen, die auf der Jagd waren, Menschen, die begehrte Steine und Erze sammelten, Völker, die sich eine neue Heimat suchten. Und auch die Bajuwaren sollen aus Böhmen durch dieses Tal ziehend sich im 6. Jahrhundert hier niedergelassen haben. Ob sie identisch waren mit den Markomannen und erst in ihren heutigen Siedlungsräumen Bayern, Österreich und Südtirol zu Bajuwaren wurden, oder ob sie schon als Bajuwaren kamen, ist bis heute nicht geklärt.

Nur der Name des Flüßchens, das sich in zahllosen Windungen von Böhmen hereinschlängelt und dem Regen zufließt, scheint eine klare Aussage zu machen. Chamb heißt es. »Cambo« ist ein keltisches Wort und bedeutet so viel wie »krumm«. Daraus wissen wir, daß, wie an der Donau, so auch hier in dieser Senke vor den Bajuwaren die Kelten siedelten.

Der alte Völkerweg überwand den Chamb durch eine Furt. In dem

unwirtlichen Waldgebiet zwischen den hohen Bergen mag sie einstmals ein bedeutender geographischer Begriff gewesen sein. Vielleicht ein Angelpunkt der damals noch engen Welt, vielleicht war es die sehnlich erwartete, mit einem Aufatmen überwundene, vielleicht auch die verteidigte, die gefürchtete, die nur im Kampf zu nehmende, unvergeßliche Furt im Wald.
Hier entwickelte sich seit dem 11. Jahrhundert die heutige Grenzstadt, deren bunte Häuser und markante Türme mit viel Anmut aus dem grünen Wiesenteller leuchten, der sich zwischen Hohenbogen und Cerkov breitet. Ihr reich gegliedertes, bäuerlich-natürlich gebliebenes Umland macht sie zu einem gern besuchten Ferienziel. Durch ihren Eisenbahn- und Straßengrenzübergang wird sie heute noch der stolzen Tradition gerecht, Tor und Mittlerin zu sein zum Osten.
Ab 1514 bildete sich unter den Pflegern von Furth – hier vor allem Grenzhauptmann Sigmund Seyboltsdorfer – und unterstützt von den bayerischen Herzögen Wilhelm und Maximilian die Further Grenzfahne, die älteste Landwehreinrichtung Bayerns, denn wieder einmal war die Grenze bedroht. Die Truppe – bis 1000 Mann zu Pferd und zu Fuß – mußte ernährt werden, deshalb erhielt Furth genügend Umland und dadurch einen Burgfrieden, der dem von heutigen Großstädten entspricht. Sogar ein Berg – der Dieberg – liegt innerhalb des Stadtgebiets. Ein Wetterleuchten ging seit langer Zeit schon durch die Lande, wie es immer vor großen Ereignissen zu sein pflegt. Fürsten muckten auf gegen den Kaiser und schlossen sich zusammen. Freunde wurden zu Feinden. Der Dreißigjährige Krieg stand vor der Tür. Er brach wie ein verheerendes Unwetter über die Dreiländerecke zwischen Bayern, Böhmen und Pfalz herein und brachte unsägliche Greuel über die Bewohner.* Kaiserliche, bayerische und schwedische Kriegsheere – es war ja kaum ein Unterschied zwischen Freund und Feind –, die nacheinander durch die Senke zogen, zerstörten, raubten, plünderten und quälten die Menschen zu Tode. Unter den noch lebenden räumte die Pest auf.
Zwei Jahrhunderte früher waren es die Hussiten, die fast 20 Jahre lang immer wieder über die Grenze einfielen und mit Feuer und

* die ehemalige Dreiländerecke ist heute noch auf dem Berg Dreiwappen bei Furth vermarkt.

Schwert ihren reformierten Glauben auszubreiten und ihren im Konzil von Konstanz auf dem Scheiterhaufen verbrannten Großmeister Hus zu rächen versuchten.
Im »Drachenstich«, dem ältesten Volksschauspiel Deutschlands, der die Hussitenschlacht bei Taus 1431 zum historischen Hintergrund hat, wird das Grenzlandschicksal der 650-jährigen Stadt in ungeheuerer Dramatik deutlich. Kein Geringerer als Josef Martin Bauer schrieb die Texte zum Spiel. Unabhängig von jeder anderen Deutung, kann man sagen, daß der Drache nichts anderes ist als die Verkörperung von Not und Elend, Tod und Drangsalen, Wirrnissen und Kriegen, die diesen Winkel immer wieder heimsuchten. »Wenn der Drach' umgeht im Wald«, so hieß es, »dann wird nur noch gestorben, und nur noch gestorben«. Ein gar hartes Wort, aber es paßte immer auf diese Grenze. Und der Ritter, der den Drachen besiegt, stellt den Mut, die Tapferkeit, Entschlossenheit, Beharrlichkeit und Zähigkeit dar, mit denen das Grenzvolk aus dem Hohenbogenwinkel immer wieder daranging, aufzubauen, wenn alles vernichtet war.
Die Grenze war immer Schicksal dieser Stadt. Auch heute noch zwingen der »Eiserne Vorhang« und die »Revierferne« sie in ein hartes Joch. Ihr heutiges Gesicht erhielt sie erst nach 1863, als ein Stadtbrand sie nahezu völlig einäscherte. Auch der Stadtturm – heute das Wahrzeichen von Furth i. Wald – wurde erst 1865 erbaut. Er steht an der Stelle des alten Pflegerschlosses. Zahlreiche Aussichtspunkte in der Umgebung bieten einmalige Tiefblicke auf Stadt und Grenzwinkel. Ihre ausgezeichnete Lage auf den Ausläufern des Schafbergs, ihre liebliche Silhouette bestechen immer wieder.
Furth i. Wald ist aber vor allem ein idealer Ausgangspunkt für die »Hochtour« des Bayerischen Waldes. Auch die nördliche Hauptwanderlinie von Waldmünchen bis zum Dreisesselberg (grünes Dreieck im weißen Feld) – übrigens Teil des europäischen Wanderweges »Ostsee – Adria« – führt über Furth, doch ist sie nicht immer identisch mit dem von mir gewählten Weg.

Frühmorgens schon, vielleicht nach längerem Aufenthalt, verlassen wir die Stadt über die Wutzmühle und treten nach Überschreiten des Chamb in das Waldgebiet des Deschlberges ein. Sofort umgibt uns die Natur in ihrer ganzen Ursprünglichkeit. Noch mengt sich der Duft der Talwiesen in den harzigen Geruch weiter Nadelwälder. Gegen die dunklen Waldschatten stehen gelbe, rote, weiße und blaue Blumen. Hummeln und Schmetterlinge nippen an ihren Kelchen. Waldameisen schleppen »schwere Lasten« über alle Hindernisse. Vielstimmig umfängt uns das Lied der Vögel. Schnell ist der Trubel des Alltags vergessen. Ganz von selbst streifen wir die Fesseln der Zivilisation ab und werden natürlich, wie wir es lange nicht mehr waren.

Tiefer werden die Schatten, ein klares Wildwasser plätschert, aus hochgelegenen Wiesen sickernd, talwärts und verströmt seine Kühle. Der Weg wird steiler, schlängelt sich spielerisch an Waldrändern hin und gewinnt die freien Hänge von Grasmannsdorf und Grub. Der Blick geht zurück in die Senke und ruht auf den düsteren Waldhängen des böhmischen, mit einer Radarstation bewehrten Cerkov (1039 m). Mit seinen bayerischen Vorbergen Dreiwappen, Reißeck und Dachsriegel wirkt er wie ein Gebirge für sich.

Der Straßenübergang mit der einstmaligen Further Gründung Vollmau wird rechts von ihm sichtbar, und wie ein grüner Drache liegt der Dieberg vor der Grenze. Gegen Westen reihen sich wie Pinselstriche eines lichten Aquarells die zahllosen Hügel und Waldhauben bis weit hinaus in die Oberpfalz. Von den Höhen im Osten blenden helle Häuser mit einem spitzen Kirchturm herüber. Es ist Eschlkam, ein einst wehrhafter Ort, der Geburtsort des Bayerwalddichters Maximilian Schmidt, genannt Waldschmidt.

Sagen und Märchen weben durch Täler und Bergwälder: Wenn abends in den grünen Niederungen des Chamb und des Rappendorfer Bächleins die ersten Nebelstreifen ziehen, oder, wie die Sage es erzählt: wenn sich aus den »Zitzen der Hohenbogengeiß« die Milch über die Täler und Ortschaften ergießt, geht in den Auwiesen die »lange Agnes« um – ein hageres, bitterböses Weib –, schnappt sich verspätete oder verirrte Wanderer und kämmt sie mit einem rostigen Eisenkamm zu Tode. –

Hinter der unscheinbaren Kapelle von Grub öffnet sich voll der Blick auf den Dürnberg und den blauschwarzen Hohenbogen. Ein eindrucksvolles Bild! Tief eingefurcht in den felsigen Bergrücken ist der alte Weg, der uns jetzt wieder in den Wald führt. Er war

jahrhundertelang die Hauptverbindung zwischen Furth und Kötzting. Bildstöckln und Marterln säumen ihn und deuten auf die Frömmigkeit der Waldler, aber auch auf die von altersher lebendige, tiefgründige Verbundenheit mit den Abgeschiedenen.
Nach etwa 500 m zweigt mit weiß-grüner Bandmarkierung ein Weg zum »Steinbruch« ab. An lichten Waldwiesen vorbei führt er uns nach kaum 20 Minuten an den Waldrand, wo uns ein großartiger Blick über das Tal von Sengenbühl zum mächtig aufragenden Hohenbogen überrascht.
Die paar behäbigen Bauernhöfe und das malerisch am grünen Wiesenhang stehende Kirchlein von Enklarn haben schon die Schwedenzeit überdauert und mehrmals den »Glauben« gewechselt.
Schönste Kindheitserinnerungen führen mich oft in dieses grüne Paradies zurück. Im gurgelnden, sommerwarmen Wasser des Katzenbachs waren wir als Buben auf Jagd nach Rotaugen, Schlammpeitzgern und Muscheln. Da ruhen und träumen, wie vor 50 Jahren, die vielen Weiher im Berghang, in deren schilfreichem, dunklem Wasser die Karpfen und Schleien in der Sonne blinkten. Im Geäst der Uferbüsche erlebten wir den Frühling, wenn der Wind den Blütenstaub aus den Würstchen schüttelte, und in brütender Sommerhitze beobachteten wir die Frösche und den blauschillernden Wasserjungfer im Schilf. Wir sahen den Ringelnattern zu, wenn sie, von der Sonne ausgebrütet, aus ihren weichschaligen Eiern schlüpften, und genossen das Wunder, wenn ein Trauermantel – einer unserer schönsten Schmetterlinge – aus der unscheinbar braunen Puppe kroch, die nassen Flügel straffte und Farbe annahm.
In diesem entlegenen Tal hat sich, wie überall in den Hochtälern des Bayerischen Waldes, waldlerisch-niederbayerisches Brauchtum besonders unverfälscht erhalten. Da stehen noch Totenbretter gebetheischend an Feldwegen, den armen Seelen ein Hort zum Ausruhen auf ihrer Wanderung in die ewige Glückseligkeit. Da werden an Ostern noch die Judasstecken gebrannt und in die Ekken der Felder gesteckt, um das Jahr über die bösen Mächte, wie den Bilwitzschneider, abzuhalten; und geweihte Eierschalen werden auf die Fluren gestreut, um dem Boden die Fruchtbarkeit zu geben. Am 15. Dezember wetzt die Künderin des Lichts, die Lu-

zia, noch ihre Messer zum Entsetzen aller, und auch der »Thamer mit dem Hammer« schreckt unmittelbar vor dem heiligen Abend noch die Kinder. Die Rauhnächte verbreiten Furcht und Ängste. In der Christnacht redet das Vieh im Stall und an Heilig-Drei-König ziehen, wie in alter Zeit, die »Hascher« über die verschneiten Wege, von Hof zu Hof, und die Flure und Stuben werden ausgeräuchert und mit dem Drudenfuß versehen, um das Unheil wieder für ein Jahr zu bannen.

Jenseits des Tales, schon direkt unter dem schroff aufsteigenden Berghang, liegt der Weiler Oberdörfl. Sein weißes Kirchlein ist unser nächstes Ziel. Nachdem wir bei der Mühle den Katzenbach gequert und auch das Dorf Sengenbühl hinter uns haben, suchen wir über die freien Hänge den Weg hinauf. Er wird uns zu keiner Jahreszeit langweilig. Im Frühjahr erleben wir den Farbenzauber unzähliger Blumen, und das Lied der Lerchen hängt zitternd über uns. Im Sommer betört uns der Geruch des Heus, während der Herbst den Rauch der Kartoffelfeuer, goldenes Licht und lange Schatten über die bunten Bergwälder und über die Feld- und Wiesenraine breitet. Und je höher wir steigen, um so weiter geht der Blick zurück ins Tal.
Vom Kirchlein am Oberdörfl schreiten wir auf wasserüberspültem, steinigem Weg zum Bergwald hinauf. Immer steiler wird der Aufstieg zum Burgstall. Nahezu eine Stunde dauert er. Schweißtropfen treten uns auf die Stirne. Der Atem geht keuchend. Die zunehmende Kühle der Bergregion tut gut. In den Zweigen und Blättern der knorrigen Buchen singt der Wind. Wo der Weg in die Horizontale übergeht – es ist die »Kleine Eben« – finden wir eine Tafel mit der Aufschrift »Halt, Lebensgefahr!« Sie hat nichts mehr zu bedeuten. Sie stammt noch vom 20. Oktober 1974, als der Sendeturm vom Sturm geknickt wurde. Damals hat man diese Warnschilder aufgestellt und sie dann vergessen.
Über einen steilen, felsigen Pfad ersteigen wir gleich noch den 975 m hohen Burgstall. Die Aussicht vom Gipfelplateau ist traumhaft schön. Sie reicht an föhnigen Tagen im Süden bis zu den Alpen. Weit im Norden blauen die sanften Kuppen des Fichtelgebirges, im Westen steht sonnenüberglänzt die ferne Mauer des Jura, und an manchen Tagen erhebt sich im Osten aus

dem Dunst Böhmens sogar der Weiße Berg bei Prag. Über hundert Dörfer und Einöden ducken sich in die grünen Täler und Hänge unter uns. Nach allen Seiten findet das Auge Halt an Bergen und Wäldern, nur über den Haidstein und die Chamer Talebene hinweg verliert sich der Blick ungehemmt ins oberpfälzische Hügelland.

Da heroben halten wir eine längere Rast. Es ist nicht möglich alle Orte zu nennen, die wir sehen, oder gar ihre Geschichte zu erzählen. Nur in Räumen mit ihren Flußläufen und Hauptorten möchte ich den bezaubernden Tiefblick festhalten: Nordwärts erstreckt sich die Further Senke bis zum turmgekrönten Cerkov. In dem schmalen Wiesental, das seine Wälder umschließen, lag früher der deutschsprachige Ort Fichtenbach oder Fuchshütten. Heute sind seine Häuschen verfallen. Der tschechische Grenzposten Bystrice ist daraus geworden. Im Tal der Kalten Pastritz, die bei Furth in den Chamb mündet, gingen um die Jahrhundertwende noch die Glasschleifen. Heute wuchert Wald aus ihrem Schutt. Ihre große Zeit ist fast vergessen. Auch der Adelssitz Voithenberg, der als grüne Lichtung in den Waldhängen über der Grenzstadt auffällt, hat den Zenit seines Daseins überschritten, und wenn nicht ein Wunder geschieht, werden bald wieder Brombeeren wachsen, wo man vor 200 Jahren zu roden begann. Deutlich sehen wir rechts vom Cerkov den Straßenübergang Schafberg – Volmau und die Serpentinen der Bahn über den Dieberg nach Prag. Gegen Osten schließt der Hohenbogenwinkel an mit dem Marktflecken Eschlkam, einer alten Rundsiedlung auf steilem Hügel über dem Zusammenfluß von Freybach und Chamb. Östlich davon schimmert lichtgrau der Weiher von Neumark. Der »Eiserne Vorhang« scheidet den ehemals volksdeutschen Ort heute einer Welt zu, die uns zwar nahe liegt, aber fremd und unverständlich geworden ist. Eschlkam ist der älteste Ort dieser Gegend. Der bedeutendste ist der 500-jährige Marienwallfahrtsort Neukirchen b. hl. Blut. Lieblich ruhen Warzenried, Stachesried, Vorder- und Hinterbuchberg im grünen Hügelland. Von hoher Warte, hart an der Grenze, schaut Rittsteig ins Tal.

Dieser Winkel gehörte einst zum Verteidigungsbereich der Further Grenzfahne. Furth beherbergte den Hauptmann, Eschlkam den Leutnant und Neukirchen den Fähnrich. Die beiden Orte

stritten und litten im Schwedenkrieg mit ihrer Grenzstadt bis zur Vernichtung.
Die natürliche Fortsetzung der Further Senke nach Südwesten ist das Chambtal mit den Seitentälern von Gleißenberg und Liebenstein. Wo sich das helle Grün seiner Wiesengründe am weitesten an die Hohenbogenwälder heranschiebt, liegt Arnschwang, ein einstiges Wasserschloß aus dem 12. Jahrhundert. Der markante Kirchturm des Bergdörfchens Walting, am halben Hang zum dunklen Haidstein, mit der Ruine Runding im Hintergrund, hält unseren Blick lange fest, und die waldigen Höcker des Blauberg und Buchberg leiten über in die Chamer Talebene.
Hinter dem Haidstein windet sich das Tal des Regenflusses, das zwischen Lamberg und Roßberg über Chammünster und Miltach nach Kötzting hineinführt. Wir entdecken sogar die Häuser der Stadt im Talkessel am Fuß des Kaitersberges, der wie eine schlafende, schwarze Katze in der Sonne liegt und Kötzting beherrscht.
Unter uns ragt der runde, klobige Turm der Burgruine Lichtenegg aus dem Wald, als hielte er wie vor 800 Jahren immer noch Wacht über das Tal des Weißen Regen und über Rimbach, wo der Dichter Johannes Linke und der blinde Musiker Notz wirkten. Grafenwiesen und Hohenwarth schauen vom Waldhang des Kaitersberges herüber.
Nach Süden hin dominieren die Berge. Links vom waldigen Hohenbogenrücken ragen die beiden Osserspitzen auf, rechts – in Verlängerung des Kaitersberges – steht im Blau der Ferne der Arber.

Und dieses Land beginnt zu leben, wenn wir eine kurze Rückschau in die Geschichte halten: Wo im Westen die Windungen von Regen und Chamb silbern im Gegenlicht glänzen, stand einst die alte Reichsburg Cham. Von ihr aus wurde schon vor tausend Jahren mit Hilfe zahlreicher Burgen die Verteidigung der Further Senke geleitet. Haidstein, Runding, Arnschwang, Lichtenegg, Furth, Eschlkam und Stachesried, unter uns im Tal, waren nur ein paar von ihnen.
Auch der Burgstall trug um 1190 eine Burg. Die Überlieferung

Burgruine Runding

Manches ist im Dunkel geblieben . . .

Dreiwappenfels

Kapelle am Weg

Neukirchen b. hl. Blut

Schnell streifen wir alle Fesseln ab . . .

Waldquell

erzählt, daß sie dem Lichtenegger ein Dorn im Auge gewesen sei, denn Neid und Mißgunst waren damals schon so verbreitet wie heute. Deshalb habe er den stolzen Nachbarn einmal zu einem Gelage eingeladen. Während sie in ausgelassener Runde fröhlich becherten, habe er seine Knechte hinaufgeschickt, um den verhaßten Adlerhorst, hoch über ihm, niederzubrennen.

Tatsächlich entdeckte man beim Bau des UKW-Senders in etwa zwei Meter Tiefe noch verkohlte Balkenreste. Die Grundmauern der Burg finden wir bei einfachen Grabungen heute noch. Da es sich um eine Besitzung der mächtigen Grafen von Bogen handelte, dürfte zu damaliger Zeit der Berg schon seinen Namen erhalten haben.

Die Christianisierung des Waldlandes unter uns bis weit hinein nach Böhmen ging vom Bistum Regensburg aus, das 738 entstanden war. Schon 740 gründeten die Mönche von St. Emmeram eine »Cella apud Chambe«, das heutige Chammünster, das wir mit seiner doppeltürmigen, romanischen Kirche zwischen Cham und Lamberg am Rand der Ebene sehen. Es war die Urkirche von Cham.

Zur Zeit der Ungarnstürme um 955 wichen die geistlichen Herren vorübergehend in die Wälder hinter den nördlichen Randbergen der Further Senke aus. Dies mag zur Gründung und Namensgebung der heutigen Grenzstadt Waldmünchen geführt haben.

Auf dem Haidstein, der wie eine dunkle Barriere zwischen den Regen- und Chambniederungen liegt, stand im 12. Jahrhundert die größte Burg des Bayerischen Ostens. Elisabeth von Vohburg – auch Elisabeth von Bayern genannt – residierte da oben, und der große Minnesänger des Mittelalters, Wolfram von Eschenbach, der um 1200 mehrmals dort weilte, sang ihr seine Lieder.

Was mag das für eine Zeit gewesen sein?

Vielleicht war die Burg auf dem Haidstein, hoch über den Nebeln und Wäldern der Flußtäler, wo er seine Verehrte und Angebetete, seine »Minne« wußte, für ihn wirklich die Gralsburg, die er im Parzival verherrlicht.

Aufregend ist auch die Geschichte von Kötzting und dem Lamer Winkel. Dort wirkten 600 Jahre lang die Mönche von Rott am Inn. Durch die Frömmigkeit und Überredungskunst einer Frau kamen sie ins Land. Als nämlich der Pfalzgraf Kuno, der zur Stifterfamilie des Klosters Rott gehörte, in der Schlacht bei Höchstadt fiel, folgte seine Witwe dem Pfalzgrafen Rapoto IV. auf die Burg nach Cham. Auch die Verpflichtung zur Hilfe übertrug sich durch dic Hcirat auf ihn.

So sehr die neue Herrin ihrem Gemahl auch zugetan war, sie wurde dennoch vom Gewissen geplagt, und sie sorgte sich sehr um die Seele ihres Verblichenen. Nur ein gutes Werk konnte helfen. Als die Mönche sie darin noch bestärkten, überredete sie ihren Gatten zu einer Schenkung, und er überantwortete das Gebiet von Kötzting – ehemals Teil des bis zum Osser sich erstreckenden Chambereichs – dem Kloster Rott am Inn. Heute noch erinnern Namen wie der »Klosterrotter Wald« bei Hinterwaldeck oder auch das Wappen von Lam an die ehemaligen Herren.

Diese Übereignung mag vielleicht schon bestimmend gewesen sein für die Grenzen des späteren Landkreises Kötzting.

Wie sich um alles Außergewöhnliche leicht die Gedanken und Worte verfilzen zur Mär, so ranken sich auch um den Burgstall die Sagen. Ein reicher Goldschatz mit einer verwunschenen Jungfrau, gehütet von einem feurigen Drachen, soll im Innern des Gipfels verborgen sein.

Nur alle tausend Jahre kehrt die Möglichkeit wieder, den Schatz zu heben und das Mägdlein zu befreien. Wie schwer das ist, das mußte ein Bauernbursch aus Schwarzenberg mit zwei frommen Mönchen vom Kloster Neukirchen b. hl. Blut erfahren:

Als er einmal zum Burgstall hinaufstieg, stand plötzlich ein wunderschönes Mädchen vor ihm. Es weinte zum Erbarmen und flehte ihn an, sie doch zu erlösen, da die glückliche Stunde nahe, und sie wieder für tausend Jahre verwunschen und freudlos im Berg ausharren müsse, wenn der rechte Augenblick nicht genutzt werde. Der Goldschatz sollte sein Eigen sein, und auch sie wollte ihm angehören, aber durch nichts sollte er sich beirren lassen – durch gar nichts, nicht einmal durch Tod und Hölle, denn nichts könnten die bösen Mächte ausrichten gegen den Mut eines unbescholtenen, reinen Jünglings.

Und sie nannte ihm Tag und Stunde. Als der Bursch, noch geblendet vom Licht, und verwirrt vom Liebreiz der hehren Erscheinung,

sich ungläubig über die Augen wischte, war zwar das Bild fort, aber er spürte den Zwang zum Handeln.
So berichtete er anderntags den Mönchen vom »Heiligen Blut« von seinem Erlebnis. Und weil auch sie jeder guten Tat aufgeschlossen waren, faßten sich zwei der mutigsten und frömmsten unter ihnen ein Herz und stapften mit dem Verwegenen zum Hohenbogen hinauf. –
Es ging schon auf Mitternacht zu, als sie sich durch den scheuchtsam unruhigen Bergwald dem Burgstall näherten. Was sie bisher durch das Sprechen lauter Gebete und Besprengen mit Weichbrunn noch bannen konnten, brach mit unheimlicher Macht los, als zur Geisterstunde der klagende Schrei eines Kauzes die Stille zerriß. Ein Licht, wie ein hell brennender Wisch, fuhr fauchend über die Baumwipfel, ein Rascheln wie von tausend Schlangen war um sie, und hinter Felsen und Baumstöcken feixten und glotzten feurige Gesichter. Aus dem Dickicht drang ein Klagen und Flennen, daß sich die drei fröstelnd bekreuzigten.
Da tat sich vor ihnen unter einem Höllenkrach der Berg auf. Aus einem glühenden Krater hob sich der funkelnde Goldschatz, umglost von züngelnden Flammen, und von Dutzenden von Teufeln bewacht. Überzeugt von ihrer Sendung und eingedenk der Mahnungen des Mägdleins, drangen die Männer schweißbedeckt, bleich und schaudernd immer weiter gegen die höllischen Mächte vor. Schon sahen sie vor sich die wunderhübsche, lächelnde Jungfrau, wie sie ihrem Befreier die Arme entgegenstreckte. Die Freude über das Gelingen, trotz aller Anfeindungen des Bösen, wollte sie schon übermannen, doch die Hölle hatte ihre letzten Trümpfe noch nicht ausgespielt.
Auf einmal flogen Totenschädel und brennende Scheite durch die Luft, da und dort brannte der Wald, stickiger Qualm wälzte sich über den Sattel und nahm den dreien den Atem. Aus dem Berginnern stieg giftig und stinkend ein fürchterlicher Drache, unter dessen Höllenhauch die Steine glühten, und die Bäume wie dürres Schmielgras brannten.
Dagegen kamen die Mönche mit ihren Gebeten und frommen Sprüchen nun nicht mehr an. Keine Bekreuzigung half mehr, und der Weichbrunn war längst aus. Sie bekamen es mit der Angst zu tun und rannten davon, daß ihre Kutten nur so flogen. Da verließ

auch den Jüngling der Mut. Er war seiner Sache nicht mehr sicher und floh. Und unter ohrenbetäubendem Lärm versank der Goldschatz mitsamt dem Spuk wieder für tausend Jahre im Berg.
Ich kannte weder Geschichte, noch Sage, als ich mit sechs Jahren hier mein erstes »großes Bergerlebnis« hatte. Ein Sonntag war es. Das Gipfelkreuz wurde geweiht, und aus den Tälern pilgerten die Menschen in Scharen zum seltenen Bergfest. Weil wir Buben von den Erwachsenen kaum beachtet wurden, hatten wir uns zu einer Notgemeinschaft, oder wie wir es nannten, zu einer »Indianerlmannschaft« zusammengeschlossen. Keine Frage, auch wir wollten zur Kreuzesweihe, und weil uns niemand mitnahm, wagten wir es auf eigene Faust.
Wir hatten am Vormittag vorsorglich auf einem Standmarkt beim Pferdemetzger ein paar Roßwürste gekauft und brachen nach dem Mittagessen ohne Wissen der Eltern auf zum Hohenbogen. Werktags liefen wir nur barfuß, deshalb drückten uns schon bald die Schuhe. Wir versteckten sie ganz einfach hinter einem Busch. Heimzu konnten wir sie ja dann wieder mitnehmen, dachten wir. – Unsere Fußsohlen waren zäh wie Leder. Sie vertrugen schon etwas. Langsam, und immer wieder Himbeeren zupfend, stiegen wir, meist ohne Weg höher und höher. Wenn die Großen mit ihren langen Beinen für den Weg schon fast 3 Stunden benötigten, wie lange mußten erst wir brauchen. Aber Zeit spielte für uns damals noch keine Rolle.
Wie wir endlich auf dem Burgstall standen, war die Feier längst vorbei. Nur das geschmückte Kreuz stand da. Die Besucher waren zum Schutzhaus weitergezogen, wo es hoch herging. So weit kamen wir nicht, denn hier war es so schön, daß wir Mund und Augen aufrissen. So weit und groß war also die Welt, und so schön lag sie uns zu Füßen. So etwas hatten wir noch nie gesehen. Wir schauten und verträumten die Stunden.
Nach einem heißen Tag zog unmerklich der Abend über die Täler. Bald lagen Dörfer, Felder, Wiesen und weite Waldhänge in rötlichem Licht, während die Berge und Hügel schon violette Schatten warfen. Das Lichterspiel im Tal fesselte uns so sehr, daß wir nicht mehr an den Aufbruch dachten. Die Begeisterung war über uns gekommen wie ein großes Glück. Bald schwamm die ovale Sonne dicht über dem westlichen Horizont und ferne Wolken leuchteten

wie rote Glut. Lautlos griff die Nacht schon über die Berge. Auf einmal merkte einer, daß es höchste Zeit war, abzusteigen, wenn wir noch vor Dunkelheit heimkommen wollten.
Aber es war schon viel zu spät. Zwar rannten wir wie die Wiesel, doch schnell wurde es dunkel im Wald. Die Fußsohlen brannten, die Zehen wurden schon wund, die vielen Steine und die dürren Äste waren hart und kantig. Die Bäume griffen mit spitzen Fingern nach uns und zerkratzten uns unbarmherzig das Gesicht. Wir waren noch weit droben im Wald, als von Schwarzenberg das Abendglöcklein herüberwimmerte. Den »Engel des Herrn« beteten wir sonst immer schon zuhause. Er war für uns stets der Abschied vom Tage gewesen. Schon deshalb, weil wir von den Großen wußten, daß mit dem Gebetläuten die Geister los wurden. – Unsere angefachte Fantasie zeigte uns auch wirklich und leibhaftig in allen Schatten Gestalten, die uns erschaudern ließen. Panische Angst erfaßte uns. An die Schuhe dachte keiner mehr, denn wir liefen, als ginge es um unser Leben. Da stürzte einer, überschlug sich, rappelte sich wieder hoch und weinte, und wir liefen und liefen. Die Verwirrung war bald grenzenlos. Bis wir heimkamen, weinten wir alle.
Unsere Unternehmung mußte sich herumgesprochen haben, doch der Empfang durch unsere Eltern, die uns schon am Stadtrand erwarteten, war alles andere als liebevoll.
Meine Mutter war schweigsam, der Vater böse. Er herrschte mich an. Ich mußte erzählen. »Von A bis Z«, betonte er. Schluchzend suchte ich die passenden Worte. Wie eine schwere Prüfung war es. Und mein Bericht muß Eindruck gemacht haben, denn nach einer Weile nahm er mich in die Arme und strich mir tröstend und verzeihend über das Haar. Von da an liebte ich den Wald und die Berge – und auch meine Eltern – nur noch mehr. Vielleicht bin ich durch dieses Ereignis zum Bergsteiger geworden.
Auf jeden Fall haben aber auch die Nächte entscheidend dazu beigetragen, die ich oft als Halbwüchsiger allein, und nur der Natur aufgeschlossen, im Biwak auf dem Burgstall zubrachte. Was war das immer für ein Erlebnis, wenn der laue, nächtliche Bergwind über den Gipfel strich, wenn über mir alle Sterne wie auf silberbesticktem Samt ihre Bahn um den Himmelspol zogen, und drunten im Tal die damals noch weniger hellen Lichtlein der Dörfer und

Einöden wie verstreute Perlen und Diamanten funkelten! Dies alles war eingeleitet vom roten Farbenzauber der scheidenden Sonne und beendet vom goldenen Schein des Morgens.
Beim lodernden Sonnwendfeuer und in Winterstürmen, bei Nebel und in Gewittern stand ich auf diesem Gipfel, und noch vor wenigen Wochen erlebte ich ihn so eindrucksvoll wie selten vorher: Schnell ziehende, dunkle Wolkenfelder mit Regen- und Graupelschauern wechselten ab mit blauem Himmel und strahlender Sonne. Der Wind pfiff kalt über Kreuz und Turm. Ich stemmte mich fröstelnd gegen seine Gewalt. Gegen Nordosten lagen die Orte Eschlkam, Neumark, Neukirchen und Rittsteig klar im goldenen Licht, so daß ich jedes Fenster unterscheiden konnte. Bis weit nach Böhmen hinein konnte ich schauen. Wie ein bunter Teppich sahen Felder, Wälder und Wiesen aus. Aber von Westen zogen dicke Wolken heran, und über das Land unter mir krochen die Schatten ostwärts und verschlangen einen sonnigen Ort nach dem andern. Über der Chamer Talebene war ein Lichterspiel von unbeschreiblicher Schönheit. Die Sonne brach durch Wolkenlöcher und ihre Strahlenbündel standen über dem düsteren Land, das dort, wo sie auftrafen, hellgrün leuchtete. Der Röthelseeweiher und die Windungen des Regen glänzten wie flüssiges Silber in der Ferne. Der Haidstein mit seinen schwarzen Wäldern ruhte wie ein kauernder Hund zwischen den Strahlenbüscheln. Den Kaitersberg hatten schon die Wolken erfaßt, und über Kötzting und Grafenwiesen jagten Regenschauer ostwärts. Nur Arber und Osser standen noch sonnig vor gelb leuchtenden Wolkenbergen. Da kam ein Sausen von weither, der Wind fuhr noch kälter über den Gipfel, und der Nebel in seinem Gefolge löschte alle Schönheit aus.
Wenn aber im Oktober oder November die Temperaturen »kopfstehen«, wenn man hier heroben in Hemdsärmeln geht, und die Täler bei Frost unter dichtem Grau liegen, dann ist tiefe Ruhe unter einer blauen Himmelskuppel, und wie ein silbernes Meer breiten sich die Nebel zwischen den Bergen. Nur die höchsten Gipfel und Grate ragen dann noch ins Sonnenlicht. Man fühlt sich der Welt entrückt. Tausende von Stimmungen gibt es, die den Berg in ständigem Wechsel überziehen. Immer wieder habe ich ihn anders erlebt. Das einzig Beständige scheint der immerwährende

Wechsel zu sein. – So kennen ihn auch die Bauern der Täler im weiten Umkreis. Stündlich ruhen ihre Blicke auf ihm, da er alles beherrscht. Er schaut in ihre Höfe hinein. Er sieht ihre Freud' und ihr Leid.

Vom Burgstall führt am Südhang des Berges ein als Zufahrt des Senders gut ausgebauter Weg zur Diensthütte. Wer es wilder liebt, braucht nur das Steiglein über den Grat durch grasigen Wald und über felsige Riegel gehen.

Die Diensthütte steht im grasigen Sattel zwischen Kohlriegel und Farrenruck. Hohe Buchen und Bergahorne geben dem Ort Ruhe und Würde. Er ist zum Wanderzentrum geworden. Von Neukirchen, von Schwarzenberg, vom Dörfl und von Rimbach und Hohenwarth laufen hier die Wege zusammen. Auch der nördliche Hauptwanderweg kommt vom Teufelsbauer herauf und zieht über Watzlsteg, Schönbuchen zum Kaitersberg weiter. Die Diensthütte war immer ein beliebtes, gemütliches Wanderziel. Johannes Linke, der sächsische Dichter, der in Rimbach lebte und im Krieg verschollen ist, nannte sie in seinen Büchern die »Weite Reibe«. Heute ist sie auch mit dem Auto zu erreichen.

Lohnende Rundwanderwege führen von ihr zu brillanten Aussichtspunkten. Bärenriegel. Eckstein, Ahornriegel, Schönblick und Ribenzinger Riegel sind außer dem Burgstall die schönsten.

Hier bietet sich auch als Variante zur »Hochtour« eine Gratwanderung direkt zum Osser an, der mit dem Hohenbogen über die Bergsättel der Höllhöhe und des Tannenecks verbunden ist. Der zunächst gut angelegte, wenig begangene Steig führt über den Farrenruck zur Muldeneben, windet sich zum Bärenriegel empor, und zieht dann durch tiefgrünen Bergwald zu einem Punkt mit herrlicher Aussicht.

Der Tiefblick von da auf den Wallfahrtsort Neukirchen b. hl. Blut ist überwältigend. Die Gnadenstätte geht nach einer Legende in ihren Uranfängen auf die Hussitenzeit zurück (um 1430): Ein Hussit warf eine Marienstatue in einen Brunnen. Sie tauchte immer wieder auf. Zornig spaltete er mit seiner Streitaxt den Kopf des Bildnisses. Da quoll Blut heraus. Der Frevler war darüber so entsetzt, daß er seinem Pferd die Sporen gab, um zu fliehen. Doch es konnte sich nicht mehr von der Stelle bewegen. Durch diesen

Wink Gottes fand der Ketzer wieder zum rechten Glauben zurück. Er stiftete eine Kapelle. Das Wasser des Brunnens in der Kirche gilt heute noch als wundertätig und heilkräftig.
Die in ihrer heutigen Form um 1720 vollendete Gnadenkirche ist die einzige Doppelkirche Europas, d. h. Pfarrkirche und Franziskaner-Klosterkirche – zwei voneinander getrennte und unabhängige Kirchen – haben einen einzigen, gemeinsamen Altar. Auch die vom freundlichen Pfarrer verwahrte Sammlung religiöser Kunstschätze und Votivbilder ist sehenswert und von hoher Aussagekraft.
Wie eine Perlenkette liegt der langgestreckte Marktflecken im Mosaik der Felder und Wiesen. Er ist die Heimat der als Naturtalent gerühmten Klara Hackelsberger-Rötzer, deren Roman »Die Sonnleitnerin« im Grenzland, da unten im Tal, spielt. Hier schrieb auch Franz Xaver Siebzehnriebl sein Grenzwaldsagenbuch, und der skurile, grundgescheite Maler und Dichter Georg Achtelstetter lebte in Neukirchen, bevor er in Cham zu Ehren und Ruhm gelangte. Auch Mathilde Baumann stammt aus Neukirchen.
Besonders im Spätherbst oder im Frühjahr, wenn heroben tiefer Winter herrscht und der Wald im Rauhreif prangt, aber die Täler noch, oder schon wieder, aper sind, ist der Blick auf Neukirchen ungemein reizvoll, dann liegt es drunten wie in einem silbernen Rahmen.
200 m weiter östlich gabelt sich der Weg. Wir folgen dem linken Zweig und sehen nach etwa 60 Metern rechts eine Buche mit eingekerbtem Pfeil. Er zeigt zu einer etwas verwilderten Schneise, die direkt zum Eckstein (1073 m) – einem kühnen Felsen mit prächtiger Aussicht – hinaufführt. Eine Gedenktafel erinnert an Max Münch – einen jungen Neukirchener –, der beim Skilauf da heroben tödlich verunglückte.
Nur selten finden Wanderer bis hier herauf. Dieser höchste und wildeste Aussichtspunkt im Hohenbogenmassiv ist fast in Vergessenheit geraten. Der dicht dahinter liegende Schwarzriegel (1079 m) mit dem mächtigen Radarturm nimmt ihm die Schau, obwohl er der Öffentlichkeit nicht zugänglich ist. Hat man aber den Ecksteinfelsen erst einmal bestiegen, trennt man sich ungern wieder von ihm.
Noch schöner liegen von dieser hohen Warte aus gesehen die vie-

len Orte im Grün der Täler. Wie von selbst folgt der Blick dem »Eisernen Vorhang«, wandert über die ruppigen Waldflanken der Berge und ruht schließlich auf den beiden Ossergipfeln, die majestätisch über dem Bergdorf Rittsteig stehen.
Voll schöner Erinnerung ist das Waldgebiet zwischen Diensthütte und Eckstein für mich. In den Sommerferien verlebte ich da einmal unvergeßliche Tage. Nach einer kühnen Urlaubsfahrt mit dem Fahrrad zum Nordkap – die mißlungen war – nistete ich mich für einige Wochen zum Biwak in den Felsen des Bärenriegels ein.
Zur gleichen Zeit leistete ein nettes Mädel aus Hannover ihr »Landjahr« bei den Wirtsleuten auf dem Hohenbogen. Ich wußte davon nichts. – Eine ihrer Aufgaben war das Hüten, Melken und Versorgen der 5 Kühe, die tagsüber auf den versteckten Waldwiesen weideten.
Das Läuten der Kuhglocken war mir Musik in der selbst gewählten Einsamkeit. Ich lauschte der Melodie oft und gerne, denn ich hatte viel Zeit. Eines Tages folgte ich ihrem Klang. Als ich bereits ganz nahe war, sah ich zwischen Bäumen hindurch in den schon schräg einfallenden Sonnenstrahlen ein rotes Kopftuch leuchten. Da ich nicht zum heimlichen Beobachter werden wollte, ging ich rasch näher hin. Ein blondes Mädel war gerade dabei die Kühe heimzuholen. Plötzlich traf mich sein Blick. Es verhehlte seine Überraschung nicht und errötete. Ich grüßte höflich und erbot mich, ihm zu helfen. Lächelnd und ein wenig unsicher willigte es ein. – Heute noch frage ich mich, woher ich eigentlich die Ruhe nahm für diese Begegnung, wo ich doch alle Ruhe verloren hatte. – Sie hieß Marina. – Wir wurden gute Freunde. Jeden Tag trafen wir uns fortan in der Tiefe und Stille des Waldes.
Die Tage vergingen, der Abschied kam. Ich wußte damals nicht, daß es noch kein Abschied für immer sein sollte.

Vom Eckstein aus sehen wir wenige Hundert Meter entfernt, gegen den Osser hin, den 1050 m hohen waldigen Ahornriegel. Auch er ist ein schöner Aussichtspunkt. Er trägt die Bergstation der von Neukirchen heraufkommenden Hohenbogensesselbahn. Von ihm führt eine lange Skipiste ins Tal. Der Weg, den wir beim Aufstieg auf den Eckstein verlassen hatten, windet sich durch die steile und immer kühle Bergflanke zu ihm hinüber.

Wir dürfen nicht überrascht sein, wenn dort der Bergfriede manchmal empfindlich gestört ist. Wo man so bequem auf einen Berg gelangen kann, wagen halt auch andere als Bergsteiger den Aufstieg.
Einmal stand ich auf dem Ahornriegel, und mein Blick ging an den heraufschwebenden Sesseln vorbei, hinunter ins Tal. Viel mehr als die Menschen interessierten mich die Weiler und Einödhöfe und die Wälder am Hang. Dabei musterte mich ein jovialer Herr und fragte, was ich eigentlich über diese Anlage dächte. Etwas überrascht von seiner Frage, versuchte ich ihm die Vor- und Nachteile aus meiner Sicht klarzumachen. Aber zu den Nachteilen ließ er mich gar nicht kommen.
»Wissen Sie«, sagte er, »das ist alles noch höchst stümperhaft. Wenn man, wie ich, die Welt gesehen hat, dann weiß man, wie so etwas aussehen müßte. Da sollte z. B. als erstes der Wald weggeputzt werden, bis hinunter ins Tal« – dabei umschrieb er mit einer Handbewegung die ganze Nordflanke des Berges –, »denn der Skiläufer will weite Hänge, will Freiheit – er will Ausblick. Und erst, wenn jede Beengung durch den Wald weg ist, kommen die Besucher. Dann aber feste Hotels gebaut, saubere Wege angelegt – und dann kommt auch die Rendite.« Ich fiel ihm ins Wort: »Mein Herr«, sagte ich, »wir sind aus zweierlei Holz. Ich teile Ihre Meinung nicht. Es gibt nämlich auch Leute, die die Natur in ihrer Ursprünglichkeit lieben. Was glauben Sie, was ein echter Wanderer denkt, wenn er aus der Stille des Waldes hier vorbeikommt? Für den ist dieser Rummel doch wie eine kalte Dusche, z. B. für mich. Ich meine doch, daß nicht die Rendite entscheiden darf, sondern, daß vor allem der Waldcharakter dieses großartigen Berges erhalten bleiben muß.« Worauf der Mann mich wieder musterte, sich von mir abwandte und grußlos ging.

Wenn wir nun über die Piste absteigen, sehen wir, welche Narben das erste Zugeständnis an die Skiläufer schon in den Berg geschlagen hat. Aber der Mensch vergißt schnell, und auch wir sind wieder mehr als versöhnt, als wir von der Veranda des Berggasthauses »Schönblick« in die Tiefe schauen. Der Blick ist gewaltig. Hier, umsorgt von der freundlichen Wirtin, läßt sich gut rasten. –
Jetzt führt nach kurzem Anstieg ein steiniger Weg abwärts nach

Kager und zum Waldschlößl, die malerisch im Sattel der Höllhöhe liegen. Auch die Geigenwiese ist ganz in der Nähe, eine einsame, weite Waldlichtung, die schöne Ausblicke zum Osser und Arber zuläßt. Niemand pflückt die Blumen, mäht das hüfthohe Gras, die der Sommer zeugt, und die Wildnis holt sich schnell wieder, was fleißige Hände einst gerodet hatten. Ein verfallenes Haus, aus dessen Kellern und bröckelnden Mauerresten Hollunder und Otterbeeren wachsen, läßt uns nur noch ahnen, wieviel Schweiß da einst floß, und welche Armut da herrschte.

Wir folgen gut 300 m der Straße, die von Neukirchen nach Hohenwarth hinüberführt und verlassen sie wieder vor der Paßhöhe. Über einen waldigen Bergrücken erreichen wir dann bequem das Wallfahrtskirchlein auf dem Kolmstein. Die Sicht von dort zurück ist eine Überraschung. Fast erdrückend steht jetzt der Hohebogen hinter uns, und die hellen Häuser von Neukirchen leuchten ein letztes Mal aus dem Dunst des Tales herauf. Dann gehen wir weiter durch grünmoosigen Wald hinüber zum Tanneneck.

Vor dem bäuerlichen Waldgasthaus überschreitet die Straße, die Furth mit dem Lamer Winkel und Bayerisch Eisenstein verbindet, den Hohenbogen-Osser-Kamm. Eine andere zweigt nach Rittsteig ab. Eine ältliche, gutmütige Wirtin und ein junges Mädchen betreuen Gasthaus und Pension, und schon nach wenigen Minuten fühlen wir uns wohl bei ihnen.

Drei Möglichkeiten gibt es jetzt, den Osser zu bezwingen. Auf der Straße nach Lam finden wir am Waldrand vor Buchetbühl einen nördlich über dem tief eingeschnittenen Tal des Lambachs verlaufenden, bei Hinterschmelz den Tauschbach querenden, schönen Wanderweg nach dem abgelegenen Lambach. Von dem schloßähnlichen Gebäude beim Sägewerk führen dann Straße und Fernsprechleitung waldwärts. Rauschende Bergwasser kommen uns entgegen. Wir brauchen nur immer der Freileitung zu folgen. Sie begleitet uns bis unter das Osserschutzhaus. Dies ist mit etwa $2^1/_2$ Stunden der kürzeste und leichteste Aufstieg vom Tanneneck. –

Eine andere Möglichkeit bietet die Straße nach Rittsteig. Von ihr quert man etwa 1000 m vor dem Dorf hinüber zu den einsamen Helmhöfen, von wo aus Waldwege längs der nahen Grenze bis in die Nähe des Jägerhübels führen. Auch der Grenzweg selbst, der

in einer breiten Schneise fast immer auf bayerischer Seite verläuft, überschreitet den Jägerhübel und steigt dann steil zum Osser hinauf. Natürlich darf die Grenze keinesfalls überschritten werden. Sie ist mit weißen Steinen vermarkt und in diesem Abschnitt mit weiß-blauen Fluchtstäben außerdem deutlich gekennzeichnet.
Der wildeste und zeitraubendste Aufstieg geht fast weglos über einen schwach ausgeprägten, aber immer erkennbaren Felsgrat über den Fahrenberg, das Rote Kreuz, das Zwieseleck und die Brandwiese zur Grenze und auf dem erwähnten Grenzsteig über den Jägerhübel zum Osser. Er ist beschwerlich und nur gut trainierten, rüstigen Bergsteigern zu empfehlen. Dabei ist zweierlei zu beachten: Der Felsgrat zieht bis zum Osser hinauf. Man sollte ihn nie aus den Augen verlieren, da er der beste Wegweiser ist und einige gute Ausblicke gewährt. Und immer sollte man sich etwa 50 m links, also nördlich und später östlich von ihm halten und keinesfalls in den abschüssigen, zerrissenen Südwesthang hineinqueren, denn nur der flachere Nordosthang ist auch ohne Weg begehbar.
Hier machen wir zum ersten Mal mit der grünen Bergwildnis Bekanntschaft, die noch weite Flächen des Waldgebirges bedeckt. Dieser Wald hat kaum noch Ähnlichkeit mit den wegdurchzogenen Forsten der Täler. Niemand verirrt sich hier herauf. Da gibt es noch Flecken genug, die nie eines Menschen Fuß gespürt haben. Mit Sonne und Regen, Sturm und Hagel, Schnee und Eis ziehen die Jahre über die Wälder, zaubern die Wunder und schlagen die Wunden. Wenn nach langem Winter die letzten Firnfelder tauen, läuten die zartblauen Glöckchen der Soldanellen den Frühling ein. Dann schillert der Mischwald in allen Nuancen von Grün. Moose und Bärlapp, der sattgrüne Bitterklee mit seinen weißen Blütensternchen, Waldmeister, Schmielgras, Kräuter und Farne bedekken den Waldboden, der aus Felsblöcken, Humus, Baumstrünken und Höhlen besteht. Bäume wachsen aus ihm auf, werden in ihrer Jugend schon von den Schneemassen des Winters gebeugt und gebrochen, fristen ihr Leben als Krüppel oder verfaulen unter Gras und Farn. Jene aber, die allen Fährnissen standhalten, werden zu Riesen.
Wir bahnen uns den Weg durch die unberührte Wildnis. Dürre Äste knacken unter unseren Tritten, rote Vogelbeeren leuchten

über uns aus hellgrün gefiederten Zweigen. Bemooste Felsen ragen auf. Manche überragen den Wald. Von ihren Zinnen geht der Blick über das Wäldermeer östlich von Lambach zu den nahen Osserspitzen. So hat den Berg kaum jemals einer gesehen. Tiefe Ruhe ist um uns. Stundenweit schreiten wir durch dieses Traumland der Stille und Einsamkeit. Dann führt ein eingefurchter Weg von links herauf. Er kommt von den Helmhöfen. Wir folgen ihm. Vor uns tut sich bald rot schimmernd die Brandwiese auf. Auch hier absolute Stille und ein weiter Rückblick über das Regental zum Hohenbogen und Kaitersberg.

Wieder nimmt uns der Wald auf. Der moorige Boden zittert bei jedem Tritt. Der Gedanke an die Grenze beschäftigt uns. Werden wir sie auch nicht übersehen? Wird die Marschrichtung stimmen? Nach allen Seiten wachsam, dringen wir immer weiter ostwärts vor. Da, im Waldschatten ein weiß-blauer Fluchtstab, ein weißer Stein, die Grenze – von weitem schon zu sehen. Von Rittsteig kommt sie herauf. Die Spannung läßt nach. Nun brauchen wir ihr nur zu folgen. Sie führt uns über Stock und Stein durch die Einsamkeit ans Ziel.

Das Gefühl, am Rande der Welt zu sein, beschleicht uns. Diese Grenze ist nicht wie sonst eine. Sie ist der »Eiserne Vorhang«, der zu trauriger Berühmtheit gelangt ist und zwei »Welten« voneinander scheidet. Hier geht kein tschechischer und kein deutscher Grenzer. Hier geht niemand. Sie ist gemieden von herüben und von drüben. Und doch heißt es, vorsichtig zu sein.

Wir kommen an eine weite Rodungsfläche. Die drüben haben Tausende von Bäumen gefällt und die Stöcke aus dem Boden gerissen. Die Wurzeln stehen nach oben. Sie haben das Aussehen riesiger Spinnen. Die beiden Osserspitzen sind noch näher gerückt. Wie zwei pralle Brüste erheben sie sich über die Wälder. Nicht umsonst haben die Tschechen dem Berg den Beinamen »Prsa matky Bozi« gegeben – »Die Brüste der Mutter Gottes«. Kein Berg im Bayerischen Wald hat eine ähnlich bestrickende Form.

Ihm vorgelagert ist der Jägerhübel, der, wie von der zornigen Faust des Teufels zerschmettert, seine geborstenen Felsen gegen den Himmel reckt. Von ihm schauen wir hinaus ins äußere Lambachtal und hinauf zum schwarzen Ossergrat.

Das letzte Stück wird sehr steil. Zu guter Letzt klettern wir über den flechten- und moosüberzogenen Nordostgrat hinauf zum Gipfelfelsen. Wenn im Frühjahr noch metertief der Schnee in den Bergwäldern liegt und unter der silbergrau schimmernden, von unzähligen Fichtennadeln bedeckten Firnschicht große Höhlen herausgetaut sind, ist der Aufstieg besonders beschwerlich. Immer wieder fällt man dann bis zu den Hüften durch die morsche Kruste und steht meist bis über die Knöchel im Eiswasser. Doch das Bewußtsein, einen nicht alltäglichen Sieg errungen zu haben, der Ausblick von einem der schönsten Felsgipfel des Bayerischen Waldes und eine herzliche Aufnahme im Schutzhaus lassen alle Mühen vergessen. –

Die Tour vom Hohenbogen über das Tanneneck zum Osser ist schön, aber ungewöhnlich. Landschaftlich interessanter und schöner, vor allem wilder, ist jedoch die Hochtour über den felsigen Kaitersberg zum Arber. Ein Abstecher von dort zum Osser und Zwercheck sollte dann unbedingt eingeplant werden.
Versetzen wir uns also nocheinmal zurück zur Hohenbogendiensthütte! Das grüne Dreieck im weißen Feld führt uns von dort auf breitem Fußweg hinunter ins Tal. Nach 500 m queren wir den Mittelsteig, kommen zum Seelbrunn und wandern allmählich hinaus in das breite Tal des Weißen Regens. Bächlein und sprudelnde Wasser ohne Zahl entströmen dem Hohenbogenwald und springen, wie vor Jahrhunderten schon, über Wiesen und Raine talwärts. Nur notdürftig hat man sie unter Kontrolle gebracht.
Wenn der Frühling seine grünen Schleier über die Birken, Lärchen und Buchen des Bergwalds wirft, prangen die feuchten Hangwiesen längst im strahlenden Gelb des Löwenzahn und der Sumpfdotterblumen, und über den geduckten Hütten der »Schafbauern«, rechts oben am Hang, blühen die alten Obstbäume. Unter blauem Himmel und ziehenden, weißen Wolken buckeln sich dunkel die Berge. Der Kaitersberg mit der Königin des Tales, Hohenwarth, steht eindrucksvoll vor uns. Die Burgruine Lichtenegg schaut über den stolzen Aignhof herein und hinter uns steigen die Waldkaskaden des Hohenbogen auf bis zu seinen turmgekrönten Gipfeln.

Schon vor nahezu 800 Jahren haben die Mönche von Rott am Inn hier gewirkt, und doch ist alles naturnah geblieben wie vor Jahrhunderten. Das Wasser kann noch zerstören und gestalten wie ehedem. Bäume und Büsche sind oft einziger Schutz vor den zutal stürzenden Fluten der Gewitterregen. Sümpfe und Tümpel, Brachland und Steinriegel gehören noch zum Bild der Landschaft, und die wenigen Bauernhöfe wirken wie Siedler am Rande der Wildnis.
Ungebändigt, wie die Natur, ist auch das Leben und Brauchtum der Menschen. Eigentlich stehen sie stellvertretend für die Bewohner des ganzen Waldgebirges. Sie wurzeln noch in der Natur. Da gibt es kein Sich-zieren, kein höfisches Getue. Ihre Art ist rauh, und nur der Glaube an den Herrgott mildert sie. Was nützt, ist gut. Über allem steht die Existenz, der Fortbestand des Hofes. Danach richtet sich Moral und Alltag. Ihr Glück liegt in der Zufriedenheit. Ihr Brauchtum ist uralt, älter als ihr christlicher Glaube.

Weil das Sich-finden und Zusammenleben zweier Menschen die Grundlage allen Lebens ist, hat auch vor allem die Hochzeit Eingang ins Brauchtum gefunden.
Ich erinnere mich noch gut, wie in meiner Jugend auch zu uns einmal der Hochzeitlader kam, der Bader Girgl, der gewitzte und mit allen Wassern gewaschene Tausendsassa des Dorfes, und mit Kreide in einem einzigen Zug einen prächtigen Strauß an die Tür malte und gekonnt seinen Spruch sagte. Weil wir zur »Freundschaft« (= Verwandtschaft) gehörten, sagte er . . . dabei stand er breitbeinig in langen gewichsten Stiefeln, mit samtener Weste, an der eine schwere, silberne Uhrkette blinkte, mit einem Knotenstock, von dem weiße und blaue Seidenbändchen hingen, mit wind- und schnapsgerötetem Gesicht (er war zu Fuß 4 Stunden weit über den Berg gekommen) in der Stubentür, und seine Augen blitzten, während er das kommende Ereignis in höchsten Tönen pries.
Wie er sich dann auch bei uns ein paar Stamperln einverleibte, strich er immer wieder über den schwarzen Schnurrbart und lobte das künftige Paar und die ganze Verwandtschaft. Mein Vater versicherte ihm, daß er bestimmt kommen werde, wenn es auch sehr

weit sei, denn so eine Einladung abschlagen, das könne er dem Vetter und seiner sauberen Rosl nicht antun.
So war ich also 3 Wochen später mit meinem Vater dabei. Die Eindrücke waren für mich verwirrend, aber in ihrer Fülle unvergeßlich.
Als wir am Hochzeitstag nach 3 1/2-stündigem Marsch über den Hohenbogen ins Dorf kamen, holte schon der Hochzeitlader mit der Blechmusik die geladenen Gäste aus den Häusern. Dabei ließ er jeden aus einem mit Bändern geschmückten, großen, irdenen Brotzeitkrug einen tiefen Schluck Bier nehmen. »Da Bua trink!« sagte er zu mir, und weil ich vom langen Marsch einen Mordsdurst hatte, trank ich gleich für drei. »Sakra, der hat an Zug, der sauft mehr wia mir alle miteinand« rief er. Alle lachten und schon war die Stimmung da, und die Schar, zu der nun auch wir gehörten, zog ausgelassen – die Musikanten voraus – zum Bräutigam.
Alle Sympathien flogen dem strammen, stämmigen Burschen zu, als er lächelnd unter der Tür erschien. »Leut i dank euch« rief er, »aber laß ma d' Rosl nimmer länger warten. Also kemmt's!« Er setzte sich an die Spitze. Nun wurde mehr gelacht als gespielt. Die Musikanten versuchten es zwar, aber der holperige Hohlweg hinauf zum Kirmzäunerhof war steil und nahm ihnen mehr und mehr die Luft. Und als der Sagbauern Wastl dem Lenz gar noch einen Apfel in den Bombardon fallen ließ, da war es ganz aus. Erst unter dem großen Birnbaum vor dem Kirmzäunerhaus schmetterten sie wieder einen.
Dann erschien die Braut im Flöz. »Herrschaft is dös a sauberes Dirndl. Und alles is echt an ihr . . .« philosophierte der Wastl, »Mein, wenn i do an mei Oite dahoam denk' . . .« Alle unterdrückten ihr Lachen, denn die Kirmzäunerin umarmte nocheinmal weinend ihr Kind, das in diesem Augenblick vom Elternhaus den Schritt ins Leben tat, und die meisten Weiber weinten mit.
Aber auf dem Weg zum Wirtshaus sorgte der Bader Girgl schon wieder für's Lachen. Dort gab es schon die »Gaglhenn'« – ein einfaches Vorgericht, das schnell verdrückt wurde, bis der Girgl den Kirchenzug aufstellte.
Jetzt wurde es feierlich. Jedes wußte um den Ernst der Stunde: Zwei junge Menschen waren sich einig, einen unauflösbaren Bund einzugehen, Kinder zu haben, eine Bauernfamilie zu werden. Das

Alter Waldler

Totenbretter

Rauh, natürlich, dem Brauchtum verhaftet . . .

Pfingstritt

Marterl

Heiglhöhle

Manches Marterl steht droben im Wald . . .

Hohenbogenhütte

Brautpaar ging voraus, der Ehrenvater und die Brautmutter, als Trauzeugen – es waren die Taufpaten – und die Kranzljungfer folgten, und dann kamen die geladenen Gäste. Ein stattlicher Zug war es.
Als während der stillen Messe der greise Pfarrer mit einem gütigen Lächeln ihnen die Ringe übergab, ging ein Schluchzen durch die Bankreihen. Jetzt wurden sie für immer eins.
Nach der Messe streckten sich dem Paar hundert harte Bauernhände entgegen. Alle freuten sich mit ihnen. Der Hochzeitlader unterbrach aber das Glückwünschen, formierte den Zug wieder, und auf gings zum Wirt. Draußen hatten die Dorfleute schon ein Band über die Straße gespannt, um die »Hochzeit aufzuhalten«. Der Bräutigam mußte sich mit ein paar Maß Bier den Weg freikaufen. Die Leute liefen zusammen. Von überall kamen frohe Zurufe. Kinder jubelten und die Braut warf Pfennigstücke unter sie.
Im Wirtshaus war der Brauttisch schon weiß gedeckt. Die Gäste setzten sich so zusammen, wie sie sich am liebsten leiden mochten, und geschickt sorgte der Bader Girgl für Stimmung und Ordnung zugleich. Nicht lange! Denn jetzt stand ein sportlicher Wettkampf bevor – das »Ofenschüsselrennen«. Wer sich noch jung fühlte, war dabei.
Es war ein Wettlauf zu einem vereinbarten Ziel (das in früherer Zeit durch den Ofenschüssel* markiert war). Der Sieger erhielt vom Girgl spontan den bändergeschmückten Stock, damit er von weitem schon als »Held des Tages« zu erkennen war.
»Der Scheißluder Alis hat'n, der Scheißluder Alis« schrie die Dirnhofer Marie, als sie vom Lauf wieder zurückkamen. »Was, der schelhaxerte Hund?« tat der Wastl ungläubig – und setzte enttäuscht hinzu: »und bei der Arbeit da kunnt'st eahm d'Hosn flick'n«. Aber dem Alis winkte als Siegerpreis ein freies Mahl, dem zweiten eine Flasche Wein und für den dritten blieb nur ein Packl Schnupftabak.
Nach diesem anregenden Ereignis wurde gemeinsam gebetet und schließlich das Mahl aus Reiberknödeln und Schweinebraten aufgetragen. Die Musikanten postierten sich in der Mitte des Saales und »spielten übers Mahl«.

* Einem großen Kochlöffel ähnliches Gerät, mit dem die Brotlaibe in den Backofen »geschossen« wurden.

Anschließend begann der Tanz. Aber bei einer zünftigen Hochzeit muß auch »die Braut gestohlen werden«. Zwar wachte der Bräutigam argwöhnisch über sie – aber auf einmal war sie verschwunden. Da mußte er mit einem Teil der Musikanten auf die Suche gehen. Ein guter Bekannter hatte sie in ein Wirtshaus der Nachbarschaft entführt. Mehrere Paare waren ihr im stillen Einvernehmen schon heimlich gefolgt. Was von den Abtrünnigen bis zum Eintreffen des jungen Mannes verzehrt und getrunken wurde, das mußte die Brautmutter (die Trauzeugin) bezahlen, weil sie nicht genügend aufgepaßt hatte.

Tumult, Disput und Einigung gingen unter Gelächter ineinander über, und stark angeheitert wurden die Ausreißer wieder ins alte Wirtshaus zurückgespielt. Jetzt kam noch mehr Schwung in die Gesellschaft. Aber nur 2 Tänze ließ der Girgl zu, denn das zweite Essen stand schon bereit.

Kaum waren die letzten damit fertig, da begann das »Schenken« –. Wieder hielt der Hochzeitlader eine zündende und humorvolle Ansprache. Erst kamen die nahen Angehörigen dran, dann die Gäste und schließlich noch der Wirt. Jeder prostete, nachdem er drei Mark in den Teller gelegt und auch den Girgl und die Musikanten nicht vergessen hatte, mit einem Glas Wein dem jungen Paar, dem Ehrenvater, der Brautmutter und der Kranzljungfer zu. Dabei spielte jeweils die Musik, und der Hochzeitlader sang ein passendes Schnaderhüpfl* dazu. Wer nicht aufs Maul gefallen war, sang ihm – zum Gelächter der Runde – eins dagegen.

Die Ehrentänze folgten und zu guter Letzt drehte sich alles – jetzt auch die ungeladenen Gäste – bei diesem »Volksfest« zu den schwierigen Rhythmen der »Bayerischen«, der »Zwiefachen« und der »Dreher«. Auch der »Eichelober«, der »Böhmisch Wind«, das »Eisenkeilnest« und das »Deanderl vom Wintergrün« waren dabei. Erst gegen Mitternacht – so hörten wir später – ist das Brautpaar hinausgespielt worden.

Mein Vater und ich waren schon bald nach dem Schenken die 3½ Stunden wieder zurückgewandert, und die Basl hatte uns so viel Gselchtes und Kücheln und Kletzenbrot als »Bschoid« eingepackt, daß die ganze Familie mehrere Tage davon lebte.

* volkstümlicher, gutgemeinter Spott- oder Trutzgesang

Der Kaitersberg-Arber-Kamm

Wo das grüne Wiesental flacher wird und die letzten Waldlappen vom Weg abrücken, entläßt uns der Hohebogen aus seinem Bann. Der ruppige Kaitersberg wird uns wohl ein strengeres Gesicht zeigen als er. Bevor wir aber bei Watzlsteg – einem Haltepunkt der Regentalbahn – in seine Hangwälder eintreten, hören wir von der Brücke über den Weißen Regen ein wenig dem Rauschen und Murmeln, dem Lispeln und Plaudern der eilig dahinschießenden Wasser zu. Sie kommen vom Kleinen Arbersee und haben schon den Lamer Winkel hinter sich. Wie sie in der Sonne blinken!

Noch in meiner Jugend trugen sie die im Arberwald geschlagenen Stämme, das Gold der Wälder, wie man es damals noch nannte, hinaus in die breiten Täler, den Sägewerken zu.
Ein gutes halbes Jahr dauerten immer die Vorarbeiten in den Bergwäldern. Rauhe Männer mit eiserner Gesundheit, meist unter den einfachsten Lebensbedingungen, in dürftigen Holzhütten untergebracht, werkten im Herbst und Winter droben – bei Sonne und Nebel, bei metertiefem Schnee und klirrender Kälte, und übernahmen im Frühling, kaum daß See und Bach sich ihrer Eispanzer entledigt hatten, noch die mörderische Arbeit der Blöchertrift.
Die einen stapften täglich von ihren Waldhäuseln die frisch verschneiten und immer wieder verwehten Bergsteige hinauf zur Arbeit. Der Meindl-Vater von Grafenwiesen blieb gleich die ganze Woche droben in der Bergwildnis. Sieben Stunden hatte er jeden Montag zu laufen, bis er am Arbeitsplatz war. Wenn ein anderer schon rechtschaffen müde gewesen wäre, begann für ihn erst der lange, arbeitsreiche Tag, der ihm kaum zwei Mark Lohn einbrachte. Und erst am Samstag, spät nachts, kam er wieder heim, und wieder zu Fuß. Es waren ihrer mehrere, die es nicht anders kannten und die zufrieden, wenn nicht sogar stolz, waren auf ihren Arbeitsplatz.

Wochenlang hallte der einsame Wald wider vom Schlag ihrer Äxte, und dem monotonen »Ritsch – Ratsch« der Baumsägen. Was heute der Motor, das waren zu damaliger Zeit noch das »Schmalz« in den Sehnen und Muskeln, der Fleiß und der eiserne Wille, der Familie zuliebe durchzuhalten. Die Kundigsten unter ihnen schlugen, während der Baum fiel, die drei Kreuze in den Stock, damit die Druden und Hexen keine Macht bekämen über sie droben in ihrer Einsamkeit. Auch das Ausasten war nicht ganz ungefährlich. Gar manchmal drehte sich der Riese nocheinmal und schlug nach seinem Peiniger. Auf Blöcher von drei, höchstens vier Meter Länge wurden die Stämme zersägt. Eng war nämlich das Felsenbett des Wildbachs, und tausend Haken hatten die wurzeldurchsetzten Ufer weiter drunten im Tal. Sie mußten noch geschält und gezeichnet werden, und dies möglichst noch vor dem Winter, denn früh schon und unaufhörlich, in dichten Flocken, fiel der Schnee und deckte dann alles zu. Schneidend fegte der Wind durch den Wald, der Hauch hing den Männern in Eisperlen am Bart und an der wollenen Sturmhaube, und die Kälte biß sich ihnen hinein bis in die Knochen, und nur das Werkeln und das nie verlöschende Feuer im elenden Hütterl hielt sie warm.
Mit Rössern wurden die Stämme durch den verschneiten Wald gerissen. Vor den schwer beladenen Hörnerschlitten hängend, sausten die Männer, auf ausgefahrenen Bahnen das seltsame Gefährt steuernd, die steilen Hänge hinab, und allein ihre Geschicklichkeit und ihre unbändige Kraft waren Schutz gegen das Zermalmtwerden zwischen Fels oder Baum und vor der tonnenschweren Last hinter ihnen. Manches Marterl da droben in den Bergen erzählt noch heute von der letzten Fahrt eines Holzknechts. Es war schon eine lausige Arbeit, bis die Blöcher gestapelt am Seebach bereitlagen für die Trift.
Wenn dann im Lamer Winkel die Wiesen grün wurden und die Schlüsselblumen blühten, und droben im Arberwald sich unter dem warmen Frühlingshauch die Bäume riegelten und ihre weißen Lasten abwarfen, wenn der Seebach unter dem Zustrom der Schmelzwasser schwoll, und der See seine Eisdecke sprengte, dann konnte die Trift beginnen. Die Männer sagten sich zusammen, standen bereit – und alle Sägemühlen am Bachlauf wußten Bescheid, wann die »Schwell« kommt. Es war ja das große Ereig-

nis drunten im Tal. Buben und Alte standen stundenlang am Wasser und warteten voll Ungeduld.
Der alte Seehupfbauer – ein besonnener, braver Mann, mit schlohweißem Vollbart, der Schleusenwärter vom Kleinen Arbersee – sprach noch ein kurzes Gebet um eine glückliche Trift, dann zog er die Schützen am Abfluß hoch, und mit Urgewalt schossen die kalten Wasser des Sees in ihr felsiges Bett.
Am Triftplatz aber schlugen sie nun die Spreizen, die Stützen und Sperren weg, und viele Hundert Stämme rollten in die tosenden Fluten. Die Hölle war los, und die Trifter schrien, fluchten und lachten. Mit Bärenkräften steuerten sie den Holzfluß und warfen sich ins Zeug, wenn sich ein Bloch quer stellte und die Fahrt sperrte, und wenn es nicht mehr anders ging, dann stiegen sie gar auch bis zur Mitte ins eiskalte Wasser.
Es war ein weiter Weg durch das ganze Tal hinaus, und weil jeder Stamm seinen »eigenen Kopf« hatte und seinen eigenen Weg suchte, zog sich der Frachtenstrom bald weit in die Länge. Wenn die ersten schon am Ziel waren, dann hingen die letzten meist noch weit droben im Gebirge irgendwo in einem Ufergesträuch.
Viele Male schickte der alte Schleusenwärter vom Arbersee »die Schwell« noch auf die Reise, und die Trifter gaben nicht nach, bis der letzte »Dürftling« ledig war. Jedes Sägewerk holte sich aus der schwimmenden Fracht den Triftzins in Gestalt des schönsten Stammes, den sogenannten »Fallbaum«, eine einfache aber gerechte Abrechnung für die Unterhaltung der eigenen Anlagen zum Wohl der Allgemeinheit.
Freilich, heute ist das alles anders. Die Technik hat sich hineingefressen in den Bergwald. Motorsägen kreischen und legen in wenigen Tagen Wälder nieder, und mächtige Laster schleppen auf neuen Forststraßen riesige Ladungen, daß sich einer davor fürchten könnte, hinunter ins Tal, und nehmen sie, wenn es sein muß, auch gleich noch mit ins Land hinein.

Nach diesen Gedanken treten wir in den Wald ein und steigen, meist auf ausgewaschenen Ziehwegen, durch dichten Fichtenbestand aufwärts. Nur zwei Kilometer rechts von uns liegt Grafenwiesen und ebensoweit links Hohenwarth, zwei interessante, mehr als 1000-jährige Orte und ehemalige Hofmarken. Älter als 1000

Jahre deshalb, weil auch hier wie in Furth und Arnschwang die geheimnisvollen Erdställe oder Schratzellöcher (Schratzel = Zwerg) gefunden wurden, von denen wir weder das Alter, noch Zweck und Bedeutung kennen.
Waren es Kultstätten ehemaliger Ureinwohner oder Fluchtgänge einer kleinwüchsigen Menschenrasse in grauer, vorgeschichtlicher Zeit? Keiner konnte dieses delikateste Geheimnis unserer Heimat noch lüften.
Von beiden Ortschaften führen Wege hinauf zum Kaitersberg. Ihre hübsche Lage und ihre noch teilweise erhaltenen und von Brauereien genutzten, vierflügeligen, ehemaligen Dienstmannenburgen würden sogar den kleinen Umweg über einen der beiden Orte rechtfertigen.
Durch Grafenwiesen sprudelt zudem noch das »Totenbachl«. Den Namen soll es im 30-jährigen Krieg erhalten haben. Die Bewohner des Ortes hatten sich damals in den Wäldern um seinen Oberlauf – bei der »Taferlbirke« – vor den Schweden versteckt. Sie wurden aufgestöbert und grausam hingeschlachtet. Lange danach fand man ihre zerstückelten Leiber im Wasser des Bächleins, das vom vielen Blut rot geworden war. Noch in später Zeit hat man Totengebeine im Sand der tiefen Prelle und Tobel gefunden. –
So haben es 13 Generationen seither weitererzählt. Und es muß wahr gewesen sein, denn noch heute geht in stürmischen Nächten der »Totenbacherlmann« um. Gar manchem Unerschrockenen stockte schon das Blut in den Adern, wenn er seine Hilfe- und Wehschreie hörte. Ja, am Totenbachl – so sagt man – weizt es heute noch. –
Schon nach einer halben Stunde treten wir auf eine weite, grüne Berglehne hinaus. Ein zünftiges, altbayerisches Dorfwirtshaus an der Straße, die sich buckelig von Kötzting in die Lam hineinschlängelt, ein Kramerladen, ein paar niedere Bauernhäuschen unter Obstbäumen geduckt und ein zwar arg rissiges und plaschiges, aber allerliebst anzuschauendes und herrlich in die Gegend passendes Wallfahrtskirchlein auf einer Wiese unter Ahornbäumen – das ist Schönbuchen. Es soll aus einem wundertätigen Bild der heiligen Mutter Anna hervorgegangen sein, das im Jahr 1689 ein Bräuer aus Hohenwarth an einer Buche befestigte. 1729 wurde das heutige Kirchlein geweiht.

Die verträumten Häuser, das Regental und die mächtige Mauer des Hohenbogen hinter uns, schreiten wir über die Hangwiesen zum Waldrand hinauf. Über den steiler werdenden Hauptwanderweg erreichen wir in 3/4 Stunden die malerisch über einen freien Wiesenhang gestreuten Bergbauernhöfe von Reitenberg, wo wir auf den Aufstieg von Kötzting treffen.
Hier heroben ist noch die Beschaulichkeit und Naturverbundenheit aus alter Zeit erhalten geblieben. Lange Winter in der Stube, wenn die Hütten unter dem Schnee versinken, kühle Sommer voller Arbeit und die Abgeschiedenheit von der ruhelosen Welt zwingen zur Häuslichkeit und zum Hang am Althergekommenen. Hier hat noch unverfälschtes Volkstum eine gute Heimat.
Der Weg führt am 100-jährigen Wirtshaus vorbei und quert dann in leichtem Linksbogen, immer steiler ansteigend, in den waldigen Südhang hinein. Bald erkennen wir bergwärts zwischen den grauen und braunen Stämmen und wirren Ästen des Mischwaldes hindurch gewaltige Felsen. Der Berg zeigt uns jetzt sein wahres Gesicht. Als hätten sie sich vor dem Erkalten nocheinmal aufgebäumt und dann in Jahrmillionen ihr Altersgrau angelegt, so stehen sie da, im Boden verankert, einmal mit glatten, abweisenden Wänden, dann wieder rauh und wie von unheimlicher Macht zertrümmert. Einer ist der »Pfarrerstuhl«.
Auch der Weg steigt über endlose Steinstufen hinauf. Sonnenglanz dringt in spärlichen Kringeln durch das hohe Geäst. Rotbraun lichtert der nadelübersäte Waldboden. Der Bergwind fährt an den Felsen empor, bewegt die Zweige der Laubbäume, daß ihre Blätter silbern glänzen, und ihre Schatten spielen über die sonnigen Wände. Aus deren Rissen wachsen Gräser, Blumen und Ebereschen. Wo das Felsgewirr sich am wildesten aufbäumt und über uns herzufallen droht, wo grünmoosige Blöcke den Weg verlegen und immer wieder zum Ausweichen zwingen, öffnet sich links, am Fuß der Wand, die berühmte Heiglhöhle.
Hier hauste um die Mitte des vorigen Jahrhunderts der bekannte Räuber, ein gar wunderlicher, beim Volk heute noch in Ansehen und Ehren stehender Außenseiter der Gesellschaft. Er war ein Zeitgenosse von Maximilian Schmidt. Wenn wir der Überlieferung glauben dürfen, so waren ihm nicht nur Bärenkräfte eigen, sondern auch Unerschrockenheit, Klugheit, Witz und grimmiger

Humor. Er war nicht einmal ein »böser Mann« – wie es im Lied so schön heißt – er war ursprünglich nur ein Spitzbub. Erst als die Obrigkeit gar hart mit ihm verfuhr, stellte er sich zum Kampf. Seine Taten wurden immer dreister. Schließlich raubte und plünderte er, um zu überleben, aber er nahm es von den Satten und teilte nicht selten mit den Armen. Er hatte deshalb auch ihren Rückhalt, ja sie lachten sich ins Fäustchen, wenn der Heigl den verhaßten »Halsabschneidern« wieder einmal ein Schnippchen geschlagen hatte. Er hauste mit einer Geliebten in der seinerzeit noch schwer auffindbaren und fast unzugänglichen Höhle, zeugte mit ihr Kinder und legte diese den Bauern ins offene Fenster, um sie von ihnen aufziehen zu lassen. Zehn Jahre lang hielt er ganze Hundertschaften von Gendarmen, die auf ihn angesetzt waren, zum Narren, und als er endlich doch wegen zahlloser Vergehen in Ketten gelegt wurde, fand er sogar die Gnade des Königs.
Er hatte obendrein das aufrichtige Mitgefühl seiner ärmlichen Landsleute. Auf die Kunde hin, daß er von einem Mitgefangenen im Zuchthaus erschlagen worden sei, trauerten sie um ihn, und die Sympathien sind ihm über den Tod hinaus erhalten geblieben, bis auf den heutigen Tag. Viel mehr noch! Er ist unsterblich geworden, und noch nach Jahrhunderten wird man hier am Kaitersberg vom Räuber Heigl und seinen glorifizierten Taten erzählen. –
Direkt hinter der Heiglhöhle türmen sich die zerrissenen Wände und Pfeiler des Kreuzfelsens auf. Durch lichten Buchenwald steil aufwärts erreichen wir den Felsgrat und springen über schräge Platten vollends hinauf zum 999 m hohen Felsgipfel mit dem 10 m hohen Kreuz.
Ein besonderes Glücksgefühl überkommt uns, denn wieder stehen wir auf einem der ragenden Felsgipfel des Waldgebirges, und unser Blick wandert über Täler und Berge. Unser ganzes Empfinden ist Sieg, Freude, Staunen und Ehrfurcht.
Während im Norden vom Wind und Schneebruch verstümmelte Fichtenwipfel die Sicht zum Hohenbogen behindern, schauen wir von dem nach Süden rauh und senkrecht abbrechenden Kreuzfelsen in die schwindelnde Tiefe, in das grüne Zellertal, über die Zeller Höhen hinweg zur hochaufragenden Turmruine der einstigen Zwingburg Neunußberg, über schwarze Wellen in endloser Folge bis zu den Waldgraten der Donauberge und bei Föhn sogar bis zu

den weißen Alpengipfeln. Unter feinem Dunst leuchten die hellen Häuserzeilen, die bunten Dächer und Türme von Kötzting. Die Wallfahrtskirche Weißenregen, auf grünem Hügel über dem Zusammenfluß von Schwarzem und Weißem Regen, die die bekannte Fischerkanzel birgt, beherrscht das Land. Dahinter verliert sich das Regental zwischen den Waldhängen von Haidstein, Roßberg und Lamberg, und in rauchiger Ferne ahnen wir bereits die breite Chamer Talebene. Über das uralte Hangdorf Rimbach und die Ruine von Lichtenegg hinweg sehen wir nocheinmal die Waldmünchener Berge, wie ein fernes Ufer hinter den Dunstschichten der Further Senke aufragen. Gegen Osten drängen sich die struppigen Gratwälder und Felsriegel des Kaitersberges, überragt vom Riedelstein und gerahmt von den fernen Brüsten des Osser und dem Waldkönig Arber, über dem fast immer dunkle Wolken stehen.

Zu Füßen liegt uns Kötzting. Es dürfte sich schon im 6. Jahrhundert aus einer keltischen Siedlung entwickelt haben. Mit Cham und Furth durch lange, tiefe Täler verbunden, hat es weitgehend ihr Schicksal geteilt. Hussiten und Schweden sind auch im Regental keine Unbekannten geblieben. Unter dem Krummstab der Mönche von Rott hat der Ort jedoch vom 12. Jahrhundert an schon vielfach andere Impulse erhalten als die beiden Schwesterstädte.

Wie der Drachenstich in Furth, so ist auch der Pfingstritt (besser »Pfingstlritt«!) von Kötzting ein Ereignis geworden.

Alljährlich, seit dem Jahr 1412 – so erzählt die Überlieferung – zieht am Pfingstmontag eine Pferdeprozession von Kötzting durch das im Frühlings-Blumenschmuck prangende Zellertal hinaus zur Nikolauskirche von Steinbühl. Ein Versehgang des Pfarrers soll Ursache gewesen sein. Da Heiden, Wegelagerer und Räuber damals das unwirtliche Waldland unsicher machten, begleiteten handfeste Burschen den Pfarrer. Auf dem Rückweg nach Kötzting wurden sie auch tatsächlich von Räubern überfallen. Sie konnten diese aber in die Flucht schlagen. Dankbar gelobten sie, von nun an alljährlich zur Frühlingszeit den Ritt zu wiederholen. –

Überall in germanischen Landen lassen sich solche Flurumritte feststellen, die vor der christlichen Zeit nichts anderes bedeuteten

als Gruß und Ehrerbietung an die Sonne, an die fruchtbringende, wiederkommende Wärme, Beschwörung des Wachstums aus Wasser und Erde, Verehrung der Götter und Gebet um die Fruchtbarkeit der heimatlichen Flur. Die Einbeziehung des Pferdes als Helfer des Menschen und als »halbheiliges Wesen« machte die Zeremonie nur noch würdevoller.
Wir wissen heute auch, daß die Mönche solche heidnische Riten ablehnten und oft gnadenlos bekämpften. Wo sie aber gegen die Dickfelligkeit des Volkes nicht ankamen, da haben sie auf ihre Weise manchmal dem alten kultischen Brauch den Boden entzogen, indem sie ihm einfach eine christliche Grundlage einpflanzten.
Gerade hier, unter dem Kaitersberg, finden wir den christlich verbrämten und den uralten, heidnischen Brauch in gleicher Sache auf engem Raum beieinander. Unweit von Kötzting, in Chamerau oder oben in Wettzell – von hier auf dem Westkopf der Zeller Höhen mit seinem spitzen Kirchturm sichtbar – wie auch in anderen Bayerwaldorten, geht heute noch der »Pfingstl« um, wenn sich drunten in Kötzting die Reiter rüsten. Er verkörpert mit seinem Kleid aus Tannengrün, Feldblumen und Stroh das einsetzende Wachstum, den Frühling, das wieder beginnende, gute Jahr. Er wird mit Wasser begossen, um das Wachstum zu fördern. Er sammelt Opfergaben, um zu zeigen, daß auch das Wachstum unsere Hilfe braucht. Er geht über die Fluren, denn er ist das Werden, und was er mit seiner Reisiggerte berührt, empfängt erneut das Leben und bekommt Zeugungskraft.
Früher gingen noch zwei Gestalten um, die eine mit frischem Grün behangen – der Frühling, die andere mit Stroh umgürtet – das sterbende Jahr. Stets lagen sie im Wettstreit miteinander, aus welchem immer der Frühling als Sieger hervorging.

Wir frösteln ein wenig. Ist es der Wind, der ohne Anfang und Ende ist, oder ist es die Erkenntnis, daß auch wir Menschen schon von weither kommen müssen, und das Dunkel unserer Vergangenheit so wenig kennen, wie unsere Zukunft? Im Brauchtum klingt die Urzeit noch mit. Noch weiter zurück reichen in ewiger Folge von Werden und Vergehen die Bäume, die Blumen und Gräser um

uns. Und das Gebirge, über das wir schreiten, ist gar eines der ältesten der Erde. Sollte uns dies nicht zu denken geben?
Oft bin ich an einem Pfingstmontag auf dem Kreuzfelsen gesessen, wenn da drunten die Pfingstreiter stolz, mit herausgeputzten Pferden, würdig und in langem Zug durchs Zellertal ritten – jeder für sich eine wichtige Persönlichkeit. Sie waren von hier heroben kleiner als die Ameisen. Ich sah keine Fähnchen, keine Orden – und auch ihre Würde nicht. Einer sah aus wie der andere. Ich sah nur, wie sich an einem Punkt in dem weiten Tal etwas bewegte – wie ein Stäubchen im Wind. Und auch ich fühlte mich zwischen diesen Felsen, deren Geburt schon eine Ewigkeit zurückliegt, inmitten der Pflanzen, die ihre Art über Jahrmillionen zu bewahren wußten, als nichts anderes: als ein winziges Teilchen in einem großen Geschehen.

Der Weiterweg vom Kreuzfelsen windet sich zwischen Gesteinstrümmern hinunter zum anfangs noch breiten und grünen Bergrücken. Ganz harmlos beginnt es, aber überall wachsen schon die grauen, verwitterten Felsgestalten aus dem grasigen Wald, als würden sie nur lauern auf uns. Da, überraschend vor uns, ein mächtiger Brocken, überhängend! Er überragt die Baumwipfel. Unnahbar sieht er aus, doch vom Wald her ist er zu besiegen, aber nicht ohne Mut und Schwindelfreiheit. Und klettern sollte keiner ohne Erfahrung.
Nicht lange, dann schaut das Kötztinger Kriegerdenkmal von rechts durch die Stämme. Und da liegt auch schon die Kötztinger Hütte – ein Platzerl, wo man sich richtig wohlfühlen kann. Auf der Steinterrasse mit der weiten Sicht ins Zellertal wird die Brotzeit mit einer schäumenden Radlermaß zum Genuß, denn Bergsteigen vereinfacht die Wünsche und macht zufrieden. So schmeckt auch die Radlermaß hier schon wie Sekt.
Nur die Segelflieger beneiden wir, die vom Flugplatz Arnbruck bei guter Thermik aufsteigen, spielerisch über den Grat des Kaitersberges streichen und sich von den Aufwinden bis auf die weißen Wolkenberge tragen lassen. Sie mögen noch glücklicher sein als wir.
Ich habe vor vielen Jahren an einem grauen Novembertag einmal hier übernachtet, ganz allein. Die jungen Wirtsleute wollten an

diesem Abend nach Hohenwarth hinunter zu einer Hochzeit. Ob ich für eine Nacht Hüttenwart spielen wollte, fragten sie. Vor Mitternacht würden sie auf keinen Fall zurücksein. Ich könnte essen und trinken, was ich wollte.
Minuten später war ich allein in der Hütte, für viele Stunden. Tiefe Stille um mich. Nur die Uhr tickte. Ich hatte nicht gewußt, daß Stille so aufregend sein kann. Bei einem leisen Geräusch am Fenster fuhr ich auf, das Licht flackerte ein wenig. – Es war nur ein Windstoß, der ums Haus fuhr.
Ich schrieb mein Tourenbuch und horchte ab und zu hinein in die Stille. Da hörte ich Tritte vor der Tür. Ich lauschte. Da, wieder! und wieder war Ruhe. Ich wartete, dann öffnete ich, sah nach, wieder war es der Wind gewesen, der ab und zu ein loses Brett bewegt hatte.
Als ich zum Ofen ging, um ein paar Buchenscheite nachzulegen, klangen mir meine eigenen Schritte fremd und unheimlich. Und als später ein Rascheln an den Fenstern war, als würde Sand dagegen geworfen, wußte ich es nicht zu deuten, bis ich erneut die Tür öffnete. Es hatte zu schneien begonnen, und die Finsternis war undurchdringlich geworden. Nun war die Einsamkeit vollkommen, jetzt fand bestimmt kein Wanderer mehr herauf zum Berggrat. Auch in mir kehrte die Ruhe ein. Auf einem Sofa schlief ich ein. Als die Wirtsleute zurückkehrten, war es heller Tag und draußen lagen 20 cm Schnee.
Wer in der Kötztinger Hütte die Nacht verbringt, sollte nicht auf den Sonnenuntergang und den Sonnenaufgang vergessen. Er kann auch bei Regenwetter zu einem großen Erlebnis werden, wenn die roten Strahlen unvermittelt durchbrechen.

Wie ein munter dahinspringendes Bächlein führt der Weg über die freie Berghalde hinunter zum Waldrand, windet sich dann wieder aufwärts durch kümmernden Fichtenwald, wo Wege nach Hohenwarth und Steinbühl abzweigen, und erreicht bald die lange Felsrampe über dem Steinbühler Gesenke. Der freie Grat über einer mehr als 300 m langen Felswand bietet eine bezaubernde Sicht. Das ganze Zellertal liegt uns zu Füßen. Das Nikolauskirchlein von Steinbühl – alljährlich das Ziel der Pfingstreiter – leuchtet auffällig weiß herauf. So steil bricht hier der Berg ab, daß nur noch Flechten, Moose und Schmielgras sich in den Ritzen des Gesteins halten können. Erst in schwindelerregender Tiefe stehen wieder Bäume. Ungewöhnlich ist der Blick von oben auf ihre Kronen und Wipfel. Die Kötztinger Hütte thront über den Abstürzen, und Mittagsstein und Kreuzfelsen stehen mit scharfen Konturen gegen den Westhimmel und gegen den Dunst des weiten Regentals.

Der Grat wird immer wilder. Bald besteht er nur noch aus wirr durcheinandergeworfenen, übereinandergetürmten Felsen. Aus ihren Spalten und Nischen wachsen Gräser und Blumen. In den tiefen, feuchten Höhlen glüht das Leuchtmoos. Der Weg ist zum Gebirgspfad geworden. Er windet sich durch Schluchten und Risse und steigt über Platten und Grate, und manchen hat hier schon der Mut verlassen, wenn er in die Tiefe schaute. Von der schrägen Platte des Hochstein überblicken wir weithin das Felsgewirr. Unmittelbar vor uns ragen die kantigen Türme der Rauchröhren aus der Tiefe auf, vielleicht die bekannteste Felspartie des Bayerischen Waldes. Ihren Namen haben sie sicher von den Nebelschwaden, die an regnerischen Tagen mit den Aufwinden wie Rauch durch die enge Schlucht aufsteigen. Durch sie führt der nördliche Hauptwanderweg. Die Jugend hat sie längst als Kletterfelsen entdeckt, und nicht selten kann man an ihren senkrechten Wänden und Kanten Kletterer mit Seil und Haken antreffen.

Auch ich habe in meiner Jugend mit meinem Bruder in den Felsen des Kaitersberges und an den Rauchröhren klettern gelernt, und unser Vater war manchmal entsetzt und hat hinaufgedroht mit dem Haklstecken, weil er in Sorge war um seine Buben. Tatsächlich hat es auch schon tödliche Abstürze gegeben.

Mit den Kaitersbergfelsen verbindet mich zeitlebens auch eine schlimme Erinnerung. Ich war etwa 10 Jahre alt, als ich mit meinem Bruder eines Sonntags von Furth eine Tageswanderung von 14 Stunden über den Hohenbogen und den Kreuzfelsen bis zum Riedelstein und zurück machte. Es war anfangs Oktober. Schon um 4.00 Uhr früh – noch bei Dunkelheit – waren wir aufgebrochen. Der Nebel war so dick, daß wir kaum aus der Stadt hinausfanden. Wir hofften auf einen goldenen Herbsttag. Statt dessen fing es eine Stunde später zu regnen an. »Es wird wohl Nebelreißen sein, so ist es immer vor dem Aufklaren«, sagte mein Bruder.

Aber es wurde ein Schnürlregen, der den ganzen Tag nicht mehr aufhörte.
Meine Mutter hatte mir mit Ende des Sommers – als die »Barfußzeit« vorüber war – ein Paar Sandalen gekauft; die trug ich an diesem Sonntag zum ersten Mal. Nach zwei Stunden hatte ich schon blutige Fersen. Was blieb übrig, als wieder barfuß zu laufen? Aber je höher wir zum Kaitersberg hinaufkamen, um so kälter wurde es. Die Felsen des Steinbühler Gesenkes waren frostig kalt, und der Regen ging zeitweise in Schnee über. Ein Umkehren kam trotzdem nicht in Frage. Meine Füße wurden allmählich klamm und gefühllos. Jeder Schritt schmerzte. An den Rauchröhren ging es nicht mehr. Unter dem Überhang, wo der Fels heute eine Gedenktafel trägt, und wo der Weg nach Eschlsaign hinunterführt, zündeten wir ein mächtiges Feuer an, um uns zu trocknen und aufzuwärmen. Ganz nebenbei stellte ich auch die nassen Schuhe ans Feuer. –
Es war gespenstisch, wie in Regen, Nebel und Wind die Flammen an den Steinwänden emporzüngelten. Unsere Gesichter glühten zwar, meine Füße blieben jedoch kalt wie Eis. Und wie wir wieder aufbrachen zum Riedelstein, waren noch dazu meine Sandalen verbrannt und brüchig wie alte Brotkrumen. Kein Hoffnungsschimmer erhellte mehr meinen Leidensweg, und dabei war der Riedelstein nach 7 Stunden Marsch erst die Hälfte des Weges. Mit zusammengebissenen Zähnen überstand ich den Tag, aber als meine Mutter abends wegen der verbrannten Schuhe weinte, und mich am nächsten Tag der Lehrer noch dazu windelweich schlug – das erste und letzte Mal in meiner Schulzeit – weil ich die Aufgabe nicht gemacht hatte, war ich auf viele Monate hinaus gedemütigt und unglücklich.

Der Weiterweg zum Riedelstein hält sich an der südlichen Berglehne und führt zunächst in unruhigem Auf und Ab durch die abklingende Felslandschaft zu einer eiskalten, heute leider verschlammten Felsenquelle. Vorsichtig getrunken, ist ihr Wasser an heißen Tagen ein echtes Labsal. Der folgende kurze Aufstieg durch niederen, dichten Mischwald ist der letzte im Kaitersbergmassiv. Wo die Bäume dann lichter stehen, taucht unvermittelt und wuchtig das Felsenriff des Riedelstein vor uns auf.

Auf dem grauen Stein, in dessen Rissen und Ritzen verkrüppelte Buchen und Ebereschen wurzeln und darben, steht das im Jahre 1909 – also noch zu Lebzeiten des Dichters Maximilian Schmidt – errichtete Waldschmidtdenkmal. Neugierig ersteigen wir die von allen Seiten malerische und fotogerechte steinerne Klippe, die sich hoch über die Wipfel der Fichten erhebt.
Aus 1134 m Höhe haben wir eine bezaubernde Rundsicht. Weite Wälder bedecken die Berge um uns. Sie wellen sich bis hinein nach Böhmen und bis zu den fernen Kämmen der Donauberge. Das grüne Zellertal mit Arnbruck und Drachselsried, das meist sonnige Tal des Weißen Regen mit dem Lamer Winkel liegen tief unter uns, und Osser und Arber, die oft bis in den Juni hinein ihre Firnkronen tragen, beherrschen das Waldland und seine Täler. Den ganzen Kaitersberg überschauen wir jetzt. Wie ein steinernes Skelett ragen seine Felsen aus dem Gestrüpp des Waldes. Über die Zeller Höhen hinweg sehen wir nun noch schöner den gewaltigen Turmklotz von Neunußberg und in der Niederung von Viechtach die blinkenden Quarzzähne des Pfahls.
»Teufelsmauer« haben die Waldler den Pfahl einst genannt, weil sie sich seine Entstehung nicht erklären konnten. Der Name ist geblieben, aber längst wissen wir, daß diese 100 Kilometer lange Quarzader im Urgestein des Bayerischen Waldes, die vom Schloß Thierlstein bei Cham in gerader Linie bis in die Gegend des Dreisesselberges zieht, in vielen Millionen Jahren in einer Gebirgsspalte auskristallisierte. Der Pfahl ist zu einer geologischen Weltsensation geworden. Burgen und Ruinen thronen auf seinen weißen Felsen. In Steinbrüchen wurde schon vor Jahrhunderten das für die Glasherstellung benötigte Material gebrochen. Heute ist dieses merkwürdige Gebirge im Urgebirge des Bayerischen Waldes ganz unter Naturschutz gestellt.
Jetzt geht der Blick an dem rauhsteinigen Waldschmidtdenkmal empor. Wer hätte geglaubt, daß dieses von den umliegenden Gipfeln wie ein unscheinbarer Blitzableiter aussehende »Türmchen« so ein Koloß sein würde? Die kleine Steinkugel auf seiner Spitze hat allein einen Durchmesser von 60 cm. Das markante, in Bronze gegossene Bildnis des Dichters spricht alle an, die den »Wald« kennen und lieben.
Ich bin oft allein hier heroben gesessen und habe stumme Zwie-

sprache gehalten mit dem Zöllnerssohn aus Eschlkam und mein Blick ging über die Täler und Höhen hinweg, über die Heimat, die auch er über alles liebte. Ich habe ihn bewundert, weil er die Feder so geschickt führte und als Waldlerbub seinen Weg machte. Sollte es ein Zufall sein, daß sein Bild in Richtung München schaut, wo er es zu etwas gebracht hatte, und wo er als königlicher Hofrat im Jahr 1919 gestorben ist, nachdem seine Welt, in der er lebte und dachte, für immer unter einer im Krieg neu geborenen Zeit versunken ist. Er hat uns den »Räuber Heigl«, die »Künischen Freibauern«, das »Chodenmädchen Hancicka« und den »Goldenen Steig« in seinen Romanen und Schriften verewigt, er hat dem Böhmerwaldlied von Hartauer zum Durchbruch verholfen, er war – wie vorher schon Adalbert Stifter im Böhmerwald – Künder seiner bayerischen Waldheimat und führte sie als erster in die deutsche Literatur ein. So wurde aus dem verschrieenen »Bayerischen Sibirien« langsam der vielgelobte Bayerische Wald.
Als das Denkmal 1909 in einer Welle der Verehrung für den nunmehr bekannt gewordenen und gefeierten Dichter im Beisein höchster Persönlichkeiten enthüllt wurde, stand auch ein schüchterner 15-jähriger Mauererlehrling dabei. Er hatte beim Bau schwer mitarbeiten müssen – wie es halt damals noch üblich war. 65 Jahre hat das Bauwerk seit dieser Zeit allen Stürmen und Wettern, die über den Berg gingen, standgehalten, nur 1922 ist es notdürftig überholt worden. Auch der Mauererlehrling hat viele Stürme erlebt in diesen Jahren. –
Am 23. September 1974 war ich durch Zufall gerade auf dem Riedelstein, als das Denkmal renoviert wurde. Und der Mauererlehrling war wieder dabei – aber er war mittlerweile über 80 Jahre alt geworden. Er trug noch Schragen und Bretter für das Gerüst hinauf und war mit Eifer bei der Sache. Ich dachte mir: Das ist auch eine von diesen Wetterfichten, die von keinem Sturm kleinzukriegen sind, und ich war glücklich, mit Xaver Vogl – so hieß er – mich ein halbes Stündlein unterhalten zu dürfen.
Man möchte sich gar nicht trennen von diesem ragenden Felsgipfel. Doch wir müssen endlich Abschied nehmen vom Kaitersberg.

Zwischen Felsen und dürftigem Wald schlängelt sich der Weg hinunter zur Liftschneise. Während der steinige Ziehweg weit rechts

Kreuzfelsen

Kötztinger Hütte

Der Kaitersberg zeigt ein rauheres Gesicht . . .

Rauchröhren

Riedelstein

Steinbühler Gesenke

Ecker Sattel

ausholt, läuft der grasige Lifthang direkt auf den 843 m hohen Ekker Sattel zu. Er ist zwischen Kreuzfelsen und Arber der tiefst gelegene Punkt in der sogenannten Hochtour des Bayerischen Waldes.

Wie eine grüne Oase inmitten der dunklen Wälder liegt das Eck in der Paßhöhe zwischen Arrach im Regental und Arnbruck im Zellertal. Der Blick von der Abfahrtsschneise auf den behäbigen Bergbauernhof mit seinen Nebengebäuden und auf den gut geführten Gasthof ist überwältigend. Auch hier wäre eine gute Übernachtungsmöglichkeit gegeben. Nicht selten finden sich so nette und interessante Leute zu einer fröhlichen Runde zusammen, daß auch der Abend in der Wirtsstube zu einem schönen Erlebnis wird. Nicht umsonst heißt es: »Menschen, die die Berge lieben, widerspiegeln Sonnenlicht, jene, die im Tal geblieben, verstehn oft ihre Sprache nicht.« Die, die hier übernachten, verstehen einander immer.

Das Eck ist ein beliebter Stützpunkt für Wanderer und Ausflügler. Es ist ein Wanderzentrum geworden mit vielen Parkplätzen. An schönen Sonntagen kann man bis zu hundert Autos zählen. Nur gut, daß die Menschen einem Herdentrieb unterliegen und ihre Fahrt in die Natur sich in der Hauptsache an den Wirtstischen erschöpft. Die herrlichen Wanderwege sind deshalb ziemlich einsam geblieben.

Einer von ihnen soll hier besonders erwähnt werden. Er zieht sich durch die stillen Waldhänge der Kaitersberg-Nordflanke von Reitenberg über Hudlach, Eschlsaign, Untereschlsaign bis zum Eck und kommt hauptsächlich für jene in Frage, die absolute Ruhe suchen, oder die wieder zum Ausgangspunkt zurückmüssen und den Grat nicht ein zweites Mal überklettern wollen. Er verbindet interessante Bergbauernhöfe, die etwa im 13. Jahrhundert in rund 800 m Höhe angelegt wurden.

Es gibt viele solche Bergeinöden im Waldgebirge. Sie werden die »Sterbenden Bauernhöfe« genannt. Unendlich viel Schweiß ist seit ihrer Gründung geflossen im ständigen Kampf mit dem Berg, dem Wald, dem Klima. Viele Bauern haben aufgegeben und sind abgewandert, als sie merkten, daß man in der Stadt, in einer Fabrik, leichter sein Brot verdient, als durch das harte Rackern droben im Bergwald. Von manchen Höfen stehen daher nur noch die

Ruinen. Im unteren Bayerischen Wald sind sogar Ortschaften, besonders die späten Gründungen der Passauer Fürstbischöfe, schon ganz oder teilweise ausgestorben. Erst der aufkommende Fremdenverkehr konnte dem Sterben Einhalt gebieten. Wer sich noch aufraffen konnte zum Umdenken, zum Neubeginn, der durfte wieder Hoffnung schöpfen. So sind auch die Höfe am Kaitersbergnordhang vorerst noch erhalten geblieben.
Der Bauer von Hudlach hat seinem Hof sogar eine Haflingerzucht angegliedert. Der genügsame Pferdeschlag aus Südtirol und den Zentralalpen gedeiht auch auf den kargen Bergwiesen des Bayerischen Waldes prächtig.
Die Wirtin ist eine baltische Adelige. Ihre Mutter war Erzieherin am Hof des letzten russischen Zaren. Es ist erstaunlich, wie sie sich als Bäuerin auf dem einsamen Hof zurechtgefunden hat. Sogar das Brot bäckt sie noch selber. Wenn man sie so vor dem rußgeschwärzten Backofen stehen sieht, glaubt man nicht, daß sie aus einer Welt stammt, die uns heute nur noch aus einer düster anmutenden Geschichtsepoche bekannt ist.
Eschlsaign mit Gasthaus und eigenem Schwimmbad gewährt alljährlich vielen Gästen einen außergewöhnlich erholsamen Urlaub. Die Aussicht über das Regental ist weit und schön. Sowohl von Hudlach, als auch von Eschlsaign führen Wege direkt zum Kaitersbergkamm hinauf.
Das stilechte Waldlerhaus von Untereschlsaign ist dem Verfall nahe. Der Bergbauer – ein schrulliger Mann – lebte mit seiner Familie all die Jahre von dem, was sie sich aus dem Wald holten. Sie verkauften Pilze und Beeren zentnerweise. Heute ist auch er abgewandert.
Dem Ecker Wirt scheint mit dem Straßenbau 1936 das große Los zugefallen zu sein. Doch der Schein trügt. Der Krieg und ein hartes Schicksal haben das alteingesessene, jahrhundertealte Geschlecht ausgerottet, den Namen getilgt und den Besitz in andere Hände gebracht. – Zum Eck kommen die Gäste in Scharen. Ich habe aber auch den Ecker Sattel schon sehr einsam erlebt. Damals war ich dem Tod näher als dem Leben. Davon später! –

An den Totenbrettern der früheren Wirtsleute vorbei, dringen wir auf dem Hauptwanderweg wieder in den Wald ein. Schattig und ohne große Steigung führt er hinauf zum Mühlriegel. Manchem steht die Enttäuschung im Gesicht, wenn er den höchsten Punkt erreicht hat, denn zwischen dünnen Ebereschen und über Himbeergerank hinweg sieht er nur einen unscheinbaren Felsbukkel rechts des Weges. Wer ihn jedoch aus Bequemlichkeit nicht besteigt, der versäumt viel.

Dieser Gipfel ist herrlich. Man fühlt sich auf ihm wie auf den Zinnen einer Burg. Schräge Felsplatten zwischen Gras und Moos geben Windschutz und schaffen Nischen, in denen man die Weltabgeschiedenheit nur noch mehr fühlt. Im Westen steht der Riedelstein als dunkler Kegel mit dem Waldschmidtdenkmal als Spitze. Osser und Arber schauen schon nahe und groß über die Baumwipfel herein.

Aber das schönste vom Mühlriegel ist der Tiefblick über senkrechte Abstürze nach Arnbruck und Drachselsried, die fast 500 m tiefer liegen und das Tal beherrschen. Von den beiden ungleichen Schwestern ist Drachselsried, das etwa im Jahr 1100 vom Kloster Niederalteich und den Grafen von Bogen gegründet wurde, die ältere.

Dafür hat Arnbruck einen Sportflugplatz. Seine spätgotisch-barocke Pfarrkirche, die Frauenkapelle mit einem spätgotischen Gnadenbild, mit zahllosen Votivbildern und Totenbrettern sind sehenswert. Eine landschaftlich schöne Straße über die Zeller Höhen verbindet es mit Viechtach. Besonders reizvoll ist aber eine Fahrt im Herbst über die Holzhauerhütten von Schareben nach Bodenmais.

Drachselsried, eine ehemalige Hofmark, dessen Schloß heute eine Brauerei beherbergt, lebte jahrhundertelang vom Wald, vom Glas und vom Waldweidebetrieb. Die weiten Wälder, die sich vom Tal zum Schwarzeck hinaufziehen, wurden von seinen Holzarbeitern, die in der Forsthütte Schareben untergebracht waren, schon in früher Zeit bewirtschaftet. Rund 10000 Ster Holz benötigten alljährlich allein die Glashütten von Schönbach und die Poschingerhütte. Allerdings wurde die Poschingerhütte als eine der ersten in Bayern 1871 auf Gasheizung umgestellt, weshalb auf Karten oft auch der Name »Gashütte« zu lesen ist.

Interessant ist, daß seinerzeit Amerika das Hauptabsatzgebiet der hiesigen Glashütten war. Als man aber auch drüben das Gas in der

Glasherstellung einsetzen konnte, wurden die dortigen Betriebe so leistungsfähig, daß der amerikanische Markt über Nacht fast ganz ausfiel. Viele Hütten im Bayerischen Wald mußten daraufhin für immer schließen. So auch die Poschinger- und die Schönbacher Hütte. Ihre Werkgebäude sind heute verfallen oder abgetragen.
Die Spuren der Glashütten sieht man auf besondere Weise vom Mühlriegel aus heute noch, vor allem im Herbst, wenn in den Hangwäldern die Buchen glühen, als hätte der Berg ein rotgoldenes Schuppenkleid. Da in früheren Jahrhunderten hauptsächlich nur die gut spaltbaren, gesunden und schönen Stämme zu Stamm-, Brenn- und Kohlholz gefällt wurden, konnte die Buche so überhand nehmen, daß sie heute weithin dominiert.
Wo aber durch das Abtreiben des Waldes und das Brennen von Pottasche Kahlflächen entstanden waren, setzte langsam wieder der Graswuchs ein. Es entstanden Bergwiesen, die sich als Weiden anboten. Hunderte von Stieren, Kühen und Jungrindern weideten schließlich jeden Sommer droben auf den Waldlichtungen. Die Bergweidewirtschaft wurde zu einem willkommenen Erwerbszweig, der im ganzen Bayerischen Wald Verbreitung fand.

Der Mühlriegel ist zu einem meiner Lieblingsberge geworden. Ich richte es mir meist so ein, daß ich auf seinem Gipfel übernachten kann. Schon früh habe ich mir eine besondere Technik dafür angeeignet. Heute habe ich in einer Anoraktasche immer eine dünne Perlonfolie von 2 mal 3 m im Geviert, die ich als Windschutz verwende. Mit Schmielgras polstere ich an einer der aufragenden Felsplatten mein »Bett«. Die Steine speichern tagsüber die Sonnenwärme und halten sie nachts noch lange nach. Mit ein paar Ästen, schräg an den Felsen gelehnt, schütze ich mich vor dem Tau. Noch bei Tageslicht mache ich mein Lager bezugsfertig.
Wenn aber dann im Westen der Tag verglüht und der mächtige, dunkle Kegel des Riedelstein rundum zu brennen scheint, wenn die Nacht sich in die Täler legt und langsam höher steigt, dann sitze ich fern von den Menschen noch unter dem Gipfelkreuz und trachte, daß ich nichts versäume. Ich bin einziger Zuschauer bei dem Schauspiel, das jetzt über Täler und Berge geht, das immer wieder anders ist und an dem sich noch keiner hat sattsehen kön-

nen. Bald funkeln die Lichter von Arnbruck und Drachselsried wie goldene Geschmeide unter mir zwischen den schwarzen Waldflanken der Berge, und der samtschwarze Himmel ist mit unzähligen Sternen bestickt. Es ist schöner wie in einer Kirche. Tiefer Friede erfaßt auch mich. – So eine Nacht allein auf dem Berg ist immer ein außergewöhnliches Erlebnis.

Wenn das erste Grau über die Berge geht, ist es kühl geworden. Dann schaue ich nach Osten, wo über dem Osser der Himmel sich schon rötet. Etwa eine halbe Stunde dauert es noch, dann steigt die glutrote Sonnenscheibe groß aus dem böhmischen Kessel empor. Um mich herum erwacht die Welt. Ein Vogel fängt schüchtern an zu singen, ein zweiter fällt ein, das Lied des Tages klingt auf. In den Tälern hocken noch die Schatten der Nacht. Einzelne Nebel brauen über den stillen Wiesengründen. Die Menschen schlafen noch.

Aber dies ist die schönste Zeit für uns Bergsteiger, um hineinzuwandern in das Wunderland, das vor uns liegt. Ein Waldgebiet tut sich jetzt auf, wie es sich ein Städter kaum vorstellen kann, so weit und so urwüchsig mit Felsen und springenden Wassern, mit mächtigen Bäumen und düstergrünen Farngründen, die die Sonne nicht mehr sehen, von einer Stille und Einsamkeit, die es nirgends in deutschen Landen mehr gibt. Nur, wo wir nach langem Wandern auf die Spuren der Holzfäller und Aschenbrenner aus der Glashüttenzeit treffen, oder wo der Wind auf den Graten den Wald nicht mehr duldet und wo der nackte Fels sich zu wilden Gestalten auftürmt und sich dem Griff der Wurzeln verschließt, sehen wir wieder den weiten Himmel über uns.

Die vor Jahrzehnten verlassenen, verwilderten Hochweiden und die unberührten Gipfelregionen sind von unvorstellbarem Zauber. Dieser Wald, der sich über Gipfel und Schluchten spannt, hört nicht mehr auf, nicht am Arber, nicht am Eisernen Vorhang und nicht am Horizont. Er ist das größte zusammenhängende Waldgebiet Europas. Unabsehbar ist er.

Er hat das Leben, die Gedanken und das Wesen der Menschen geprägt, er hat aus ihnen »die Waldler« gemacht.

Schon nach 100 m gabelt sich der Steig. Wer die Bequemlichkeit liebt und schon mit der grünen Pracht allein zufrieden ist, der kann

den rechts abzweigenden Weg zur Schareben nehmen. Abwechslungsreicher und wilder ist der linke, denn er führt über den Grat.
Zunächst gilt es, in steilen Serpentinen das düstergraue, zerklüftete Felsenbollwerk des Ödriegel zu nehmen. Nördlich von ihm – nur Kennern bekannt – springen die Felsen des »Haibühler Spitz« kühn gegen das Regental vor, und der »Grasfleck« ist eine von jenen weltentlegenen Lichtungen aus der Zeit, als noch die Herdenglocken über die Hänge läuteten und der Rauch der Hirtenfeuer über den Wald aufstieg.
Es gehört zu den schönsten Erlebnissen, mit Karte, Kompaß und Höhenmesser auf längst verwilderten Wegen oder gar quer durch die grüne Wildnis diese Stätten einer romantischen Vergangenheit neu zu entdecken.
Der Weiterweg verläuft auf der Grathöhe. Felsen und Marksteine, mit den Buchstaben »KW« gezeichnet, erinnern uns, daß wir uns im »Königlichen Wald« von einst befinden. Er gehörte nicht nur dem König (und heute dem Staat) – er ist auch jetzt noch von königlicher Würde und Schönheit.
Hinter dem Ödriegel, etwa 200 m rechts im Wald, leuchtet, klar wie ein Diamant, das Wasser des Sattelbrunnens, von dem die Sage erzählt, daß er goldhaltig sei. Nach einer halben Stunde treffen wir, wo das »Steinerne Gaßl« von Arnbruck heraufzieht und über Hinter- und Vorderwaldeck nach Lam, oder über Schwarzenbach nach Lohberg hinüberführt, auf das Gedenkkreuz für die Gefallenen von Arnbruck.
Auch kundige Waldgeher verwechseln es oft mit dem Waldwiesmarterl, das jedoch viel stilvoller aber unscheinbar 100 m weiter in Richtung Lam, links des Weges am Walddickicht steht. Hier breitete sich vor wenigen Jahren noch gegen Osten eine weite Kahlfläche, die der ganzen Gipfelregion den Namen »Waldwies« gab. Sie ist heute fast ganz wieder vom Wald zurückerobert. 300 m am »Steinernen Gaßl« gegen Arnbruck glänzt der »Kristallbrunnen« aus dem Moos.
Nach wenigen Minuten überschreiten wir das schwach ausgeprägte Scheuereck und finden links des Weges die verlassenen, wassergefüllten und gespenstisch anmutenden Schächte und Stollen eines ehemaligen Quarzspatbergwerks. Wie so viele Berg-

werke im Bayerischen Wald, war es halt auch ein Fehlschlag und manche Hoffnung wurde hier geboren und auch wieder begraben.
1000 m weiter klettern wir schon über den schmalen Felsgrat des Schwarzecks, dessen gegen das romantische Bramersbachtal abfallende, schwindelerregende Abstürze jedes Bergsteigerherz höher schlagen lassen.
Vom kreuzgekrönten Gipfelfelsen wird uns einer jener großartigen Tiefblicke auf den Lamer Winkel zuteil, die nur der Osser noch schenken kann, der jenseits des Tales majestätisch aufsteigt. Die Gebirgszüge umfassen vom Arber her den Lamer Winkel wie eine Zange, und die gegen das Tal vorspringenden Felsgipfel des Kleinen Osser und des Schwarzecks bilden ihre scharfen Schneiden.

Interessant ist die Geschichte dieses landschaftlich so reizvollen Talkessels. Auffallend lange waren Sandbach und Kleßbach, die bei Haibühl in den Regen münden, die Grenze gegen eine unerforschte Wildnis gewesen. Erst im Jahr 1279, also rund 200 Jahre, nachdem die Benediktinermönche von Rott am Inn in Kötzting eingezogen waren, wagten sie es, diese Grenze zu überschreiten, um das unbekannte Hochtal für die Menschheit zu gewinnen. Noch heute geben uns die Ortsnamen Aufschluß über die Vorgänge vor fast 700 Jahren.
Wer würde aber in dem Wort »Lam« noch die Bedeutung »Hängende Au« suchen? »Lumb n'aw« nannten die Siedler den Ort. Deutlich ist darin das Wort »Au« (= wasserdurchflossene Landschaft) zu erkennen. Doch vom Wort »lumb« wissen nur die Sprachkundigen noch, daß es im Mittelhochdeutschen so viel wie »herabhängen« hieß. Vielleicht steckt es noch in den Wörtern »Lump«, »lumpig«, »Lumpen«? Lumb n'aw = Lam war, und ist heute noch – die wasserdurchflossene Landschaft am Berghang.
Wenn wir uns die primitiven Geräte der damaligen Zeit vorstellen, dazu den Urwald, in dem noch Bären und andere Raubtiere hausten, und den Fels, der überall zutage trat, dann begreifen wir, daß Roden eine harte Arbeit war. Der Landesherr unterstützte sie so gut er konnte. Er verlieh daher dem Kloster außerordentliche

Rechte und Freiheiten, und die Mönche waren klug genug, sie bereitwillig auf ihre Untertanen zu übertragen.
So ging es dem Volk unter dem Krummstab gut, und der Erfolg blieb nicht aus. Das Leben blühte. Viele Ortschaften wurden gegründet. Überall war Wohlstand – bis dann um 1430 die Hussiten, die nördlich des Osser saßen, einfielen, das Leben auslöschten und die Häuser zerstörten. Wieder dauerte es ein ganzes Jahrhundert, bis die Wunden heilten, und in die vielen Ödstellen neues Leben einzog.
Bei Frahels (vrihals = Freiheit von Steuern für gerodetes Land) entstand eine ausgedehnte Bauernrodung. Noch immer liegt es inmitten von weiten Feldern. In der Sommerau war der Talabschluß erreicht. In der dortigen Au wurde im Sommer das geschlagene Holz zum Trocknen gestapelt. Heute noch liegt dort das Hauptgebiet der Holzwirtschaft. Auch das Triften und Fludern oder Flößen geht auf diese Zeit zurück. Holz gab es ja damals mehr als genug. Der Wald war noch der Feind des Menschen und wurde gnadenlos bekämpft.
Da waren die Aschenbrenner. Sie fällten die Bäume und zündeten sie an. In Eggersberg, Schwarzenbach und Sommerau rauchten ihre immerwährenden Feuer. Die Asche war unentbehrlich für die Glasherstellung. Durch die Waldbrandwirtschaft entstanden Bergweiden, Stierwiesen und Schachten. Auch die freien Gipfel des Arber und Osser waren einst solche Weiden, und noch vor 50 Jahren grasten auf ihnen die Herden.
Wo Wald war, werkten auch die Glashütten. Wer weiß schon heute noch, daß in Englshütt, Lohberg, Sommerau, Schneiderberg, Altlohberghütte, Schrenkenthal, Hütten bei Lam, Lambach, in Eben und sogar bei den Mooshütten einmal Glashütten standen? Sie setzten dem Wald am ärgsten zu. Aber ihre Gefräßigkeit schuf weitere Lichtungen und damit die Voraussetzung für die Viehzucht und die nachfolgende Besiedlung der Täler und Hänge.

Es liegt wohl in der Natur des Menschen, daß er nach Schätzen sucht, wenn er Neuland betritt. Auch die Mönche begannen alsbald mit der Goldsuche. So ist auch der Bergbau frühzeitig schon in den Lamer Winkel gekommen.

Schüchtern begann es. Erst war es der Pfleger von Neurandsberg, der die Erlaubnis erhielt, nach Gold und Silber zu schürfen. Dann ward sie der ganzen Bevölkerung für 10 Jahre erteilt. Wieder wurden die Siedler durch Verleihung von Freiheiten ins Land gelockt und ihre Ansiedlung auf jede Weise gefördert. Mit Bodenmais erhielt auch Lam besondere Rechte und Freiheiten. Ein Bergwerk wurde errichtet, Land zur Verfügung gestellt, Märkte wurden eingerichtet. Schließlich wurde der Ort zur gefreiten Bergstätte erhoben. Aber das Bergwerk konnte nicht leben und nicht sterben. Es wurde geschlossen, wurde mehrmals erneut geöffnet und wieder geschlossen und verfiel.
Und weil die bitter enttäuschten Herren des Bergwerks sich in ihrer Not über alle Rechte und Sitten hinwegsetzten – und auch manches Mal den Benediktinern die Hölle heiß machten, gab das Kloster – des Streitens müde – 1697 den ganzen Lamer Winkel dem Landesherrn gegen Besitzungen bei Rosenheim in Tausch.
Dies war ein böses und unrühmliches Ende eines 400-jährigen, segensreichen Wirkens. – Wir können heute sagen, daß die Verdienste der Mönche für die Besiedlung dieses Winkels unvergänglich sind. Im Lamer Wappen finden wir die Bestätigung. Es zeigt auf rotem Grund über drei grünen Bergkuppen, durch die das silberne Wellenband des Regens zieht, die silberne Klosterfassade von Rott und hinter ihren beiden Türmen einen goldenen Spaten, gekreuzt mit einem goldenen Bergmannsschlägel. Sie versinnbildlichen Berge und Wasser, Rodung und Bergbau – und auch die Mönche von Rott sind nicht vergessen. Kötzting blieb noch 106 Jahre, bis zur Säkularisation, unter der Herrschaft des Klosters.

Aber der Wanderer, der hier vorbeikommt, weiß von diesen Dingen meist wenig. Er sieht nur überrascht auf eine bezaubernde Landschaft hinab, die unverbildet blieb, die allein durch natürliche Schönheit, Stille und Unberührtheit besticht. Von den Bergen gerahmt, liegt da unten ein buntes Mosaik, aus dem einige Steinchen besonders hell herausleuchten.
Da sind zunächst die »Bergbauernresidenzen« Vorder- und Hinterwaldeck, Schneiderberg, Oberhaiderberg, Ebensäge und Eben, die schon seit 600 Jahren in völliger Abgeschiedenheit auf ihren grünen Lichtungen im Wäldermeer träumen. Klein, wie bunte,

verstreute Kiesel liegen die Häuschen der Bergdörfer Schwarzenbach, Sommerau, Lohberg, Eggersberg, Silbersbach und Thürnstein in den hellen Hängen. Und das Kirchlein von Mariahilf blinkt wie ein Stern aus dem dunklen Waldmantel des Osser. Es blickt hinunter auf seine alte, ehrwürdige Mutter, die Pfarrkirche St. Ulrich, die seit der Zeit der ersten Siedler wie eine Glucke die Häuser von Lam um sich schart.

Schräg, wie ein geöffnetes Tor, und rauchig steht der Hohebogen vor dem Talausgang, während der Arber erhaben über den Wäldern thront. Er hält seine Arme schützend um den Lamer Winkel. Auf einem stehen wir. Der andere reicht über Zwercheck und Grenzkamm bis zum Osser.

In der auffallend schwarzen Bergkette, die zwischen Bramersbach und Steinbach vom Enzian ins Tal abfällt, sind deutlich als Waldhöcker die wilde Sphinx und das spitze Hörndl zu erkennen, zwei unbekannte und waldüberwucherte Felsgipfel, die noch völlig unerschlossen sind, Es ist ein wahres Abenteuer, wenn man sie von Hinterschwarzenbach durch das Bramersbachtal ohne Weg besteigt, und über den herrlich einsamen und romantischen »Bramersbacher Platz« – ebenfalls eine ehemalige Waldweide mit einer noch erhaltenen Hirtenhütte und Baumleichen – zum Enzian oder zur Heugstatt aufsteigt.

Das Schwarzeck hat noch einen weiteren Gipfel, der nur 50 m entfernt ist. Von seinem Felsenhaupt schauen wir über Wetterfichten und den weiten Reischflecksattel hinüber zur Heugstatt und zum mächtig aufragenden Arber. An seinem Südhang, im hinteren Zellertal, ahnen wir schon den bedeutenden Erholungsort Bodenmais. Zwei Kilometer südlich von hier, mitten im Wald, liegen die beiden Holzhäuser der Schareben, schon in der Glashüttenzeit Unterkunft der Holzfäller von Drachselsried, heute einfache Touristenunterkunft und Wanderzentrum. Sie ist über den 100 m unter uns liegenden Reischflecksattel zu erreichen.

Mir ist die Schareben durch ein Erlebnis, das mich nur knapp am Tod vorbeiführte, unvergeßlich geworden: Länger als 20 Jahre mag es her sein. Ein außergewöhnlich schneereicher Winter war es. Ich war von Kötzting beim Hellwerden mit Skiern aufgestiegen, um über den Kaitersberg an einem Tag den Arber zu erreichen. Es hatte gut 15 Grad unter Null. Schon in Reitenberg ahnte ich, was mir bevorstand. Ich wußte, daß ich wohl nicht bis zum Arber kommen würde. In mannshohen Wächten türmte sich der Schnee. Alle Wege waren verweht, und hinter Fahnen von Flugschnee, die mir der Wind ins Gesicht trieb, schien glanzlos und kalt die Sonne. Keine Spur war mehr zu sehen. Alles schien sich zu ducken unter der Härte des Winters.

Bei der Heiglhöhle hingen riesige, blaue Eiszapfen von den Felsen. Der Wald war in Schnee, Eis und Rauhreif erstarrt. Um das Gipfelkreuz sang ein schneidender Wind. Die Spalten und Löcher zwischen den Gratfelsen waren zugeweht und der Weg voller Tükken. Gut 4 Stunden waren vergangen, bis ich die Kötztinger Hütte erreichte, wo ich Mittagsrast machte. Ich hatte Mühe, mit den Skiern auf den Grund der 2 m tiefen Gräben zu kommen, die zum Eingang führten.

Als ich nach dem Essen wieder aufbrach, ging mir die Kälte durch und durch. Im Steinbühler Gesenke wurde es noch gefährlicher. Die Felsen waren mit Eis überkrustet, die Schluchten verweht und der Wind so stark, daß er trotz der Sonne pausenlos Schauer von Flugschnee über den Grat wirbelte. Hochstein und Rauchröhren mußte ich durch das vereiste und fast undurchdringliche Walddikkicht des Nordhangs umgehen. Die Zweige luden immer wieder ihre kalten Lasten auf mich ab. Beim Aufstieg zum Riedelstein versperrten mir Hunderte von niedergebogenen Jungfichten den Weg. Mühsam und weiß wie ein Schneemann kämpfte ich mich durch. Die Ersteigung des Gipfelfelsens wagte ich nicht mehr, denn die Sonne stand schon tief, und, wenn schon nicht zum Arber, so wollte ich doch wenigstens bis zur Schareben kommen – und auch die lag noch weit.

Bei einer rasanten Abfahrt zum Eck – die heutige Piste gab es damals noch nicht – verfehlte ich den Weg, wurde einen Augenblick unsicher und schoß über eine hohe Wächte in weitem Bogen in die weißgepolsterten Äste einer hohen Fichte, die mich – wie in Daunen gepackt – durchgleiten ließ bis hinunter zum Boden. Als ich wieder klar denken konnte, schaute ich nur noch mit dem Kopf und mit den Skiern aus dem Schnee. Das war noch einmal gut gegangen. Ich war unverletzt. Vorsichtig fuhr ich weiter ab.

Der Ecker Sattel lag bereits im Schatten des Riedelstein, der Wind

hatte sich gelegt. Über das Land draußen flutete schon der rötliche Schein des Abends. Sollte ich für die Nacht hier bleiben? Ich war erst unentschlossen, aber die silberne Mondsichel hoch am Himmel ermunterte mich, den Kampf noch einmal aufzunehmen.
So spurte ich weiter durch kaum noch erkennbare Waldwege zum Mühlriegel hinauf. Vom Felsgipfel, den ich im Dämmerlicht noch erkletterte, hatte ich einen fantastischen Blick. Aus dem nachtblauen Tal funkelten schon die Lichter herauf. Im Westen glühte der Himmel im letzten Schein. Aber ich mußte weiter. Hinein in die Winternacht, in die unheimliche Stille des tief verschneiten Bergwalds. Nicht länger als 1 1/2 Stunden bis ans Ziel, dachte ich! So lange würde wohl das Licht des Mondes und der Sterne, an das sich die Augen schnell gewöhnen, noch herhalten. Den Weg kannte ich ja. Ich war ihn im Sommer oft gegangen.
Aber niemand kann sich vorstellen, wie unwegsam der Bergwald wird, wenn der Schnee mehrere Meter hoch liegt, wenn sich die Bäume unter den Lasten, die weit größer sind, als sie ein Mensch zu tragen vermag, bis zum Boden neigen. Markierungen und Orientierungstafeln gibt es dann einfach nicht mehr. Die Überschreitung der Bayerwaldberge ist zu solchen Zeiten gefährlich und beschwerlich wie die eines Viertausenders in den Alpen. Ganz besonders bei Nacht!
Ich kam auch bald in ein Gebiet, wo die jungen Fichten wie Barrieren auf dem Boden lagen und zu Eismauern zusammengewachsen waren. Erst kroch ich unten durch oder umging sie. Aber das nahm kein Ende. Dann überkletterte ich sie, schüttelte ihre Äste mit den Stöcken, schlüpfte durch Löcher, die ihre schneeträchtigen Leiber freigaben, und sobald ich sie berührte, luden sie gewöhnlich ihre kalten Joche auf mich ab. Oft mußte ich wieder zurück, da es kein Weiterkommen mehr gab. Es war wie in einem Irrgarten, und die Stunden vergingen.
Tiefe Nacht war es geworden. Die Schneekristalle schimmerten matt im Mondlicht. Die vermummten Bäume wurden zu stummen Gestalten. Manchmal so echt, daß ich erschrocken zusammenfuhr und ängstlich stehen blieb. Anstrengung und Erregung trieben mir den Schweiß auf die Stirn. Der Anorak war wie ein Panzer. Die Körperwärme hatte den Schnee getaut und durch die Kälte von außen war das Wasser erneut gefroren. Es mußte sehr kalt sein,

aber ich fühlte es nicht. Allmählich ließen meine Kräfte nach. Da hielt ich kurze Rast in der nächtlichen Eiswildnis. Beim Essen einer Apfelsine wurden meine Finger gefühllos und steif vor Kälte, daß ich Mühe hatte, sie wieder warm zu reiben.

Ich durfte keine Zeit mehr verlieren, deshalb suchte ich das Schneelabyrinth bergwärts zu umgehen. Bis zum Grat stieg ich fast hinauf. Umsonst! Die Wildnis nahm kein Ende. Zäh und beharrlich, mit List und grimmiger Wut versuchte ich immer wieder durchzukommen. Endlich war ich wieder im Hochwald. Ich hatte schon lange keinen Weg mehr. Doch mit langen Schritten lief ich jetzt ostwärts. Nicht lange, denn wieder lagen zahllose niedergebeugte Bäume vor mir. Von Neuem begann der Kampf. Ich mußte durch um jeden Preis. Es konnte doch nicht mehr weit zur Scharebeben sein.

Als ich einen der liegenden Bäume überkletterte, fiel ich so unglücklich zwischen seine Äste, daß ich – die Skier oben, den Kopf nach unten – in dem Schneegewirr hing. Ich konnte mich kaum wieder aus meiner »Zwangsjacke« befreien. Auch der Rucksack behinderte mich. Endlich sackte ich zum Boden durch. Da lag ich wie in einem Grab unter eingefrorenen Ästen.

Mit schwindenden Kräften wühlte ich mich heraus. »Auf keinen Fall aufgeben!« dachte ich, »Nur weiter, immer weiter!« Es konnte ja wirklich nicht mehr weit sein. Aber der Wald hatte kein Ende. Es war 10.00 Uhr nachts geworden. Wo war die Scharebeben?

Ich fluchte und weinte. Ich schrie. Kein Licht, keine Antwort, kaum ein Widerhall! Abgekämpft sank ich in den Schnee, suchte im Rucksack nach Eßbarem. Was sollte ich tun? Zurück? Das ging nicht mehr. Dazu hatte ich nicht mehr die Kraft. Da sah ich eine jener Bergfichten, deren Äste bis zum Boden reichen. Da drunter mußte ein Hohlraum sein. Und »warm« mußte es da drinnen sein wie in einem Iglu. Also angepackt! Schnell bohrte ich ein Loch durch ihren Schnee- und Eispanzer, drückte die Äste auseinander und kroch hinein. Der Hohlraum war groß genug. Ich fühlte mich geborgen, aber eine Kälte umgab mich wie in einem Eiskeller. Dazu war ich vom Schweiß und Schneewasser durchnäßt und hundemüde. Ich war am Ende meiner Kraft. Was dann, wenn ich einschlief? . . .

Da gab es plötzlich nichts mehr zu überlegen. Es blieb nur eine Wahl: Zurück zum Eck! Wenn ich es nicht schaffte, war alles aus. Dieser Gedanke weckte noch einmal alle Kräfte in mir. So kletterte und torkelte ich auf meiner Spur wieder über alle Hindernisse zurück, pflügte zu guter Letzt – will sagen, fiel mehr als ich fuhr – im tiefen Pulverschnee vom Mühlriegel zum Sattel hinunter.

Es mag schon Mitternacht gewesen sein, als ich völlig durchnäßt und vor Schwäche empfindungslos, bei klirrendem Frost, an Tür und Fenster trommelte. Ich konnte die Wirtin wecken. Durch die vereisten Fensterscheiben rief sie mir zu: »Ich mach' nicht auf. Wer sich in so einer Nacht draußen im Wald herumtreibt, der ist kein G'scheiter.« Aber ich ließ nicht mehr locker. Ich schrie und klopfte und trommelte, und schließlich siegte doch das Mitleid in ihr, sie ließ mich ein.

Ich fiel aufs Lager und schlief bis in den hellen Morgen hinein. Erst am Abend dieses Tages war ich endgültig auf dem Arber. –

Vom Schwarzeckfelsen windet sich der schmale Pfad abschüssig zum Reischflecksattel hinunter und quert ihn über grünbemooste Felsentrümmer. Bald zweigt links der Abstieg durchs Bramersbachtal nach Lohberg ab, dann kommt von rechts die bequeme Variante des Hauptwanderwegs von Schareben herauf, und schließlich steigen wir direkt und immer steiler zur Heugstatt (1261 m) empor. Auch sie ist eine verlassene Bergweide. Zwar ist das Hütterl verfallen, das bis vor wenigen Jahren gleich rechts von unserem Austritt auf die Lichtung stand, doch erleben wir heute noch bei einer kurzen Rast die Stille und Verlassenheit, in der einst Hirt und Herde einen Sommer lang zu leben hatten.

Von der Schareben führt außerdem ein sehr steiler Aufstieg zur Heugstatt, der das ganze Plateau überquert und sich in seiner Nordostecke mit unserem Weg vereinigt.

Nun schreiten wir, wieder auf dem Hauptwanderweg, über oft morastige Bergwiesen und durch schütteren Gratwald hinüber zum Enzian. Extreme Wanderer finden rund 1½ km nördlich und 200 m tiefer auf dem in Richtung Lohberg vorspringenden Bergsporn den einsamen Bramersbacher Platz mit Biwakmög-

lichkeit. Er ist auch ohne Weg nicht zu verfehlen, wenn man sich immer auf dem Bergrücken hält.
Der Enzian ist kein Aussichtsgipfel. Wir sollten aber den Wald näher ansehen. Er hat sich langsam verändert. Die Bäume haben eine Form angenommen, die den Schneemassen des Winters am besten trotzt. Die Äste hängen meist steil nach unten bis zum Boden. Sie bewahren, wenn die Schneehöhe mehrere Meter erreicht, um den Stamm herum einen Hohlraum, der nicht selten – wenn es sein muß, bis zu 5 Personen – wie in einem Iglu – Wetterschutz gewähren kann. Im Sommer bieten solche Bäume, die in Höhen über 1000 m sehr häufig anzutreffen sind, oft für 15 Personen ein angenehmes und fast regensicheres Biwak.
Jetzt steigt der Kleine Arber vor uns auf. Er kann zwar rechts umgangen werden, doch lohnt sich der ziemlich mühevolle Aufstieg, denn die Aussicht von seinem wilden, grasüberwucherten Haupt ist überwältigend.
Hinter uns liegt der ganze Kamm vom Kreuzfelsen her, und vor uns steht gewaltig der Große Arber. Rund um uns Wetterfichten mit gebrochenen Wipfeln, vom Sturm zerzaust und von den schneereichen Wintern geschändet. Besonders schön ist der Tiefblick zum Lamer Winkel und hinüber zum Osser. Sonnenglanz liegt über den beiden Tälern im Westen, und Wald breitet sich, soweit man sieht. Unser Blick wandert über zahllose Höhen bis zum Horizont. In feinsten Nuancen abgestuft fügen sich die Farben ineinander, und hinter jedem zarten Schimmer ist bewegtes, buntes Leben, atmet ein Stück Heimat. Die Wolken sind auf diesem Gipfel meist nahe und ein frischer Wind lispelt unaufhörlich im Schmielgras.
Zeitlebens hegte ich schon den Wunsch, hier einmal ein Bild zu malen – so schön, so wild, so urwüchsig und schöpfungsnah, wie es da heroben wirklich ist. Ob dies überhaupt einer kann, frage ich mich dann wieder, denn es kommt auf die »Seele« an, die es darzustellen gilt. Und dazu gehört der Geruch der Wälder, das Rauschen der Bäume, die Wärme der Sonne und das Frösteln im Wind. Dazu gehört die Menschenferne, die Himmelsnähe, die Unberührtheit von allem, was man heute unter »Fortschritt« versteht, und vieles mehr.

Wenn wir zum Großen Arber hin absteigen, kommen wir in wenigen Minuten zur Jugendherberge »Chamer Hütte«. In der Nähe stand einst eine hölzerne Waldlerhütte, die von der Waldvereinssektion Cham bewirtschaftet wurde. Ihr steinbeschwertes Schindeldach war mit der ausgestreckten Hand zu erreichen. Nur der Mittelbau hatte ein oberes Stockwerk. Und weil ich in Cham die damalige Realschule besuchte, kam ich eines Tages mit meiner Schulklasse in dieser Hütte in »Quartier«. Schon damals kannte ich mich im Arbergebiet gut aus. Um so weniger fanden sich meine Professoren zurecht.
Trotzdem machten wir weite – und wie ich heute glaube – verwegene Ausflüge. Da blieb es nicht aus, daß wir eines Abends – es wurde schon dunkel – mit dem ganzen »Geleitzug« im Wald standen und keinen Weg mehr hatten. Dazu war es abschüssig, daß wir uns nur mühsam halten konnten. Unser Führer schoß hin und her, besprach sich aufgeregt mit seinen Kollegen, lief voraus und wieder zurück – ohne Erfolg! Unterdessen wurde es finster, die Mädchen fingen zu heulen an, die Mitschüler wurden still, und die drei Lehrer zunehmend ratloser. Da war große Aufregung in dem Haufen, und guter Rat war teuer.
Mich hatte das bis jetzt kaum erregt, denn ich war mit einem Kameraden gerade bei einem Messertausch gegen einen kleinen Kompaß. Als ich ihn hatte, stellte ich gleich die Himmelsrichtungen fest. Ich wußte, daß wir uns über dem Kleinen Arbersee befanden und kannte daher auch die Richtung zur Hütte. Da aber noch der tiefe Einschnitt des oberen Seebachs und des Seelochs dazwischen lag, mußten wir zunächst, in gleicher Höhe bleibend, nach Süden ausweichen. Meine Obrigkeitsfurcht war damals noch recht groß, deshalb verriet ich dies nur den Mitschülern.
Da erscholl auf einmal der Ruf: »Der Thorward weiß, wo wir hinmüssen.« Ein Lehrer hörte dies und rief: »Wo ist der Thorward?« Ich mußte zur »oberen Führung« vor und war ziemlich verlegen. »Stimmt es, daß du den Weg weißt?« wurde ich gleich ins Verhör genommen. »Ja, Herr Professor«, sagte ich etwas kleinlaut. Ungläubiges Staunen bei der Führung! »Wieso weißt du es?« wurde ich gefragt. »Weil ich mich hier auskenne«, antwortete ich. »Warum kennst du dich hier aus?« bohrten sie weiter. »Weil

Unvorstellbar ist die Wildnis des Winterwalds . . .

Lamer Winkel und Osser – Land voller Gegensätze

ich schon oft hier war«, log ich. »Wir müssen etwa 500 m quer durch den Wald«, sagte ich, dabei deutete ich keck in die entsprechende Richtung, »dann werden wir auf einen Weg kommen, und der geht über den Sattel zur Hütte.« Da glaubten sie mir endlich.

»Also herhören!« – »Ruhe, zum Donnerwetter, herhören!« rief der Führer. »Der Thorward kennt sich hier aus. Er wird uns jetzt durch den Wald führen. Alles beisammen bleiben, es ist schon sehr finster, deshalb Vorsicht, daß keiner sich verletzt, – und daß mir keiner zurückbleibt!«

Das Weinen verstummte, alles faßte neuen Mut. Nur unter meinen Füßen schwankte für einen Augenblick der Boden. Ich konnte die Verantwortung, die mir zugefallen war, kaum tragen, denn so sicher, wie ich tat, war ich gar nicht. Aber ich spielte meine Rolle tapfer weiter.

Wie die Läuse krochen wir durch den finsteren, abschüssigen Hang in Richtung Süden. Keiner sprach, nur das Atmen war zu hören, und manchmal unterdrückte Schreie, wenn sich einer in der Dunkelheit an einem Ast aufspießte oder in ein Loch fiel. Weil am Westhimmel Gewölk aufgezogen war, war es nun vollends finster geworden. Der Lehrer fragte immer wieder aufgeregt: »Sind wir denn noch richtig?«, und ich bejahte es jedes Mal, obwohl ich selbst zweifelte.

Oft wurde der Hang so steil, daß ich Angst bekam, die anderen könnten gar nicht mehr folgen. Doch sie hefteten sich an meine Fersen wie Jagdhunde. Auf einmal wurde es heller. Wir waren auf der großen Sattel-Lichtung. Noch ein Stückchen links aufwärts – und da war der Weg. Der Weg, der vom Brennes kommend um die Nordflanke des Arber herum zur Chamer Hütte führt. Mir schlug das Herz vor Freude.

Mein Professor nahm mich um den Hals und strich mir immer wieder übers Haar. Ich war der »Held des Tages«. Selbst unsere Mädchen, die bisher nichts für mich übrig gehabt hatten, und von denen ich mich immer »stolz gerissen« hatte, wichen an diesem Abend nicht von meiner Seite. Daß es für mich, als Besitzer eines Kompasses, ein billiger, wenn auch mit viel Angst erkaufter Erfolg war, davon sagte ich nichts.

Ein ausgetretener Weg führt jetzt über den breiten Sattel hinüber zur Stierwiese am Fuß des Großen Arber-Gipfels, wo sich bei einer Wetterfichte die Trampelpfade kreuzen, die vom Kleinen Arbersee, vom Sonnenfels und Brennes, von Bodenmais, vom Mittagsplatzl, vom Arbersee durch die Seewand und von der Bodenmaiser Mulde kommen – und einer führt alpin steil direkt hinauf zum Arber. Wenn man nach langer Wanderung auch diese herbe Prüfung für Herz und Lunge noch hinter sich hat, winkt einem wahrhaftig das Gipfelglück.

Wer es nicht ganz so steil will, der weicht rechts aus in die Bodenmaiser Mulde, wo die Bärwurz wächst, und steigt über die freien Hangwiesen hinauf.

Dies ist auch der Winteraufstieg. Er ist so großartig und beeindruckend, daß er im ganzen Waldgebirge nichts Ebenbürtiges hat. Die trogförmige breite Mulde zwischen den Felsgipfeln wird gewöhnlich gerahmt von bizarr in Rauhreif und Schnee erstarrten Wetterfichten. Blendendes Weiß und blaue Schatten zaubern Bilder, wie kein Maler sie schöner ersinnen könnte.

Eines Tages stapfte ich nach langer Wanderung mit den Skiern futterlos und matt im Schneetreiben die Mulde hinauf. Da war zwar nichts von dieser sonnigen Winterpracht, aber die weißverhüllten Baumgestalten am Hang standen da, als wäre Leben in ihnen.

Da waren welche, die neugierig die Hälse reckten, die mir entgegenschauten und Miene machten, als wollten sie sagen: »Wer kommt denn da herauf so allein bei diesem Sauwetter?« Und da waren andere, die sich vor mir verneigten, als wollten sie mir ihre Achtung erweisen. –

Ich kenne sie schon seit meinen Kinderjahren und stellte mich zu ihnen. Im Flockenwirbel sah ich fast aus wie sie. In meinem Haar hingen Eiszapfen, der Anorak war hart gefroren, doch auf dem Körper stand mir der Schweiß, und auf Schultern und Rucksack lagen 5 cm Schnee. Ich wollte nur ausruhen, einmal verschnaufen, wieder Kraft schöpfen für das letzte, steile Stück Weg.

Da ließ der Tanz der Flocken nach. Blaugrau lagen die Wälder unter mir. Ihre Konturen wurden schärfer und rückten näher. Ein schüchternes, rotes Leuchten huschte über den Berg. Im Westen riß der Himmel auf. Die Sonne goß ihr Licht über das weite Land, daß alles wie unter einem roten Schleier zu liegen schien. Nur die Schatten blieben eisgrau.

Ich empfand diesen unerwarteten Anblick als Lohn für die Mühen des Tages.

Der verspottete König und das Künische Gebirge

Der Aufstieg von der Stierwiese direkt zum Arber ist alpin steil. Es ist immer das gleiche: Wenn einer atemringend aus dieser »Himmelsleiter« aus Fels, Wurzeln und Humusresten den letzten, verkrüppelten Wetterfichten entsteigt, wischt er sich erschöpft den Schweiß von der Stirn, dreht sich befreit um, und ein Ruf der Überraschung kommt über seine Lippen. Uns geht es nicht anders, denn die Sicht ist ungehemmt und schön. Sie geht über die Täler und Berge des Bayerischen Waldes, beherrschend, gewaltig. Der Gipfel ist mächtig und weit, fast ein Gebirge für sich. Und wie wir hinüberschreiten zum Osthang, in dem das Arberschutzhaus steht, und, nach allen Richtungen schauend, immer neue Schönheiten entdecken, wird uns bewußt, daß der Beiname »König des Bayerischen Waldes« nicht von ungefähr kommt.

Wenn wir bereits von der Kötztinger Hütte, oder auch vom Eck kommen, wird es – die Rasten mit eingerechnet – schon weit im Nachmittag sein. Wollen wir den Berg richtig kennen lernen, so schalten wir am folgenden Tag am besten einen Rasttag ein. Den verbleibenden Abend nutzen wir zum »Quartiermachen«, zum Entspannen und zum Erleben des Sonnenuntergangs.

Quartier nehmen, ja, das ist schon ein Problem am Großen Arber, denn der Massenbetrieb, besonders die gut zahlenden, flüchtigen Tagesgäste verderben die guten Sitten der Wirtsleute und die richtigen, braven Wanderer kommen da schon manchmal zu kurz. Da kann es leicht zu unbedachten Äußerungen kommen, die anderswo nicht üblich sind. Wir sollten aber dann nicht ebenfalls überschäumen, sondern korrekt und bestimmt an die Rechte und ebenso an die Pflichten erinnern, die auch der Wirt einer Unterkunftshütte hat. Und von den oft mißmutigen Gesichtern hinter der Theke sollten wir nicht gleich auf eine lieblose Unterbringung oder gar eine schlechte Gastronomie schließen. Ich muß zugeben,

sie sind gut im Arberschutzhaus, zumal sich die vielen Tagesgäste abends in die Täler zurückziehen, und nur ein paar Gleichgesinnte hier übrigbleiben und übernachten. –
Was dem Wanderer in diesem Schutzhaus heute geboten wird, muß ich als »fürstlich« bezeichnen, wenn ich an die einstige, bereits 1884 erbaute hölzerne Schutzhütte denke, in der ich 1923 noch gegessen und übernachtet habe. Damals gab es nur Erbsensuppe, und im Schlafraum war eine Hand breit tief Häcksel aufgeschüttet, auf dem wir nachts ruhten. Durch die Ritzen der Holzwände drang die Kälte der Bergnacht, und als wir am andern Tag bezahlten, legte unser Vater mehr als hundert Milliarden Mark auf den rauhen, buckligen Holztisch.
Heute sind die Tische im gefälligen, hellen Wirtsraum sauber gedeckt und mit Blumen oder Waldsträußen geschmückt. Fürstlich im wahrsten Sinn des Wortes ist übrigens auch der Standort der Hütte. Das ganze Gebiet gehört nämlich dem Fürsten Hohenzollern-Sigmaringen.

Bald schon rückt das Schutzhaus in den Schatten des Berges. Um so bezaubernder ist der Blick hinunter in das sonnige Waldtal, in dem Bayerisch Eisenstein liegt. Wenn da drunten die Schatten schwärzer und die Lichter wärmer werden, dann ist es Zeit, hinaufzusteigen zum Gipfel.
So taten wir es auch damals, vor mehr als 50 Jahren. Seinerzeit klang noch das Geläute der Herdenglocken über die freien Hänge. Ich erinnere mich noch gut, wie wir an jenem Abend aus dem Schatten ins rote Licht stiegen, und über den Bergketten im Nordwesten, etwa zwischen Kleinem Arber und dem Schwarzeck, der Feuerball der Sonne im Gold und Grau des Abendhimmels hing. In den Tälern war es schon dunkel, aber die Wälder waren noch violett und die Berggrate von einer unvorstellbaren Klarheit. Über die Arbergipfel strahlte ein Licht, daß unsere Gesichter wie Bronze leuchteten. Hinter den fernen Bergen tauchte die Sonne dann langsam hinein ins Meer der Nacht, bis ihr letzter, roter Funke erlosch.
Bis wir zurück waren bei der armseligen Hütte, wollten wir gar nicht mehr hineingehen – so unwirklich und schön war die Nacht. Tausende von Sternen leuchteten jetzt vom Himmel. Sie wurden

immer noch mehr, und die Lichter von Eisenstein schimmerten wie Silberstaub.
Ein großes Erlebnis ist auf dem Arber auch der Sonnenaufgang. Wenn die rotglühende Scheibe hinter dem Eisensteiner Tal aus dem grauen Dunst des böhmischen Kessels aufsteigt, und golden und rot der Himmel zu leuchten beginnt, hat die schönste Zeit für den echten Bergsteiger und Fotografen schon begonnen. In der guten Stunde, die uns noch bis zum Frühstück in der Hütte bleibt, können wir dem Gipfel so viel an selten gesehener, landschaftlicher Schönheit abgewinnen, wie den ganzen Tag nicht mehr.

Der heutige Tag soll uns ohne Rucksack – gleichsam spielerisch und unbeschwert von Sorgen – zu den Schönheiten führen, die abseits von der allgemeinen Route liegen und doch dazugehören.
Steigen wir zunächst über den freien, grasigen Osthang – vorbei an Felsen und Latschen – hinauf zum Sattel und erklettern wir gleich den gewaltigen, steinernen Gupf des Seeriegels. Als Südgipfel ragt er kühn über die Urwälder der Seewand auf. Sein zerrissener, felsiger Südgrat verliert sich gut hundert Meter tiefer in ihrem Dickicht.
Die Sicht nach Südosten ist nahezu unbegrenzt. Tief unter uns ruht schwarz der Große Arbersee, umgürtet vom steilen Rund der felsigen Bergflanke. Im Tal des Großen Regen leuchten grün die Lichtungen von Regenhütte und Seebachschleife aus dem alles überspannenden Wald. Schwarz, wie ein rauhes Tuch legt er sich über die Hügel, die hinüberleiten zum Großen Falkenstein, läßt nur für die Schmalzbachschwelle und das Zwieseler Waldhaus ein grünes Wiesenfleckchen, wird von den Felsen des Kleinen Falkenstein durchstoßen, blitzt nocheinmal hellgrün auf im Ruckowitzschachten und breitet sich hinaus über Ludwigsthal und Lindberg gegen den grünen Kessel von Zwiesel. Feine Dunstschleier liegen über den Häusern der Waldstadt. Über sie schaut der flache Kegel des Rachel herüber und dahinter verschwimmen meist Wälder und Berge im lichten Blau der Ferne. Hügel und Waldflecken reihen sich in endloser Zahl gegen Süden, und erst die schwarze Kette der Donauberge hält den Blick wieder für eine Weile. Vielleicht sehen wir dahinter die weite bayerische Ebene, über der bei Föhn die Firngipfel der Alpen stehen. Weiter rechts

schauen wir auf den breiten 1340 m hohen Waldbuckel des Hochzellberges, in dessen grüner Hochweide sich das Mittagsplatzl – eine Felskanzel über der Arberseewand – birgt.
Die Bodenmaiser Mulde schließt sich rechts an. Wie ein breiter, grüner Trog fällt sie in die Wälder ab. Hinter ihr steigt der Westgipfel auf mit dem Richard Wagner-Kopf, dessen unverkennbares Profil scharf gegen die blassen, fernen Täler steht.
Dieser Felsen, der heute zum Wahrzeichen des Bayerischen Waldes geworden ist, hat mich seit meiner Jugend fasziniert. Als Halbwüchsige sind wir alljährlich an Pfingsten um 4 Uhr früh in Furth aufgebrochen und in 14-stündiger Tour über Hohenbogen, Kaitersberg bis zum Arber gelaufen, um unter »dem Kinn von Richard Wagner« unser Biwak einzurichten und unser Lagerfeuer anzuzünden. In den Wäldern unter uns lag um diese frühe Jahreszeit gewöhnlich noch der Schnee.
Zwischen Wetterfichten am Osthang, unmittelbar unter dem Seeriegel, steht die Arberkapelle. Einmal im Jahr – am 24. August – hat sie ihren großen Tag. Es ist der St. Bartholomäustag. Zur Arberkirchweih kommen heute Tausende in bunten Sommerkleidern und Trachten aus dem Waldland, vom Donautal herauf und von der Oberpfalz herüber, und lagern sich während der Bergmesse an den Hängen und auf den Felsen um das kleine Gotteshaus bis hinauf zum Seeriegel und zum Hauptgipfel.
Die Arberkirchweih ist alt. Schon 1906 wurden über 3000 Besucher gezählt. Dic Kapelle, die früher als Blockhütte zwischen Haupt- und Ostgipfel stand, war eine Stiftung des Eisensteiner Glashüttenherrn von Hafenbrädl im Jahr 1806. Sie ist schon vor dem letzten Krieg verfallen, und die Kirchweih dann langsam eingeschlafen. 1956 hat Fürst Friedrich von Hohenzollern-Sigmaringen die Kapelle in ihrer heutigen, geschmackvollen Form wieder errichten lassen. 1957 am St. Bartholomäustag wurde sie geweiht. Seither ist die Arberkirchweih wieder, wie einst, als die Glasbläser, Holzhauer und Jäger, die Schützen- und Trachtenvereine in Scharen zum Arber hinaufpilgerten, das große, kirchliche Volksfest der Waldberge.
Nun steigen wir über die harmlosen Felsen hinauf zum Kreuz auf dem Hauptgipfel (1456 m). Dort sollte uns bewußt werden, daß wir die »höchsten« Menschen zwischen Alpen und Riesengebirge,

zwischen Schwarzwald und Hoher Tatra sind. Das Kreuz wurde 1913 zum ersten Mal errichtet und seither mehrmals erneuert, weil der Blitz und – die Andenkenjäger es immer wieder zerstörten.

Der Ausblick ist auch von hier beherrschend. Besonders der Grenzkamm, der vom Osser zum Zwercheck zieht und dann über die Seewand jäh ins Eisensteiner Tal abfällt, die dunklen Berge Böhmens, der Panzer, der Spitzberg und der Hahnenriegel, von denen die Quellflüsse des Großen Regen kommen, und das zwei unterschiedlichen Welten angehörende grüne Tal von Eisenstein fangen den Blick.

Während der Markt Böhmisch Eisenstein schon bald nach dem Jahr 1000 n. Chr. ein bemerkenswerter Ort in der Nähe des berühmten Bayernwegs und des Gunthersteigs war, gab es das Dorf Bayerisch Eisenstein vor 200 Jahren noch gar nicht. Nur ein paar armselige Hütten klebten damals wie Schwalbennester am Hang über dem rechten Regenufer. Ein Weiler mit 9 Holzhütten soll es gewesen sein mit dem Namen »Bayerisch Häusl«. Die armen Häusler müssen in den Glashütten von Böhmisch Eisenstein ihr karges Brot verdient haben, und später dürften sie auch in dem Eisensteiner Eisenbergwerk gearbeitet haben, das nie einen Gewinn abwarf und schon um 1850 für immer geschlossen wurde.

Die Geschlechter der Nothafft, der Klenau und der Hafenbrädl beherrschten das Tal nacheinander. Als Bürgerliche sind die Hafenbrädl 1761 von Pilsen gekommen, wurden schon 22 Jahre später geadelt und nach weiteren 5 Jahren zu Reichsfreiherren erhoben. Begütert, wohlhabend und einflußreich waren sie, und Franz Ignaz Freiherr von Hafenbrädl hat Bayerisch Häusl in den 80er Jahren des 18. Jh.s zu Bayerisch Eisenstein gemacht. Im ewigen Kommen und Gehen der Geschlechter wurden auch die Hafenbrädl 1852 – 1872 von den Fürsten von Hohenzollern-Sigmaringen abgelöst. Der Hohenzollernfürst Leopold wurde zum großen Wohltäter des Dorfes Bayerisch Eisenstein. Auch die Katholische Pfarrkirche St. Johann von Nepomuk stammt von ihm.

Kaum einer weiß heute noch, daß die Landesgrenze damals einen ganz anderen Verlauf hatte als heute. Sie ging über den Seewandrücken zum Zwercheck, fiel ab zum Rotsolwald, stieg dann bis

zum Arbergipfel hinauf und lief das Ostufer des Arbersees entlang und den Seebach hinunter zur Seebachschleife.
Schlagartig wird uns in diesem Zusammenhang klar, warum die Tschechen heute noch den Arber »Javor« (= Ahorn) nennen. Sie hatten Anteil an diesem Berg, und von den »Urbäumen«, die einst den Gipfel und die Lichtungen säumten, wie sie heute noch auf den Schachten zwischen Falkenstein und Rachel, wie auch in den Seewänden und Urwäldern stehen, haben sie den Namen für den Berg übernommen.
Da der Name »Arber« erst um 1740 auftaucht – früher hieß der Berg »Adwich« oder auch »Hättwig« – ist die Frage berechtigt, ob das Wort nicht eine Verballhornung von »Javor« ist, oder ob es sich nicht vom lateinischen Wort »arberus« oder vom französischen Wort »arbre« ableitet. Im ersten Fall wäre ein besonderer Baum, der Ahorn, im zweiten einfach »der Baum« Ursprung des Namens gewesen, über dessen Herkunft heute noch gerätselt wird.
Erst seit dem Jahr 1764, als der Grenzvertrag zwischen Bayern und Österreich abgeschlossen, und das strittige Gebiet zwischen Arber und Spitzberg halbiert wurde, ist der Arber bayerisch. Die Grenze durchschneidet heute den Bahnhof von Eisenstein, in dem die von Plattling, Deggendorf, Regen und Zwiesel kommende Waldbahn endet. Der frühere Eisenbahngrenzübergang dürfte für immer der Vergangenheit angehören.
Auch die grauen Schindelhäuser von Arberhütte, Steinhütte, Grafhütte und der Brennes mit seinem Sporthotel sind Ortsteile von Eisenstein. Sie liegen in dem verträumten und vom Fremdenstrom vergessenen, kleinen Hochtal des Teufelsbaches, das sich vom Großen Regen, unmittelbar unter dem Arber, hinaufzieht bis zum Brennessattel.
Hier wird uns auch bewußt, daß der Arber einen regelrechten Gebirgsknoten darstellt. Er ist nicht nur über den Ecker Sattel mit dem Kaitersberg verbunden, sondern auch über den Brennes mit dem Künischen Gebirge, ja, er entsendet über die Hohe Zell und den Hennenkobel sogar einen Ausläufer gegen Zwiesel. Als Angelpunkt dieser Gegend scheint er auch immer betrachtet worden zu sein. Schon als Herzog Heinrich d. Ä. im Jahr 1279 die historische Schenkungsurkunde an das Kloster Rott fertigen ließ,

war der Arber darin als Grenzpfeiler des Lamer Gebietes eigens erwähnt.
Der Hauptgipfel geht gegen Norden in ein weites, von Felsbändern durchzogenes Plateau über. Wir queren es bis zu den letzten aus dem Latschengestrüpp ragenden Felsen. Der Tiefblick von so einer Steinplatte auf den Kleinen Arbersee mit seinen 3 schwimmenden Inseln und dem auf einem grünen Wiesenfleck stehenden Häuschen des Schleusenwärters ist bezaubernd. Die Inseln, sogenannte Schwingmoore, auf denen sogar Bäume wachsen, sind nicht mit dem Untergrund verwachsen. Sie treiben auf der dunkelgrünen Oberfläche im Wind und liegen alle paar Tage anders im See. Tiefdunkle Wälder umgeben ihn, Wälder und Berge, in denen die sechs herrlichen Wildwasser entspringen, die schließlich den Weißen Regen bilden: Ebenbach, Weidenbach, Seebach, Sollerbach, Steinbach und Bramersbach. Ihr Gebiet ist einsam und wild geblieben, wie vor tausend Jahren.
Vom Westgipfel, der sich aus wuchtigen Felsen aufbaut und dessen bekanntester der bereits erwähnte »Richard Wagner-Kopf« ist, schauen wir hinüber zum Kleinen Arber. Links vorbei reihen sich bis an den Horizont Hügel und Täler ohne Zahl. Im Grund, zwischen Wälder gebettet, liegt Bodenmais – einer der bedeutendsten Fremdenverkehrsorte im Bayerischen Wald, mit mehr als 4000 Einwohnern der größte Marktflecken Niederbayerns und, wegen der vielen Berliner Feriengäste, wie man scherzhaft sagt, auch das »größte Berliner Dorf«.
Schon um 800 n. Chr. sollen da unten die ersten Siedler mit den Benediktinern von Chammünster und Metten mit dem Roden begonnen haben. Urkundlich erwähnt wird der Ort zum ersten Mal 1364 als Sitz eines Eisenhammers. Eine große Auszeichnung und Sonderstellung wurde ihm 1522 mit der Verleihung der Privilegien einer »gefreiten Bergstätte« durch die bayerischen Herzöge Wilhelm und Ludwig zuteil. Heute noch ist das Bergwerk und vor allem der Silberberg – wegen seiner Gipfelform auch Bischofshaube genannt – eine der kuriosesten Sehenswürdigkeiten des Bayerischen Waldes.
Aber Bodenmais wurde mit diesem Bergwerk nicht glücklich. Seine Bergleute blieben, ähnlich wie jene von Lam und Eisenstein, wegen der geringen Ausbeute ihrer Arbeit die Ärmsten ihrer

Zunft und hatten »zu wenig zum Leben und zuviel zum Sterben«. Und wenn man heute frägt, was im Bergwerk von Bodenmais eigentlich gegraben wurde, vermag kaum einer eine schlüssige Antwort zu geben.

Der Silberberg ist aber der geologisch interessanteste Berg und mit dem Pfahl eine der großen Merkwürdigkeiten unserer Waldheimat. Er birgt in seinem von Stollen und Schächten durchzogenen Innern mehr als 30 verschiedene Mineralien. 22 Kilometer lang sind die unterirdischen Gänge, die ihn nach allen Richtungen durchbohren. Der Barbarastollen – während der sommerlichen Fremdensaison täglich geöffnet und mit Führungen begehbar – ist der größte und bekannteste unter ihnen. Schon seit dem 12. Jahrhundert wurde dort Bergbau betrieben und eine ganze Reihe der im Berg schlummernden Schätze gehoben.
Mit Gold fing es an. Ein einziges Gramm je Tonne Mineral war die Ausbeute. Dann verlegte man sich auf Silber. Damit war es nicht viel besser, doch es hinterließ dem Berg wenigstens seinen Namen. Im Verlauf der Jahrhunderte probierte man viele Metalle durch, aber der große Erfolg blieb aus. Um 1700 ging der Silberberg in staatlichen Besitz über, aber erst 1870, als Schwefel- und Magnetkies abgebaut wurden, und aus ihnen mit Erz das Polierrot (Potté) gewonnen werden konnte, das man in aller Welt zum Schleifen feiner Gläser (Linsen) brauchte, erlebte das Bergwerk eine ungeahnte Blüte.
Schon dämmerte in der modernen Zeit das Unheil herauf, denn als der begehrte Stoff auf chemischem Weg allmählich billiger herzustellen war, brachen alle kühnen Erwartungen wieder zusammen. Der Betrieb wurde eingestellt. Auch die Suche nach Uran war vergeblich. Seit 1961 ist der Silberberg nur noch Ausflugsziel. Seine Stollen, Schächte und Halden, seine freien Flanken und roten Felsen sollte jeder gesehen haben, der behauptet, den Wald zu kennen.
Man erreicht von Bodenmais seinen kreuzgekrönten, alpinen Gipfelfelsen in einer guten halben Stunde. Er bietet eine unbeschreiblich schöne Aussicht über den Ort und das ganze Zellertal. Über die Bergwälder im Norden schaut der Arber herein und über die nach Südosten sich breitende Niederung von Zwiesel erhebt

sich grau das breite Haupt des Rachel. Der Besuch des stillgelegten Bergwerks kann uns das Staunen lehren: Welche Zeit mag vergangen sein, seit sich diese Felsen formten? Wieviel harte Arbeit wurde von den Bergleuten in 4 Jahrhunderten geleistet, und was war der Erfolg? – Fragen, die keine Antwort erheischen! Sollten wir ihn also nicht besuchen, den Silberberg? Wir haben ja heute den ganzen Tag vor uns, und in $2^1/_2$ Stunden können wir als gute Geher auf seinem Gipfel stehen. Dabei würde uns der Abstieg nach Bodenmais durch das Rießloch und der Wiederaufstieg vom Silberberg zum Arber über das Mittagsplatzl führen. Dies sind zwei besonders lohnende Ziele dieser Gegend. Sie wollen wir heute auf jeden Fall aufsuchen.

Wenn wir uns also sattgesehen haben, hier heroben am Arber, an all der Schönheit die uns umgibt und die uns zu Füßen liegt, steigen wir durch die Bodenmaiser Mulde hinab. Kaum 100 m tiefer nimmt uns der Wald auf, aber schon nach wenigen Minuten queren wir eine der malerischen Stierwiesen.
Es kann sein, daß wir hier doch noch die ganze Idylle von Hirt und Herde, Glockenklang und Lagerfeuer erleben, denn während überall im Bayerischen Wald, die Waldweidewirtschaft eingestellt ist, werden im Gebiet von Bodenmais die alten Weiderechte zum Teil noch genutzt.
Die modernen Menschen, die hier vorbeikommen, können sich nicht mehr vorstellen, in welcher Kargheit und Armut so ein Hirtensommer verging. Vier Monate, vom 1. Juni bis Michaeli (29. September), waren sie bei jedem Wetter droben, schliefen nachts in einem mit Rinden gedeckten, notdürftig gezimmerten Hütterl von 2 × 3 m im Geviert, oder gar unter Bäumen (Biwakfichten mit Ästen bis zum Boden!) oder überhängenden Felsen und bereiteten am offenen Feuer im verrußten Eisenkessel ihr einfaches Mahl – meist Milchsuppe und Brei.
Die Sorge um das Vieh ging allem anderen vor. Stiere, Kühe, Kälber, Ziegen und Schafe hatten jeweils ihre eigenen Plätze. Wenn der eine abgegrast war, dann wanderten sie zum nächsten. In dieser Höhenlage wechselte das Wetter schnell. Oft zogen an heißen Sommertagen in wenigen Minuten schwere Gewitter auf. Dann hieß es, die Herde in den schützenden Wald treiben. Nicht selten

wurden Tiere vom Blitz erschlagen, und auch der Hirte war stets gefährdet. Seine alten Fetzen, die er Tag und Nacht am Leib trug, wurden nicht mehr trocken, wenn es ein paar Tage regnete und der Nebel um den Berg braute. Dann waren die Nächte kalt, die Zweige tropften und die Tropfen wurden nicht selten zu Reif oder gar zu Eis. Vier Monate allein – das konnte einem schon zur Ewigkeit werden.
In früher Zeit, als es noch Bären und Wölfe gab, waren diese der Alptraum des Hirten. Die Erinnerung daran hat sich im Brauchtum niedergeschlagen. Nachdem die Herden ins Tal zurückgekehrt sind und hier noch ein paar Wochen geweidet haben, folgt am Martinitag (11. November) das »Wolfauslassen«. Da machen die jungen Burschen des Dorfes (früher die Hirten) mit Kuhschellen, Peitschen, Zubern und Blechdeckeln einen Höllenspektakel, sammeln dabei die Gaben (den Lohn) und würdigen in ungelenken Reimen den harten Bergsommer des Hirten. Das Wolfauslassen wird aus Tradition auch dort noch geübt, wo die Waldweidewirtschaft längst tot ist. Der alte Brauch soll versinnbildlichen, daß nun, da die Herden wieder glücklich zuhause sind, auch Bär und Wolf wieder ihre Freiheit haben.

Auf gutem Weg wandern wir durch den verfilzten Bergwald hinab, queren eine Forststraße und biegen links in das waldige Hochtal des Arberbaches ein. Seinen springenden Wassern folgen wir. Der Seesteig, über den wir die Arberseewand und das Mittagsplatzl erreichen könnten, geht links weg, Wildwasser rauschen von allen Seiten herab, der Bach wird zusehends stärker.
Plötzlich stürzt er sich in eine Schlucht, die zu den größten Sehenswürdigkeiten des Bayerischen Waldes zählt. Es ist das Rießloch, ein bekanntes Naturschutzgebiet, das zu jeder Jahreszeit seinen besonderen Reiz hat. Im Sommer ein quirrliges Zusammenspiel von Urwald, Felsen, Wasserfällen und Sonne. Im Herbst ein gelb und rot glühendes Inferno zwischen dunklem Fels, Tannengrün und gischtenden Wassern und im Winter, bis weit in den Frühling hinein, eine weiß, grün und blau schimmernde Polarwildnis, an den Fuß des Arber versetzt.

Und genau so erlebte ich es einmal an einem schönen Frühlingstag. Draußen im Zellertal flogen schon die Schmetterlinge, aber

die Berge schauten noch weiß ins Tal herein. Wie ich so von Bodenmais hinaufstieg, rauschte der Rießbach in seinem felsigen Bett durch die von Schlüsselblumen gelben Wiesen. In den Uferbüschen hingen die Würstchen der Haselnuß.
Wo aber das Tal sich plötzlich verengte, wehte mir ein kalter Hauch aus der Schlucht entgegen. Auf einmal war nur noch Schnee und Eis um mich. Der Winter hielt hier alles noch verzaubert. Trampelpfade führten über den seidig schimmernden Firn zur schmalen Holzbrücke. In weißen Kaskaden stürzten sich die Schmelzwasser über die Felsen. Nur zum Teil hatten sie ihre Eispanzer gesprengt, denn zu viel Kälte führten sie noch vom Berg her mit sich. Sie glitzerten im Sonnenlicht inmitten blauer Waldschatten, dunkler Felsen und bauschiger Schneepolster.
Der Serpentinenweg, der von der Brücke links emporführt, zeigte mir die ganze Pracht in immer neuen Bildern. – Die Luft schien zu zittern unter dem Donnern des stürzenden Wassers. Von einem Felsvorsprung schaute ich lange in die mahlenden Wirbel. –
An der oberen Brücke querte ich den Bach, blieb kurz vor einem Bildstöckl an einer wasserübergischteten Felswand stehen und schritt dann sinnend hinunter zum Marterl in einer moosigen Felsnische. Gleich hinter dem Felsen trat ich wieder in die Wärme des Frühlingstages hinaus.
Im Sommer erfassen wir die Schönheiten des Rießlochs am besten, wenn wir den Weg am orografisch rechten Ufer des Bachs nehmen bis zur Weggabelung. Zur Zeit der Schneeschmelze, nach Gewittern und starken Landregen sind diese bedeutendsten Wasserfälle des Waldgebirges besonders eindrucksvoll. Sie sind mit ihrer Umgebung noch ein Stück ursprünglicher Schöpfung.

Wer nun Bodenmais und Silberberg besuchen will, der wandere hinaus ins Tal, wo Dorf und Berg bald sichtbar werden. Er kann vom Silberberg über den Barbaraweg, den Bretterschachten, die Schachtenhänge, rechts unter dem Hochzellberg vorbei, direkt zum Mittagsplatzl wieder aufsteigen. –
Auch wir suchen jetzt das Mittagsplatzl auf. Auf dem Weg, den wir kamen, gehen wir wieder zurück. Am Oberlauf des Arberbachs, wo das Tal sich auffällig weitet, bei ein paar Findlingsblökken, nehmen wir den rechts abzweigenden Seesteig bis hinauf zu

einer Schneise, die vom Arber fast geradlinig nach Süden ausstrahlt. Hier beginnt auch der romantische Abstieg durch die große Seewand. Wir folgen jedoch der manchmal morastigen Schneise nach rechts, überwinden einen kurzen aber steilen Bergaufschwung, treten auf eine herrliche Hochweide hinaus und finden links über einem Felsabsturz das traumhaft schöne Mittagsplatzl.
Unbeschreiblich ist der Tiefblick. Uns ist, als schauten wir vom obersten Rang eines Amphitheaters auf die Szene hinunter. Struppige Sturmfichten ragen aus der jäh abbrechenden Wand und rahmen das Bild. Der Blick geht über die mächtigen Kronen alter Ahorne und Buchen. Wie verblichener, graugrüner Samt legt sich der Wald um den nachtblauen See und fällt in reichen Falten und Wellen weiter ab zum tief eingeschnittenen Regental. Wald, so weit das Auge reicht. Alle Farben hat er. Rotbraun, hellgelb und laubgrün umrahmt er die Bergwiese. Graugrün und blauschwarz bedeckt er Täler und Hänge, unaufhörlich ziehen die Wolkenschatten darüber hin, und in mattem Hellblau erheben sich die Waldgipfel des Falkenstein und Rachel aus ihm.
Wir werden hier lange rasten. Es soll die große, schöne Rast des Tages werden.
Ich saß einmal abends hier, ganz vertieft in diesen Zauber, als ein junges Paar vorbeikam. Die beiden traten an den Rand der Felsenkanzel und blieben wie versteinert stehen. Nur ein leises »Ah, wie schön!« kam über ihre Lippen. Aber dieser Ausruf, drückte all ihr Staunen und ihre ganze Überraschung aus. Als ich ihnen belustigt zurief: »Ja, ihr befindet euch hier auf dem schönsten Fleckerl des Bayerischen Waldes«, fanden sie wieder in die Wirklichkeit zurück. »So wird es wohl sein«, sagten sie langsam wie aus einem Mund und mit einer Betonung, daß kein Zweifel blieb: Auch sie waren meiner Ansicht.
Wenn wir dann abends über die Bodenmaiser Mulde zum felsigen Gipfel hinaufsteigen, und der Sonnenuntergang die unvergeßlichen Erlebnisse des Tages krönt, dann werden wir beglückt feststellen, daß wir heute keinen Augenblick an die vielen kleinen Sorgen des Alltags dachten. War es der König Arber, der uns verzauberte?
Gewiß nicht, denn während wir über den Gipfel dem Schutzhaus

zustreben, fallen uns noch mehr als gestern und heute früh die Masten, Stützen, Seile und Betonfundamente auf, die der Mensch in das Haupt des Berges gerammt hat.

Es muß gesagt werden: Der mächtige Arber ist nicht mehr der große König von einst. Er wurde entweiht, entehrt und verspottet. Was jener moderne Zeitgenosse auf dem Ahornriegel als Zukunftsvision für den Hohenbogen entwarf, – hier ist es schon verheerende Wirklichkeit geworden.
Was sich auf diesem Berg tut, ist ein Faustschlag ins Antlitz des Bayerischen Waldes. Es beginnt schon bei seinen Erstürmern. Sie bewegen sich meist im »kanalisierten Fremdenstrom«, und das Erleben der Natur hat oft weit hinter dem Gaudium und der seichten Unterhaltung zurückzustehen. Und wie die meisten seiner Besteiger, so sind schon große Gebiete des Berges entartet. Anscheinend gibt es aber niemand, der Einhalt gebieten könnte. Es sei halt der Zug der Zeit, sagt man, und die Planer scheinen Narrenfreiheit zu genießen. –
Erst baute man Lifte und Leitungen und erschloß, wie es so schön hieß, den höchsten Berg des Bayerischen Waldes für den Tourismus. Dann wurde fast die gesamte Ostflanke abgeholzt und planiert für den Skilauf. Man sagte Skilauf – und meinte das Geschäft. Als die Väter des Kahlschlags merkten, daß der Regen den lockeren Humus, der nun ohne Halt war, mitnimmt, tarnten sie sich als Naturschützer und gruben metertiefe Gräben quer durch die Bergflanken, um so eine Notbremse für das davonschwimmende Erdreich einzubauen. Aus dem großen Vorbild »Apennin« hatte man nichts gelernt, und plötzlich stand man vor derselben Misere.
Dann wurden die Wege verbreitert. Wanderwege genügten dem Ansturm nicht mehr, es mußte eine Straße sein, die durch den Berghang zum Schutzhaus führt. Und dieses Schutzhaus gehört dem Waldverein, der eigentlich darüber wachen sollte, daß unsere Berge, und ganz besonders der Arber, natürlich bleiben.
Wieder sind die Planierraupen und Baumaschinen hoch droben am Berg, denn das ist der Fluch der bösen Tat, daß . . . nun die Straße weitergebaut wird, und zwar bis zu seinem kahlen Scheitel. Wie die Flechten einer Dornenkrone legen sich ihre Serpentinen

Arber

Blumen und Waldberge – ragende Gipfel

Kl. Osser

Lam

Herrlich weite Talblicke

Lambach

um sein Haupt. Man ist damit nicht nur auf dem Gipfel des Arber, sondern auf dem Gipfel der Geschmacklosigkeit, und es dürfte kaum jemand geben, der noch Schlimmeres ersinnen könnte für diesen geschändeten Berg.
Damit kann höchstens noch der »Märchenwald« mit seinen stupiden, aller Natürlichkeit hohnsprechenden Figuren und Szenerien konkurrieren. Ihn hat man an die schönste Stelle des Arber, an den Arbersee gestellt, um den Angriff auf das Herz des Gebirges möglichst konzentrisch vorzutragen. Zu diesem Angriff zähle ich auch die bereits weit um den See reichende Straße und den Trimmpfad, die beide so überflüssig sind wie die in mehreren Sprachen zu habende Prophezeihung des Mühlhiasl, die man sich um 50 Pfennige »herunterlassen« kann nach dem Motto: »Wenn das Geld im Kasten klingt, der Waldhiasl in Englisch seine Weissagung bringt.« Ein ähnlicher Spruch hat früher schon einmal Geschichte gemacht. Ich glaube, auch heute wohnt ihm eine hohe Brisanz inne. Noch geht die Werbetrommel für den Bayerischen Wald. Ruhe, Stille, Erholung, Natur sind die Schlagworte mit denen man den Gast lockt. Er sucht – besser gesagt: die ganze Menschheit sucht die Ruhe, die Stille, die unberührte Natur. Noch findet man sie im Bayerischen Wald. Wenn aber Stück für Stück aus ihr herausgebrochen wird, wenn weiterhin Rummel sich breitmacht und Nepp, wenn alles sich dem Geldverdienen unterordnen muß, dann wird das schönste Versprechen zur Lüge und die Werbung zur Farce, dann wird den Geprellten bald die Erkenntnis dämmern, daß sie anderswo mehr Erholung und vor allem mehr Natur finden für ihr gutes Geld. –

Ein neuer Morgen überzieht den Arber mit rotem Schein. Wieder ist es die Zeit des Aufbruchs, denn auch heute steht uns ein großes Erlebnis bevor. Der Osser und das Künische Gebirge sind unser Ziel, der lange Bergkamm, der im Norden den Himmel hält. Es ist eine lange Tour. Gute Geher brauchen rund 10 Stunden dazu. Deshalb rate ich zu einer Übernachtung im Osserschutzhaus und damit zu einer Unterteilung in 2 Tage.
Wir müssen zunächst absteigen zum Kleinen Arbersee. Der schönste Weg führt über den Arbersattel, durch die Bodenmaiser Mulde und über die Chamer Hütte. Unter dem Richard Wagner-

Kopf zweigt der Pfad vom Bodenmaiser Weg ab und quert durch lichten Wald unmittelbar unter dem Gipfelaufschwung hinüber zur Stierwiese, von wo der Hauptwanderweg weiterführt zur Jugendherberge. Früh morgens sehen wir den Arber von dort wie einen gewaltigen Felsblock düster und mächtig gegen das Sonnenlicht stehen, denn seine gesamte Westflanke liegt noch im Schatten.

Jetzt führt ein weicher Waldpfad weiter. Bald tut sich eine grüne Hochweide auf, die mir wegen eines scheuchtsamen Erlebnisses mit dem Seehupfbauern unvergeßlich geblieben ist. Davon später! Urwald umgibt sie. Die massigen Strünke gefallener Bäume modern unter den roten Beerendolden der Eberesche. Gras und Himbeeren wachsen aus silbergrauen Baumleichen. Bergblau steht der Osser vor uns. Ein herrliches Bild! Es begleitet uns, bis der Hang steil zum See abfällt und uns hoher, dunkler Fichtenwald aufnimmt.

Welch unberührte Schönheit aber, wenn wir aus seinem Dämmerlicht plötzlich hinaustreten auf den sonnigen Wiesenhang mit dem Häuschen des Schleusenwärters! Der Kleine Arbersee liegt vor uns, alle Waldhänge neigen sich ihm zu. Der blauschwarze Waldkönig spiegelt sich breit in der dunklen Flut. Felsendurchsetzt sind die blumenübersäten Uferwiesen. Die hellgrünen Schwingmoore scheinen wie Lichtscheiben im Dunkel zwischen Wasser und Wald zu schweben. Über dem weiten Rund liegt eine Ruhe, die viele Menschen nicht mehr kennen.

Er ist nicht nur schön. Auch botanisch, geologisch und erdgeschichtlich ist er hoch interessant. Der Botaniker findet hier ein wahres Paradies. Nahezu ein halbes Hundert seltener Pflanzen bevölkern den stillen Kessel. Hier wachsen die beiden Schrittmacher der langsamen Verlandung, das Schlangenkraut mit seinen weißen Trichterblüten und der kastanienähnlich blühende Fieberklee. Viele Woll- und Sumpfgrasarten bedecken Inseln und Ufer. Der fleischfressende Sonnentau und das tierfangende Fettkraut finden reiche Nahrung an Sumpffliegen. Moosbeeren, Preiselbeeren und die Rauschbeere leuchten schwarzglänzend und rot aus den feuchtgrünen Polstern der Torfmoose und Gräser. Die Pestwurz, das Sumpfvergißmeinnicht, der blaue Eisenhut, der seltene Siebenstern und viele andere haben sich hier über Jahrtau-

sende hinweg erhalten können, während sie in den Tälern längst der Zivilisation zum Opfer gefallen sind.
Hinter dem Seeloch, wo der vom Arber herunterschäumende Zufluß einmündet und der Urwald noch unberührt scheint wie zur Zeit der Schöpfung, steigen die von den Gletschern der Eiszeit abgeschliffenen Felsen der Kleinen Seewand auf. Fünf Eiszeiten dürften an der Ausschürfung des Sees gearbeitet haben. Die letzte im Zeitraum von 8900 – 8100 v. Chr. – also vor rund 10 000 Jahren – scheint sein endgültiges Gesicht geprägt zu haben. Dabei haben die Gletscher erst den Verwitterungsschutt vieler Jahrtausende, der die Felsen bedeckte, zutal geschafft und ihn am Ende ihres Laufs abgelagert. Damals entstanden die Moränenwälle, die heute das Wasser gegen das Tal abdämmen. In zwischenzeitlich auftretenden Kälteperioden wurde der freiliegende Fels vom Frost erneut gesprengt. Abermals wurden die Trümmer ins Eis der Gletscher gepackt und rauh über die Felsen geschrammt. Heute noch finden wir diese Blöcke im See, an den Ufern und im Wald. Auch die Felsen der Seewand tragen die tiefen Spuren ihrer Talfahrt. Ganz klar sehen wir heute, was in den letzten 10 000 Jahren im See und an seinen Uferhängen vor sich ging. Erst nachdem das Eis geschmolzen war, konnten sich die Pflanzen ansiedeln. Der Urwald und alles Grün, das uns umgibt, ist in dieser Zeit geworden und hat sofort nach dem ewigen Gesetz von Werden und Vergehen auch das Unheil über den See heraufbeschworen. Seit es Pflanzen gibt an seinen Ufern, droht er zu verlanden. Es geht schneller, als wir denken. Schon liegen drei schwimmende Inseln auf seinem Spiegel. Oder sollen es wirklich schwimmende und für sich weiterlebende Humusdecken sein, die beim Stauen des Wassers vom felsigen Grund abgehoben wurden, wie eine neuere Theorie es uns erklärt? – Auf ihnen wachsen bereits Bäume. Ihr Wurzelgeflecht ist so dicht, daß man darauf gehen kann. Unaufhörlich rieseln die absterbenden Teilchen an der Unterseite der Schwingmoore auf den Grund des Sees. Stellenweise mißt man heute schon 5 m Schlamm. Auch der Wald schickt immerfort seine Samen und Blätter und den pflanzlichen Humus in den See. Wind und Wetter bewirken dies. Und der Bach bringt Tag und Nacht Sand, Geröll und Humus mit. Nur noch 6 m tief ist das Wasser. Nicht mehr fern ist die Zeit, da die Inseln mit dem Grund eins wer-

den, und die Wasserarme dazwischen zuwachsen. In wenigen Jahrhunderten wird sich auch hier ein Hochmoor dehnen, wie sie der Bayerische Wald heute schon so zahlreich aufweist. Schon seit 500 Jahren wurde das Wasser des Sees zum Triften des in den Bergwäldern geschlagenen Holzes verwendet, denn Straßen wie heute gab es noch vor einem Menschenalter nicht. Dies ist auch der Grund, warum hier gottverlassen das Seehäusl steht. Da lebte schon immer der Schleusenwärter sein einsames Leben. In früherer Zeit war es der »Seebucherer« und später, als das Seehäusl neu gebaut wurde, der »Seehupf«.

Ich kannte den Seehupf noch. Er war ein breitschulteriger alter Mann mit langem, schlohweißem Bart. Schon als wir noch Buben waren, war er unser Freund, und wenn wir uns am östlichen Uferhang manchmal zum Biwak für die Nacht einrichteten, kam er zu uns herüber, und wir waren begierig, etwas zu erfahren aus seiner engen aber wunderlichen Welt. Wir fragten viel und hörten gerne zu, wenn er von Irrlichtern, Irrwurzen und anderen unheimlichen Dingen berichtete.

Es war eine aufregende Geschichte, als er einmal abends am Lagerfeuer schilderte, wie die Irrlichter, die ja nichts anderes als unerlöste arme Seelen seien, es ganz toll im Seeloch hinten trieben, wie es weizte, und er mit dem Bachmeier Sepp, dem Förster von Lohberg, dem Geheimnis auf den Grund gehen wollte:

»Stockfinster ist's g'wesen damals«, so begann er, »koa oanziger Stern! . . . und auf's Regnen hat's g'schaut, das G'wölk ist herunterg'hängt bis auf d' Berg. Da sind's wieder dag'wesen, die Irrlichter, hinten im Seeloch, oft drei, vier auf oamal, bald da, bald dort, wia die Wicht'ln sinds' hin und her. Ich hab das schon kennt, aber der Förster, der hat's das erste Mal g'sehn, der hat der G'schicht auf'n Grund gehen wolln. Ich hab eahm abg'raten, weil ma an Geist net auslist'n soll. Das kann ma auch gar net. 'Laß's sein Sepp! hab ich g'sagt, mir ist net wohl dabei! Aber er war halt jung und noch dumm und hat noch nix erlebt g'habt.

Und – was sagst denn net – da sind wir halt hintre g'fahrn ins Seeloch mit dem Kahn. Ich hab an hochg'weichten Rosenkranz in der Tasch'n g'habt, das war unser Glück. G'rudert hab ich, und er – damit er's genau g'sehn hat – er hat sich eineg'stellt in den Kahn.

Alle zwoa hab'n mir d'Gänshaut g'habt, aber immer näher sind mir hinkommen.
Oamal war'n d' Liachtln da und dann wieder verschwunden. Und wia mir vor lauter Binsen und Gras nimmer weiter kommen sind, hab'n mir überhaupt nix Verdächtig's mehr g'sehn. Da siagst es, hat er g'sagt, der G'schaftlhuber, da siagst es, daß das alles a Einbildung ist, nix ist da, hast es jetzt g'sehn?
Mir hab'n schon umkehr'n wollen, aber wie ich mit dem Ruder das Boot abstoß' vom moorigen Ufer, flammt koane 5 m von uns a Liacht auf, steht a Zeitlang fast oan Meter über'n Moor, macht a paar Hupfer und verlöscht wieder. A so bin ich erschrocken, daß ich koan Tropfen Blut geben hätt', wenn mich oana abg'stochen hätt' – und er grad so wie ich. Aber aus lauter Angst und Verlegenheit hat er g'sagt: Was ist denn jetzt das g'wesen? Und da ist es passiert, das Unheimliche: Ganz nah ist auf oamal ein totenblasses G'sicht vor uns g'standen und hat uns ang'schaut, so scheichtsam wie aus einer anderen Welt, und dabei hab'n mir ein jämmerliches Gurgeln und Röcheln g'hört und eine brechende Stimm'. Der Sepp hat g'schrien, und einen Schritt z'rück hat er g'macht, ist über meinen Fuß g'stolpert und rücklings ins Wasser g'falln. Wie er sich am Kahn festg'halten und im Wasser aufg'richt hat, ist er fast bis zur Mitt'n in den Schlamm eing'sunken. G'rad daß ich ihn halt noch rausbracht hab. Um uns sind jetzt ein ganzer Hauf'n Liachtln g'wesen und grad gurgelt und g'faucht hat's, aber uns ist g'wesen, als hätten uns hundert bei dö Haar. Mir hab'n nur noch weg wollen. –
Der Bachmeier Sepp ist diese Nacht nimmer naufg'stiegen zum Enzian, wo er eigentlich hing'wollt hat, weil da oben ein Bock g'standen ist. Wia ein esper's Laub hat er zittert, und er hat bei uns auf'n Heu g'schlafen. Der ist heut noch ganz durcheinander, wenn er ein Irrlichtl sieht.«
Jedenfalls, die Irrlichter gibt es. Es sind Erdgase, die sich selbst entzünden. Ich habe sie oft gesehen. Das Röcheln und Gurgeln war in Wirklichkeit nichts anderes als das Plubbern der dem Schlamm entsteigenden Luftblasen. Die brechende Stimme aber kann nur das Knarren des Ruders bei einer unbeabsichtigten Bewegung gewesen sein.

Eine andere Geschichte, die ich mit dem alten Seehupfbauern erlebte, kann ich mir allerdings bis heute nicht erklären:
Es liegt nun schon gut 20 Jahre zurück. Damals machte ich einmal, während meine Begleiter auf der Chamer Hütte eine Rast einlegten, einen Abstecher zum Osser. Schneller als sonst lief ich durch den Wald in Richtung See, denn der Weg war weit. Als ich auf die oben schon beschriebene Stierwiese hinaustrat, saß der Seehupfbauer auf einem Stock und hütete ein paar Rinder. Ich grüßte ihn freundlich und fragte nach seiner Gesundheit. Er erkannte mich. Er war bleicher als sonst. Seine Stimme klang brüchig: »O, mei, es ist halt nix mehr mit mir. Jetzt werden sie mich bald einefahrn nach Lohberg, und anbedeutet hat es sich auch schon.«
Mir verschlug es, ob dieser Rede, fast die Sprache, versuchte zu beschwichtigen, sagte aus Verlegenheit ein paar bedeutungslose Worte und stürmte grübelnd weiter zutal. Es war ein grauer Tag, und der Wind rauschte in den Baumwipfeln. Wie ich mich der Sommerau näherte und immer noch an den alten Mann dachte, klapperte eines der am Weg stehenden Totenbretter unter einem Windstoß. Jetzt lief es mir kalt über den Buckel hinunter. Über Lohberg stieg ich zum Osser hinauf, doch ich kam nicht los von meinen schweren Gedanken.
Ich nahm mir vor, auf dem Rückweg den Bauern zu fotografieren, aber er hatte vorzeitig sein Vieh hinuntergetrieben zum See. Meinen Begleitern erzählte ich von dieser Begegnung. Wie ich es erwartet hatte – sie lachten mich aus.
Als ich fast dreiviertel Jahr später wieder zum Kleinen Arbersee kam, fragte ich nach dem Alten und erzählte der Tochter mein Erlebnis, denn es bewegte mich immer noch. Es wurde noch unheimlicher, als sie mir erzählte, daß der Vater am 19. April gestorben sei. »Ja«, sagte sie, »er hat es schon gewußt, denn bei seiner Mutter war es auch so hergegangen. Sie hatte, genau wie er, eine grau gekleidete Frau gesehen draußen im Wald, und wie sie sie angerufen hat, da war sie plötzlich verschwunden. Sie hat es uns gleich erzählt. Wir alle haben die Geschichte gekannt. Mit der Großmutter ist es von der Zeit an abwärts gegangen, und ein halbes Jahr später ist sie gestorben. Wie der Vater dasselbe erlebt hatte, da wußte auch er wie er dran war. Auch er hat uns davon erzählt und er ist

immer weniger geworden, hat nichts mehr gegessen und hat nur noch sinniert. In Lohberg drunten liegt er begraben.«
Ja, es gibt halt doch manches, was auch wir aufgeklärten Menschen uns noch nicht zusammenreimen können.

Nocheinmal genießen wir in vollen Zügen die herbe Schönheit dieses Bergwinkels, der zu allen Tages- und Jahreszeiten jeden Naturfreund begeistert. Dann wandern wir westlich von Seebach und Sommerauer Weg durch herrlich grünen Fichtenwald über den Spitzbergsattel hinüber in ein einsames, romantisches Waldtal. Bald nach dem Sattel hören wir schon das Rauschen des Sollerbachfalls. Seine stürzenden Wasser haben sich im Verlauf der Jahrtausende tief in den Berg gesägt. Gefallene Bäume liegen modernd über der Schlucht, genetzt vom feuchten Hauch, der ihr entsteigt. Die seit Bestehen der Erde immer gleiche Melodie des Wassers begleitet uns jetzt und verleitet zum Träumen. Sie schwillt manchmal an, daß wir das eigene Wort kaum mehr verstehen und verebbt dann wieder, um dem Lied der Vögel und dem Lispeln der Blätter Raum zu geben. In den Zweigen, in den gischtenden Wassern, auf dem farn- und moosbedeckten Waldboden spielt die Sonne. Das ist nicht der schwere, düstere Urwald, den wir bisher sahen. Dieses einsame aber fröhliche Waldtal zu durchwandern tut gut wie ein prickelndes Bad. –
Bald queren wir links in den Berghang hinein und treten nach kurzem Anstieg auf die Hanglichtung von Schneiderberg hinaus. Die Kapelle, die wenigen Hütten und der Berggasthof kuscheln sich gegen das Hochtal des Steinbachs, und alte, vermooste Obstbäume nehmen sie in ihre Mitte wie ein verwunschenes Schloß. 600 Jahre schon haben hier Menschen geradert, und noch heute sieht es aus, als wäre die Zeit stehen geblieben. Rundherum, besonders gegen die Berggrate dehnt sich der blauschwarze Wald. Gegen die Sommerau schauen wir über die Baumwipfel hinweg auf die grünen Talwiesen hinab. Dahinter erhebt sich das felsnarbige Massiv des Osser. Hinter uns schaut schon die blaue Silhouette des Arber über die Fichten herein, und der Ebenhof grüßt aus den Wäldern unter dem Zwercheck herüber. Tiefer Friede liegt über der Lichtung.
Zwei Wege führen hinunter nach Sommerau. Entweder zweigen

wir schon vor den Gebäuden rechts ab, oder wir benützen die Straße in Richtung Zackermühle bis zur Steinbachbrücke, um dann einem direkten Waldweg zu folgen. In beiden Fällen queren wir auch die Regenauen, wo die immer wieder von Wehren gefaßten Wasser dem, der zu lauschen versteht, noch aus der Zeit der ersten Siedler erzählen, die hier schon Holz getriftet haben.
Auch Sommerau, ein in vielem ursprünglich gebliebenes Bergnest am steilen Wiesenhang, spiegelt noch die alte Zeit. Herrlich einfache, waldlerische Holzhütten mit tief sitzendem Schindeldach, kleinen Fenstern, niederen Zimmerdecken und Altanen, an denen Blumen leuchten, mit riesigen Stößen gespaltenen Kleinholzes an den Wänden, stehen selbstbewußt und kühn am Hang und behaupten immer noch ihren Platz zwischen modernen und meist lieblosen Zweckbauten. Wenn wir nicht schon in Schneiderberg gerastet haben, dann wäre jetzt beim »Hanslwirt« eine gute Gelegenheit.

Auf jeden Fall sollte hier das Wohnen im alten Waldlerhaus ein wenig unsere Gedanken beschäftigen. Es war primitiv und zweckmäßig zugleich. Das flachbedachte Haus haben die Bajuwaren wahrscheinlich schon von den Kelten übernommen. Das Holz war der Baustoff früherer Jahrhunderte. Es war leicht zu bearbeiten und hielt warm. Es wuchs vor jeder Tür. Ein treffendes Wort sagt, daß das Holz den Waldler früher von der Geburt bis zum Tode begleitete. Im Wald, in einem Holzhaus wurde er geboren und er lag in der aus Holz gezimmerten Wiege. Alle Möbel waren aus Holz. Zwischen Wäldern wuchs er auf, im Wald fand er Arbeit, und wenn er es weit brachte, dann baute er sich auch wieder ein Heim aus Holz. Aber immer lag er zu guter Letzt in einer hölzernen Truhe und sein Totenbrett vermoderte am Waldrand.
Die niedere Decke, die kleinen Fenster sparten in den rauhen Wintern die Wärme und bewahrten im Sommer die Kühle. Das niedere, weit überstehende, meist mit Legschindeln gedeckte Dach duckte sich unter den Stürmen und schützte die Wände vor Regen und Schnee. Der einzige Kamin in der Mitte war Räucherkammer und Wärmespender zugleich. Der ungeheuere Holzvorrat an den Außenwänden aufgeschichtet, der meist noch die Fenster rahmte, hielt die Kälte ab und blieb trocken. Mensch, Vieh

und Vorräte waren fast immer getrennt unter einem einzigen Dach. Dies war einfach praktisch und hielt warm. Die Altane oder der Gang, der bei stöckigen Häusern manchmal um das ganze Haus lief, diente – wie heute unser Balkon – zu verschiedensten Zwecken. Er war der einzige Luxus am Haus. Der Backofen blieb, der Brandgefahr wegen, fast immer vom Haus abgesetzt. Auch das »Häuschen« hatte verständlicherweise einen separaten Platz. Auf dem Vorplatz, der »Gred«, plätscherte Tag und Nacht ein von den Bergwassern genährter Röhrlbrunnen.
Um das Haus, unter verwilderten Obstbäumen, weidete das Vieh, gehütet von den alten Austräglern, denen nebenbei tagsüber Kind und Kegel, Hund, Katze und Federvieh anvertraut waren.
Mit schwerer Arbeit ausgefüllt war der Tag für die Jungen, die meist ihre eigenen Knechte und Mägde ersetzen mußten. Aber um so schöner wurde das abendliche Zusammensein im Heimgarten, beim Spinnen, Erzählen und Schäkern. Man brauchte weder Fernsehen, noch die übrigen Segnungen unserer Zeit und nichteinmal das Wirtshaus. Die Leute kamen auch so zueinander und hatten Gelegenheit genug, sich kennen und lieben zu lernen. Ein einfaches, bescheidenes Leben, aber man wußte es nicht anders.

Der Weiterweg führt nordwärts über den Bergsporn, der den Osser verdeckt, am »knieenden Grenzbauern« – einem 1930 erbauten Kriegerdenkmal vorbei. Von seinem Standort haben wir eine prachtvolle Rundsicht auf die Berge und in das Regental. Eine Landschaft umgibt uns, die fast an die Berge und Täler Südtirols erinnert. Im Frühjahr kann es vorkommen, daß die Birken um das Denkmal schon grün sind und über den Wiesenhängen die gelben Schleier unzähliger Blumen liegen, während die Berggipfel noch im Weiß des Firn oder gar des Rauhreifs prangen und oben im Wald noch metertief der Schnee liegt. Besonders schön sind aber diese Waldtäler und Hänge im Herbst, wenn zwischen düstergrünen Nadelwäldern das Gold und Rot der Birken und Buchen leuchtet.
Mit einem großartigen Blick zum Osser steigen wir schon bald hinunter ins tiefe Tal des Perlesbaches, der bei der malerischen Zackermühle vom Regen aufgenommen wird, kommen an Totenbrettern vorbei und sehen vor uns die Häuser von Lohberg, bis vor

kurzem eine der größten Gemeinden Bayerns. In jüngster Zeit wurde es heftig umworben von Niederbayern und der Oberpfalz. Nach längerem Hin und Her haben sich die Lohberger für die Oberpfalz entschieden und damit doch noch ihre historische Zusammengehörigkeit mit dem Lamer Winkel erkannt.
Die kupferne Haube des spitzen Kirchturms stammt aus dem Jahr 1959, als ein Brand das Gotteshaus schwer heimsuchte. Eine im 17. Jahrhundert erbaute frühere Kirche ist Gasthaus geworden. Ihre alte Kassettendecke ist darin noch erhalten.
Wir sollten nicht im Lärm der Autos auf der hier mit einer weiten Serpentine beginnenden, in den 30er Jahren erbauten Scheibenstraße an Lohberg vorbeigehen, sondern uns in seinen engen Gassen zwischen den historisch gewordenen und sehenswerten Holzhäusern umsehen. Beim Hartauer und beim Jilek sind sie noch besonders unverfälscht erhalten.
Während wir durch den ruhigen Ort höher steigen, brummen auf der großen Bergstraße pausenlos die Autos bergwärts. Auf 8,5 km Weg überwinden sie über die Westhänge des Künischen Gebirges 400 m Höhenunterschied bis zum Scheibensattel. Fast 4 km weit bis zum Brennes hält dann die gut ausgebaute Straße die Höhe von 1050 m, bietet an der Hindenburgkanzel eine beherrschende Aussicht und fällt vom Brennes wieder auf 6,1 km 350 m tief ab nach Bayerisch Eisenstein. Es ist noch keine 50 Jahre her, daß mit dieser Straße zum ersten Mal eine befahrbare Verbindung zwischen Lam und Eisenstein an Stelle steiler Waldwege geschaffen wurde. Sie war Grundlage für einen außergewöhnlichen Aufschwung im Fremdenverkehr, hat aber auch dem Gebirge viel von seiner Ursprünglichkeit genommen.
Nun steigen wir durch den Lohberger Glashüttenwald zügig hinauf zum Osser. Rund 570 m Höhenunterschied trennen uns von seinem nackten Felsgipfel, der auch verwöhnte Bergsteiger zu begeistern vermag. Wenn wir zum ersten Mal zwischen Wetterfichten hindurch den kühn vorspringenden Kleinen Osser sehen, schlagen unsere Herzen höher, und die bisherigen kleinen Mühen sind vergessen. Der jetzt beginnende harte Aufstieg zum Großen Osser über den manchmal ausgesetzten Felsensteig versetzt uns schnell in Ehrfurcht vor diesem großartigen Berg. Er ist alpin und wild, und wenn wir endlich zwischen den beiden Grenzsteinen

hindurch den Kreuzfelsen erklettert haben, liegen uns nicht nur von den Bergwäldern gerahmt der Lamer Winkel zu Füßen, sondern auch die böhmischen Wälder mit dem Donnerwinkel und dem grünen Angeltal. Nocheinmal geht der Blick nordwärts, rechts am Hohenbogen vorbei, über Neukirchen b. hl. Blut hinweg in die Further Senke. Blaßgrau steht der Cerkov dahinter. Rechts von ihm weitet sich der böhmische Kessel, über dem meist feiner Dunst lagert. Wenn wir Glück haben, sehen wir über seinen lichten Schleiern die fernen Bergketten der Sudeten und des Riesengebirges. 300 km des uns fremd gewordenen Nachbarlandes liegen dazwischen. Auch über den 1101 m hohen Jägerhübel, der als Grenzberg am Aufstieg vom Tanneneck her liegt, geht der Blick ungehemmt ins böhmische Flachland und verliert sich schließlich im Dunst der Ebene. Im Süden und Westen, wo die Waldkämme des Kaitersberg-Arber-Zuges wie eine schwarze Mauer im Gegenlicht stehen, blitzen aus dem Tal silbern die Windungen und Altwasser des Weißen Regen. Der Kleine Osser mit seinem Gipfelkreuz ragt wie ein Schattenriß ins Bild. Über den Brennessattel hinweg schauen wir in die rauchige Niederung von Zwiesel. Die mächtigen Felsen, über die wir heraufkamen, leiten zum waldbedeckten Grenzkamm im Künischen Gebirge über. Dahinter – schon auf tschechischem Gebiet – stehen Spitzberg, Panzer und Hahnenriegel, auf dem der Große Regen seinen Ursprung hat.

Eine gewaltige Rundschau ist es, die uns auf dem Gipfel festhält. Es ist der Gipfel, von dem der Böhmerwalddichter aus Neuern, Hans Watzlik, sagte, er sei »ein leidenschaftliches Aufbäumen der Erde, wolkenhemmend und sturmspaltend, eine dräuende Gebärde des Gebirges gegen den Himmel«.

Auch auf diesem Eckpfeiler des Bayerischen Waldes ergänzen sich Sage, Geschichte und Wirklichkeit zu einem eindrucksvollen Gemälde. Da sei einst noch ein dritter Ossergipfel gewesen mit einer Burg. Auf dieser hauste ein Raubritter. Er hatte einem ehrbaren Fräulein Gewalt angetan. Zur Strafe für diesen Frevel versank der Gipfel unter einem Donnerschlag mitsamt der Burg. An seiner Stelle liegt heute der unheimliche Teufelssee. – Eine andere erzählt von einem wunderlichen, ungebärdigen Osserriesen, der schließlich von einem Hirten überlistet wurde. Der hatte ihm ein

Springkraut zu schnupfen gegeben, worauf der Riese zerplatzte. Sogar Watzlik beschäftigte sich mit dem »Osserriesen im Klammergspreng«. – Und, wie könnte es anders sein, auch dieser ragende Gipfel hat sein verwunschenes Schloßfräulein, das erlöst werden möchte, und seinen Goldschatz, den noch keiner heben konnte, weil unheimliche Mächte dies vereitelten.

Im Ossergebirge – auch Künisches Gebirge genannt – das sich im Grenzkamm bis Eisenstein hinzieht und noch mehrere böhmische Gebirgswellen und Täler umfaßt, und dessen Hauptort Seewiesen in Böhmen war, lebten seit dem 11. Jahrhundert die Künischen Freibauern. Künisch heißt königlich. Es waren bayerische Bauern, die Herzog Bretislav I von Böhmen ins Land gerufen hatte. Sie waren besonders harte Siedler, die als Lohn für ihr schweres Los im abgelegenen Urwald mit besonderen Rechten ausgestattet waren. Sie waren keine Leibeigenen, keine gewöhnlichen Untertanen, sie waren für »ewige Zeiten« frei. Ihr Land war in neun Freigerichte eingeteilt. Sie hatten eigene Gerichtsbarkeit, eigene Jagd und Fischerei, eigenes Brau- und Brennrecht, waren steuer- und abgabenfrei und dem Landesfürsten direkt untertan. Fast 8 Jahrhunderte lang lebten sie nach dem Spruch: Niemands Herr und niemands Knecht, das ist Künisch Bauernrecht. Sie brachten es zu Wohlstand und Ansehen. Als aber das Gebiet nach 1600 von Bayern abgetrennt wurde, und der böhmische Graf Zdenko Kolowrat sie zu Leibeigenen machen wollte, kämpften sie mit Waffen gegen ihren Unterdrücker. Nocheinmal konnten sie ihre Unabhängigkeit bewahren. Doch 1848 beraubte sie die österreichische Verfassung ihrer Vorzugsstellung. Sie kämpften noch lange einen erbitterten aber aussichtslosen Kampf um ihre angestammten Rechte. Ihre Nachfahren sind zur Bedeutungslosigkeit abgesunken, abgewandert oder in den Wirren der neuen Zeit verschollen. Nur der Name erinnert noch an sie. – Maximilian Schmidt hat ihnen in der Erzählung »Die Künischen Freibauern« ein literarisches Denkmal gesetzt.
Noch ein weiterer Volksstamm wurde von Herzog Bretislav zu Beginn des 11. Jahrhunderts jenseits der Grenze angesiedelt – die Choden. Sie saßen nördlich von den »Künischen« und siedelten bis fast hinauf zur Egerer Pforte. Ihnen war die Aufgabe des

Grenzwächters zugedacht. An der Further Senke konnten sie ihr Volkstum bis auf 4 km an die Grenze vorschieben und behaupten. Man nennt sie heute »die Hundsköpfigen« und verbindet damit die Vorstellung, daß sie besonders wachsam und bissig die Grenze verteidigten. Doch dies taten sie nur, wenn sie sich bedroht fühlen mußten. Dann verstanden sie auch zu kämpfen, aber im Grunde waren sie ein friedliebendes, gutmütiges und religiöses Volk. Den Hundskopf haben sie schon in alter Zeit vom Siegel ihrer Richter übernommen. Auch sie hatten als dem Herzog in einer rauhen, abgelegenen Gebirgsgegend willkommene Siedler früh schon besondere Freiheiten erhalten und um diese jahrhundertelang streiten müssen. Ihre bunten Trachten, ihre bäuerliche Volkskunst sind im Bayerischen herüben in guter Erinnerung.
Daß die Choden immer als interessante Nachbarn geschätzt wurden, zeigt Waldschmidt, der in der Erzählung »Hancicka, das Chodenmädchen« sich auch mit ihrem Volkstum befaßte.

Mit Sicherheit ist hier heroben vom 12. bis ins 17. Jahrhundert hinein die von den Grafen von Bogen erbaute Osserburg gestanden. Leider ist sie nur in alten Berichten und Karten nachgewiesen. Ihre Ruine, etwaige Reste oder auch nur Spuren blieben bis heute unentdeckt. Im Jahr 1707 ist sie zum letzten Mal erwähnt, und noch vor 100 Jahren soll man die Trümmer ihrer Mauern gesehen haben.
Aber auch das seit 1901 bestehende Osserschutzhaus, nur 10 m unterhalb des Gipfelfelsens, gleicht einer Trutzburg. Es wurde vom Bayerischen Waldverein hart an den Eisernen Vorhang gestellt. Unmittelbar an den Wirtstischen vorbei zieht als Holzplanke die tschechische Grenze. Jenseits der Planke stand früher noch ein Tisch. Als Buben sind wir an diesem Tisch besonders gern gesessen, weil uns drüben im Böhmischen »das Bier besser schmeckte«. Heute ist dies nur noch schöne Erinnerung. Der Tisch mußte verschwinden. Sogar der Ziegenstall mußte entfernt werden, weil durch ihn die Grenze verlief.
Wenn wir uns im Schutzhaus für die Nacht einrichten, bleibt uns genug Zeit, auch noch den sehr lohnenden Kleinen Osser zu besteigen. Der Tiefblick von seinem Gipfel ins Tal ist noch kühner, noch gewaltiger, und über die verlassene Bergweide auf dem

nordwärts ziehenden Grat schauen wir hinunter zur grünen Lichtung von Lambach, um die sich unabsehbar dunkle Wälder legen. Gegen Lam bricht der Gipfel alpin ab, und ein langer Felsgrat zieht hinab in Richtung Eggersberg. Er ist ein noch unberührtes Kletterparadies.
Bis die Felsen sich rot färben, sollten wir wieder droben sein auf dem Großen Osser. Dann steht nämlich der rote Sonnenball schon hinter dem Kaitersberg, und der Farbenzauber des scheidenden Tages zieht uns wieder einmal in seinen Bann. Wenn noch das letzte rote Glühen auf den Felsen und auf unseren Gesichtern liegt, ist im Angeltal und im Lamer Winkel schon die Nacht eingezogen. Tiefer Friede legt sich dann auch über die Ossergipfel.
Eins aber dürfen wir keinesfalls versäumen: Bevor wir uns zur Ruhe legen, sollten wir im Sternenlicht nocheinmal den Gipfel ersteigen und die fantastische Schau in die Täler genießen, wo Tausende von Lichtlein funkeln. Fast scheint es, als würden sich da drunten die Sterne spiegeln, die ohne Zahl vom Himmel leuchten. Nur wenige Menschen kennen diesen Blick. Er ist überwältigend.
Wenn es am nächsten Morgen grau wird über den Bergen, sich im Osten der Himmel rötet, und dann sich das erste Sonnenlicht wie flüssiges Gold über die fernen Höhen ergießt, hält es uns nicht mehr in der engen Hütte. Die Sonne grüßt uns schon, wenn wir aus der Tür treten. Die Schatten der Berge sind noch lang und auch der des Ossers reicht über das ganze Tal. Herrlich frei fühlen wir uns in dieser frühen Stunde auf dem Gipfel. Ein neues Erlebnis steht uns bevor, denn wir gehen heute einen der schönsten, einsamsten – und wegen der Grenze – gefährlichsten Wege des Gebirges. Gefährlich deshalb, weil der oft kaum kenntliche Pfad über den Kamm bald auf bayerischer, bald auf tschechischer Seite verläuft, und wir in dem ungangbaren Gelände kaum vermeiden können, daß wir die Grenze manchmal für einige Meter überschreiten. Daher Vorsicht!

Wir müssen zunächst auf dem Lohberger Weg hinab bis an den Fuß der letzten Gratfelsen. Dort finden wir, mit Draht verspannt, den Einstieg in den Grenzkamm zum Zwercheck. Jetzt beginnt die absolute Einsamkeit. Fels, schütterer Wald und hüfthohes Gras

beherrschen den Bergrücken. In der Grenzschneise, die über schmale Grasflecken, Felsgipfel und durch Urwald zieht, und auf der zwischen Steinblöcken und faulenden Baumstrünken die Heidelbeeren in verschwenderischer Fülle reifen, windet sich ein dünnes, kaum noch sichtbares Weglein, Überbleibsel aus einer Zeit, als beiderseits der Grenze noch Freunde wohnten, und dies ein vielbegangener Wanderweg war.
Die Grenze ist aber nicht das einzige, das diese Wanderung zum Erlebnis werden läßt. Dazu gehören auch die freien Ausblicke in die Täler und zu den jenseitigen Bergen, an denen sich noch keiner sattsehen konnte, dazu gehören die aus dem Urwald aufragenden Felsen, um die die roten Beeren der Eberesche leuchten, die beiden Ossergipfel, die sich immer wieder wirkungsvoll ins Bild rükken, die grünen Moose, die sich wie ein Teppich über den Berg breiten, ja, selbst der sterbende Kammwald, der silbergrau und bizarr auf uns niederschaut. Dazu gehört aber auch eine Rast auf den flechtengrauen Zinnen der Höhe 1228 mit dem Grenzstein als Tisch und mit den sonnengewärmten Felsen als Sessel, so eine richtige Bergsteigerrast, vom Gratwind umweht, mit beherrschendem Blick über ein wildes Land.
Da blühen Blumen um den Grenzstein, und sie kennen keinen Unterschied ob tschechisch oder deutsch, Samen fallen hinüber und herüber, sie zeugen überall die gleiche Art, und es kann vorkommen, daß ein Birkhahn schnarrend über die Grenze fliegt, als wollte er uns zeigen, daß diese nur für die klugen Menschen gemacht ist und für sonst nichts auf der Welt.
Und wenn wir in dreistündigem, wildem Auf und Ab den Grat durchschritten und das Hochplateau des Zwerchecks (1333 m) erreicht haben, dann sind wir nocheinmal betroffen vom Anblick der Ziegelruine der ehemaligen Prager Hütte, deren rote Pfeiler unmittelbar jenseits der Grenzlinie gespenstisch aus dem wild wuchernden Wald ragen. Noch vor etwa 45 Jahren war das Haus bewirtschaftet.

Wir waren damals – wie so oft – auf großer Fahrt und kamen von Eisenstein durchs Böhmische über Elisenthal, Teufelssee, Schwarzen See die steile Seewand herauf. Es war schon Abend geworden. Wir kehrten ein. Wie wir so unter der Petroleumlampe

müde in der schummerigen Stube saßen, klangen deutsche und tschechische Laute durcheinander. Die Deutschsprachigen waren in der Überzahl, aber die Tschechen waren die Herren. Das Verhältnis war schon seinerzeit gespannt, aber wenigstens war uns das herrliche Wandergebiet östlich des Osser-Zwercheck-Kammes noch offen. Heute gehört uns nur noch die Erinnerung.
Wie wir uns doch immer fühlten, wenn wir als junge Menschen von Bayerisch Eisenstein hineinwanderten in das »fremde Land« jenseits der Grenze, wo die Bauern deutsch sprachen wie wir, aber die Zöllner, die Beamten und die fremden Wanderer unseren Gruß nicht mehr verstanden, oder nicht verstehen wollten. Wir konnten sie von weitem schon erkennen, an den Schuhen, den Mützen und an ihren Rucksäcken. Von ihnen waren wir nicht mehr als geduldet.
Es war bedrückend, aber wir hatten ein gutes Gewissen, und es war ja nur die Natur, die wir suchten. – Eine Natur, so gewaltig und unberührt, wie das Grenzgebirge sie kaum nocheinmal aufweist. Wir haben gebadet im sagenumwobenen, verrufenen Teufelssee, und an seinen Ufern gerastet und unsere Erbsensuppe gekocht. Seine grünen Wellen waren sonnenüberglänzt. Nichts Dämonisches konnten wir an ihm entdecken. Nur der Urwald, der steil aufsteigend an drei Seiten den Kessel säumt, und die mächtige Seewand verliehen ihm etwas Geheimnisvolles.
Nun ergab es sich so, daß wir immer mittags am Teufelssee waren, wenn die Sonne alle Ufer ausleuchtete. Dies mag ihm ein freundlicheres Aussehen verliehen haben als sonst. Wenn wir dagegen zum Schwarzen See kamen, stand sie jedes Mal schon tief, und die im Westen über 330 m hoch aufragende Seewand war finster und unheimlich, als wollte sie jeden Augenblick über uns hereinstürzen. Grün, blau und schwarz schimmerte auch die von dunklem Tannenwald umgürtete Wasserfläche. An seinen Ufern vernahm man kein lautes Wort. Auch die Tschechen waren still. Nur das Glucksen der Wellen war zu hören. Alle Besucher standen am Seehaus und waren ergriffen von diesem Anblick. Oft fanden wir, er hätte den Namen »Teufel« eher verdient als sein sonniger Nachbar, denn er war wirklich schwarz wie die Hölle.
Mit 18,5 Hektar Fläche ist er übrigens der größte See des Waldgebirges, doppelt so groß als der Teufelssee und fast dreimal so groß

Kleiner Osser

Osser vom Grenzkamm

Bergweide Bramersbacher Platz – verlassen, aber die Romantik blieb.

Stierwiesen

Wald voll Düsternis

Im Arberwald

Baumleichen

Richard Wagner Kopf

Wetterfichten

als der Arbersee. Außerdem sind die beiden böhmischen Seen mit knapp 40 m nahezu dreimal so tief wie unser Arbersee. Keine Tausend Meter liegen sie von dieser Ruine entfernt und sind doch unerreichbar wie der Stille Ozean.
Aber gerade diese Unerreichbarkeit und der Hang der Menschen zum Mystischen, haben beide Seen noch in unseren Tagen in das düstere Licht der Sage gerückt. Während der Schwarze See seit uralten Zeiten als unergründlich galt, und – wie man behauptete – keiner ungestraft die Ruhe der Tiefe stören durfte, erzählte man sich vom Teufelssee in den letzten Jahren, auf die Meldung einer tschechischen Zeitung hin, eine ebenso schaurige wie unglaubliche Geschichte:
Bei der Suche nach einem ertrunkenen Studenten hätten Taucher in schwarzer Tiefe eine Kolonne deutscher Soldaten mit Pferden und Wagen entdeckt, die unverwest, mit weit aufgerissenen Augen, feldmarschmäßig auf dem Grund des Sees standen. Diese Meldung »geisterte« bald durch die internationale Presse mit der verständlichen Erklärung, daß ja 1945 noch deutsche Soldaten und besonders SS-Einheiten am Teufelssee gekämpft hätten.
Sie wurde aber bald abgelöst von der Behauptung, daß der SS-Schatz Himmlers im Teufelssee gefunden worden sei. Und kurze Zeit später waren es nur noch Kisten, die zwar keine Schätze, aber deutsche Politiker belastende Dokumente enthielten. Überläufer entlarvten schließlich die ganze Angelegenheit als groß aufgezogenen politischen Schwindel. –

Eine urig-wilde Landschaft umgibt uns auf dem weiten Bergrükken des Zwerchecks. Kümmerfichten und Latschen fristen ihr Leben zwischen Halden von Steinblöcken, und das Schmielgras überwuchert die Hänge. Der Bergwind bewegt es in Wellen wie wogendes Korn. Im Frühling schimmert es grün, im Sommer – zur Zeit der Blüte – braunviolett, und maisgelb im Herbst. Zerborstene Felshöcker erheben sich da und dort aus dem Berg. Einer von ihnen, von der Grenze gut 100 Meter abgesetzt, ist der unscheinbare Gipfel des Zwerchecks. Ein Wanderer hat aus silbergrauen, dürren Latschenstämmen ein dürftiges Kreuz gefügt und damit den Felsen geschmückt.
Er hat nichts von der Majestät der Ossergipfel. Ihm fehlt das Ge-

waltige, Beherrschende, aber er beeindruckt durch Unberührtheit, Menschenferne und Stille. Eine Rast hier tut gut, und die blaugrünen Talwälder unter uns schmeicheln dem Auge.
Durch sie führt unser Weg zurück zum Arber. Eigentlich bieten sich zwei Wege an: Der kürzere geht von der Ostecke der Blöße, wo der Grenzstein auf hohem Felsen steht, steil und ausgewaschen hinab zum bekannten Scheibensattel. Von dort zieht ein unscheinbarer Waldpfad über die Höhe 1142 zum wuchtigen, waldumgebenen Hindenburgfelsen und weiter zur wenig bekannten aber großartigen Wagnerspitze, von deren Felstürmen wir einen prächtigen Blick auf den 70 m tiefer liegenden Brennes, die Mooshütten und den Arber haben.
So gewaltig diese Schau auch ist, sie muß jedem Naturfreund wehtun, denn wenn es noch eines Beweises bedurft hätte, daß der Mensch sich wie Ungeziefer in die Natur frißt, die geschändete Ostflanke des Arber, mit ihren nicht mehr vernarbenden Kahlschlägen um des Skilaufs und – des Geschäftes willen, liefert ihn.
In wenigen Minuten steigen wir von den Wagnerfelsen hinunter zum Sattel. Und hier stehen uns der Aufstieg zum Arberschutzhaus über den Sonnenfels und den kahlen Osthang oder die Auffahrt mit dem Lift zur Wahl.
Der etwas weitere zwar, aber schönere ist der Rückweg über Oberhaiderberg und Eben. Er geht vom Gipfel des Zwerchecks, anfangs kaum wahrnehmbar, zwischen Latschen und Gestrüpp westwärts, etwa in Richtung des Schwarzeckgipfels. Schon nach 50 m führt ein guter Bergsteig in Serpentinen durch die grünmoosige Westflanke steil abwärts. Stiller Bergwald wechselt mit struppigem Unterholz und kleinen Lichtungen mit verwildertem Gras. Es kommt jetzt darauf an, daß wir auf keinen Fall rechts vom Weg abkommen, daß wir die manchmal recht verwaschene und verblaßte weiß-rote Markierung nicht verlieren und daß wir beim Hexenfelsen, an der großen Serpentine, die Scheibenstraße queren. Allgemeiner Richtpunkt bleibt deshalb immer das Schwarzeck.
Von der Straße finden wir dann ohne Umwege die märchenhaft schöne Bergeinöde Oberhaiderberg, wo wir uns vom Abstieg ermüdet zur Rast an den klar sprudelnden Bergquell setzen und trinken. Es ist ein paradiesisches Fleckchen Erde, einsam und unberührt.

Wenn wir uns ein wenig umsehen, werden wir am westlichen Waldrand auch das morsche Kreuz mit den vielen Totenbrettern entdecken, die stumm erzählen von den Geschlechterfolgen, die auf Oberhaiderberg im Lauf der Jahrhunderte geboren wurden, heranwuchsen und hier auch starben. Es scheint, als hätten die Abgeschiedenen hier immer noch ihren Platz bei den Lebenden.

Wir verlassen die Lichtung wieder bergwärts auf dem Weg, den wir kamen. Nach kaum 100 m zweigt rechts die weiß-blaue Markierung über Eben zum Kleinen Arbersee ab. Es ist einer jener stillen, sonnig kühlen Waldwege, die nicht ermüden, sondern eher Kraft geben, nach denen man sich sehnt, wenn man lange in der Stadt gelebt hat.

Schon nach einer halben Stunde, wo das Gelände zu fallen beginnt, treten wir unverhofft aus dem Wald. Keine 50 m unter uns taucht der Ebenhof auf. Stolz wie ein Schloß liegen die gepflegten Gebäude der schon Jahrhunderte alten Einöde mit der kleinen Kapelle vor uns. Eine weite Hanglichtung zieht sich hinunter ins Hochtal des Ebenbaches. Wie schwarze Tupfen stehen verstreut ein paar verfaulende Holzhäuschen im Wiesengrün. Sie sind verlassen. Maschinen haben ihre Bewohner, die Inleute, ersetzt. Über die jenseits steil aufsteigenden Wälder schaut blaugrau der breite Arbergipfel herein.

Während wir zum Bach hinuntersteigen, genießen wir den Frieden dieses vergessenen Tales. Dann blitzen die schnell dahineilenden Wasser in der Sonne, sie gurgeln, rauschen und singen. Aus den Wiesen und Wäldern sind sie zusammengesickert und nun hasten sie unter den Wurzeln der Bäume dahin und über Felsblöcke weg, um sich, wo das Tal sich weitet, mit 5 anderen Bächen zum Weißen Regen zu vereinigen.

Ihr Lied wird immer schwächer, als wir auf der anderen Seite emporsteigen. Nocheinmal blickt der Ebenhof herüber, dann ist wieder moosiger, grüner Wald mit tiefhängenden Zweigen und der Kühle des Berges um uns. 200 m müssen wir hinauf, bis wir den 960 m hohen Fuchsriegel überschreiten. Von einer Sattellichtung sehen wir ganz nah die Mooshütten vor uns und dahinter steht hoch und gewaltig der Arber.

Hier erleben wir besonders nachmittags, wenn die Sonne über die hohen Bergkämme wandert, fantastische Naturstimmungen. Ich kam einmal im November vorbei, als das goldgelbe Schmielgras noch durch den funkelnden Pulverschnee stach und die letzten roten Blätter von den Buchen taumelten. Drüben bei den Mooshütten wirbelte der Wind schon den Schnee in Fahnen über die niederen Dächer. Ein großartiges Schauspiel bot sich mir. Schwarze Wolken schoben sich über die Berggrate herein. Die Sonnenstrahlen standen davor wie die Lichtbündel großer Scheinwerfer in mondheller Nacht. Schatten liefen über den Arberwald herunter, so schnell, daß ich kaum Zeit fand, dies alles mit der Kamera festzuhalten. Wie eine gewaltige Eisscholle stieß das Wolkenfeld in die klare Flut des blauen Himmels hinein und verschluckte im Nu jeden Glanz über Lichtung und Wald. Immer wieder fielen da und dort Strahlen durch die Wolkenlöcher auf den verschneiten Berghang und standen wie stählerne Dolche auf den blaugrauen Flanken des Arber.

Oft bin ich hier gestanden, um tief Atem zu holen nach dem Aufstieg, und immer war der Anblick außergewöhnlich, oft wie ein schönes Gemälde auf dem die ganze Wildheit des Waldgebirges eingefangen war. Wir wandern hinein in dieses Bild bis an den Weidenbach am Waldrand vor der ersten Mooshütte, wo von rechts der Weg von der Ebensäge heraufkommt. Dort müssen wir uns entscheiden, ob wir links über den Brennes und den Sonnenfels, oder an den anderen Mooshütten vorbei über den Kleinen Arbersee zum Schutzhaus hinaufsteigen, von dem uns noch 400 Höhenmeter trennen.

Es soll uns heute nocheinmal Nachtquartier geben, und ein schöner Hüttenabend unter Bergwanderern soll den Tag abschließen. Es gibt ja mittlerweile schon so viel zu erzählen und eine ganze Menge noch zu erfragen.

Wenn dann am Morgen rötliches Licht über den Arber flutet, brechen wir auf. Unser Ziel ist der Große Falkenstein. Der Weg führt uns zunächst noch in zwei der bekanntesten Gebiete des Bayerischen Waldes – durch die Seewand zum Großen Arbersee.

Auf keinen Fall sollten wir den steinigen und uninteressanten, direkten Abstieg vom Schutzhaus zum See gehen. Unser Weg – er ist viel schöner – geht über den Gipfel und links in der Bodenmaiser Mulde hinunter zur Schneise, an deren westlichem Ende, wie

wir wissen, das Mittagsplatzl liegt. Der »Seesteig«, der rechts von Bodenmais und vom Rießloch heraufkommt, ist nicht zu übersehen. Er quert die Schneise. Wir folgen ihm links in die Seewand hinein. Schon nach kaum 100 Metern umgibt uns traumhaft schöner Urwald. Wir gehen jetzt den sogenannten »Niederleuthner Steig«, der im Jahr 1908 angelegt wurde. Abschüssig, morastig, wurzelverknotet und steinig wird er oft. Wir merken es kaum, so sehr verfallen wir dem Zauber der Seewand.
Rechts ziehen sich moosüberzogene Felswände hin, über die das Wasser trieft, links schauen wir durch das schillernde Blätterdach in die Tiefe auf die blauschwarze Fläche des Sees. Einmal sind es die von waschschüsselgroßen Schwämmen befallenen Baumleichen, die den Blick auf sich ziehen, dann wieder die gewaltigen, wie Korkenzieher gewundenen, aber längst abgestorbenen und vom Specht zerhackten Stämme, die bis in den Himmel zu reichen scheinen. Niedergebrochene Urwaldriesen, vom Blitz oder vom Sturm gefällt, vielleicht auch aus Altersschwäche gestürzt, liegen zerschmettert, wie die Skelette riesiger Tiere zwischen den Felsen und ragen über Abgründe. Moorige Wasser stürzen und schäumen von Prell zu Prell hinunter, dem See entgegen. Farne, Lattich und Waldblumen säumen ihre Ufer wie grüner Dschungel. Moder und Humus, Sterben und Verwesung umgeben uns. Wo kann der Wald noch wilder und schöner sein?

Wir brauchen uns nicht zu wundern, wenn man noch so viel von scheuchtsamen Dingen erzählt im Waldgebirge. Es ist ein Wald, der einem noch das Fürchten lehrt.
Wir gingen vor wenigen Jahren im Vorfrühling durch die Seewand, als noch die Firnbrücken über den zutalstürzenden Schmelzwassern lagen und die verwesenden Baumleiber sich gerade aus dem Schnee zu schälen begannen. Nebel zogen träge zwischen den Bäumen, es regnete leicht. Der Tag wollte nicht hell werden. Da standen Stöcke und Strünke, Felsen und Bäume wie Schemen vor uns, wie Wesen aus einer anderen Welt – und der Nebel gab ihnen Bewegung und Ausdruckskraft, so daß wir manchmal staunend verhielten. Da waren sie, diese Stilzel und Gespenster, Hexen und Trolle, die in der Fantasie ängstlicher Menschen immer wieder Leben erhalten und Macht bekommen,

die Mittelpunkt ganzer Abende sind, wenn in der Sitzweil die Weizgeschichten erzählt werden.
Wie leicht man solch einem »bösen Zauber« erliegen kann, zeigte sich einmal, als ich mit zwei Kameraden an einem Sommerabend spät noch in der Seewand unterwegs war. Ein Gewitter zog über die Hohe Zell herein. Es regnete. Wir verkrochen uns ganz einfach unter den Ästen einer starken Fichte. Weil wir sehr müde waren, beschlossen wir, gleich hier zu übernachten. Wir lagen schon in unseren weichen Mulden, als einer der Kameraden sich nochmals entfernte. Zitternd kam er zurück und war kaum eines Wortes mächtig. Dann preßte er heraus, daß ganz in der Nähe Leute wären, die ein Feuer entzündet hätten. – Als wir erregt der Sache auf den Grund gingen, wären wir beinahe auch noch dem Trugbild aufgesessen. Doch es war nur ein leuchtender Baumstrunk, vor dem im Wind sich einige Zweige bewegten. Mancher »Aufgeklärte« wird nun mitleidig lächeln, aber ich wünschte ihm auch einmal eine solche Begegnung, ob es ihm dann nicht eiskalt über den Rücken laufen würde. –
Wenn uns nach einem landschaftlich äußerst reizvollen Abstieg der Wald entläßt, liegt das einstige Heiligtum des Bayerischen Waldes, der Große Arbersee vor uns. Er ist es immer noch – aber man hat es zu gut mit ihm gemeint. Er wurde »erschlossen«. Der Fremdenstrom, getragen von breiten Straßen und einer tagsüber nicht abreißenden Blechlawine aus allen Teilen Deutschlands hat sich über seine Ufer ergossen. Nur gut, daß das 1904 auf den Resten der alten Arberschwelle erbaute und 1958 renovierte Seehaus und die weiten Parkplätze die Wellen der Naturplünderer noch zu brechen vermögen. Aber wie lange noch? Schon hat man einen breiten Weg um den See angelegt. Zur Hebung des Fremdenverkehrs, sagen sie – und das Ungeheuer Mensch ruht nicht, bis auch die letzten verborgenen Gründe offen liegen. Ohnmächtig müssen wir diesem Treiben zusehen. Hier werden unwiederbringliche Werte vernichtet, wie wir meinen. Menschen und Maschinen gehen über den Urwald hinweg. Und dies alles im Namen der Kultur und Zivilisation. So sagen sie, aber jeder weiß, daß die Gier nach Geld dahinter steckt. – Möge jeder Wanderer über den Wert und die Tragweite menschlicher Eingriffe im Gebiet des Arbersees sich seine eigenen Gedanken machen und sein eigenes

Urteil fällen. Ich kann nicht glauben, daß es positiv ausfällt.
Doch ich habe auch noch eine heile Vorstellung von diesem Bergsee. Unzählige Male habe ich ihn erlebt. Schon als Buben sind wir auf morastigem Pfad rund herum gegangen und waren begeistert vom Urwald unter den Felswänden. Wir haben übernachtet zwischen den rauschenden Wassern der Geigenbachfälle. Und morgens, wenn der erste Sonnenstrahl sich in den Kessel stahl, sind wir schon hinausgeschwommen in den See. Welche Aufregung, welches Herzklopfen, wenn wir unter Wasser mit den Ablegern der Seerosen in Berührung kamen! Es war so unheimlich, als griffen die sagenhaften Männlein und Weiblein der Tiefe nach uns.
Wir saßen in Mondnächten am Ufer, rechts hinten, etwa in Seemitte, wo das Echo vielfach zurückschallt, oder links auf der Halbinsel, wenn der See wie flüssiges Silber zwischen den Wäldern lag, und hoch über uns stand dann dunkel die Felsenkanzel des Mittagsplatzls gegen den Sternenhimmel.
Einmal sind wir abends hingekommen, als es bereits still geworden war, und die Sonne schon tief stand; da sind wir mit einem Kahn über die tausend silbernen Wellenberge hinweg ins Seerosenparadies unter der düsteren Seewand gerudert, wo aus dunklem Grund die zarten, fleischigen Blumen der Wasserwildnis heraufwachsen und auf den Wellen schaukeln.
Und dann die halsbrecherischen Erlebnisse in der Seewand! Aus Begeisterung über ihre Unberührtheit haben wir einmal ihre gletscherzerschrammten und von Moos und Humus überzogenen Felsen durchklettert und waren mehrmals dem Absturz näher, als der Chance durchzukommen.
Manchmal, wenn das Gold des Herbstes in den Zweigen hing, fühlten wir uns in dieser bunten Einsamkeit wie in einem Märchenwald. Noch vor wenigen Wochen, an einem späten Herbsttag, war ich abends am Arbersee. Ich schrieb in mein Tourenbuch: »Die Buchen hoch oben schimmern noch wie glühendes Kupfer im letzten Schein der Sonne. Im Seehaus sind die Fenster schon erleuchtet. Die Menschenmassen sind fort. Der See liegt still. Er hat seine Ruhe wieder gefunden. Der schwarze Arbergipfel schaut verträumt in seinen Spiegel herab. Wo der aufkommende Nachtwind die Wellen kräuselt, geht ein letztes, mattes Leuchten über

sein Antlitz, bevor die Nacht vollends ihren schwarzen Mantel über Wald und Wasser breitet«.

Sagen- und märchenumrankt war dieses Gewässer schon in alter Zeit, und die Ballade des 1809 geborenen Arnschwanger Dichterarztes Josef Wensauer vom »Fischer am Arbersee« möchte ich als einzigartiges, ewiges Denkmal für die dem See einst eigene, wundersame Romantik bezeichnen. Sie handelt von sagenhaften, goldenen Fischen, die sich auf dem Grund des Sees tummeln sollen, und sie ist so tief und klar empfunden, daß nur einer, der den See sehr liebte und kannte, sie schreiben konnte.

Josef Wensauer ist einer von uns. Er sollte nach dem Willen seines Vaters Geistlicher werden. Weil er anderes im Sinn hatte, verstieß und enterbte ihn der Vater. Er wurde ein tüchtiger Arzt in Schrobenhausen, heiratete, hatte 7 Kinder und war ein angesehener Mann und ein Freund des Malers Franz von Lenbach. Aber als Freigeist und Revolutionär 1848 fiel er bei Hofe in Ungnade, wurde brotlos und starb – von seiner Frau verlassen – 1878 einsam und in bitterer Armut. In Arnschwang sind heute noch die Wensauer zuhause. Der Verstoßene war ihr größter Sohn. –

Von Deggendorf bis hier herauf an die Seewand reichte einst um 1050 das »Guntherland«, das dem großen Benediktinermönch von Niederaltaich und dem Gründer von Rinchnach vom Kaiser verliehen worden war wegen seiner Verdienste um das Waldland, als Berater des Kaisers und als Friedensstifter mit Böhmen.

Und was die wenigsten wissen: Am rechten Seeufer entlang verlief bis 1764, vom Arber kommend, die böhmische Grenze und folgte dem Seebach bis hinunter zur Seebachschleife. Auch wir folgen dem Wasserlauf. Wenn wir schon nach wenigen Schritten von der Regenhütter Straße links in den Wald eintreten, sind wir wieder allein, und die vielen Menschen um den Arbersee sind vergessen. Ein herrlicher Weg führt durch grünen Dschungel ins Tal des Großen Regen hinab, und der Seebach, der rechts neben uns über Wurzeln und Felsen springt, vereinigt sein Rauschen mit dem Raunen des Windes und dem Lied der Vögel. Die Melodie des Waldes umfängt uns wieder, bis wir nach einer Stunde hinaustreten auf die grüne Lichtung der Seebachschleife.

Der Falkenstein und seine Schachten

Seebachschleife – ein Name voll Tradition und Poesie für den, der ihn zu deuten versteht. Das alte Holzhaus an der Brücke, mit dem Walmdach, und die langen Werkshallen sind heute noch Zeugen aus einer Zeit, als die Glasmacher zwar in bitterer Armut lebten, aber jeder für sich noch ein Künstler war. Die Glashütte war die Urzelle dieser heutigen grünen Insel inmitten der Wälder. Ihretwegen starb der Wald und der Mensch faßte Fuß, rodete und hungerte sich durch die Jahrhunderte, von einer Hoffnung zur anderen, daß es einmal besser werden möge.
Aber da rauschte der Seebach und erzählte – wie heute noch – von der Märchenwelt des Arbersees und des Waldkönigs da droben. Und gar mancher Hüttenarbeiter mag schon in früher Zeit seinem Rauschen gefolgt sein, um sich vom Berg, das Fleisch zu holen, das ihm und seiner großen Familie das ganze Jahr über, ausgenommen vielleicht an hohen Feiertagen, versagt blieb. Und wenn in den kurzen Sommern der Wald seine Reichtümer schenkte, Himbeeren, Heidelbeeren, Brombeeren und Schwammerln und dazu alle Arten von Heilkräutern, waren Männer, Weiber und Kinder unterwegs, um Vorrat für den langen Winter zu sammeln. Man wußte es nicht anders und war zufrieden.
Und der Große Regen, der hier den Seebach aufnimmt, brachte die Grüße aus dem nachbarlichen Böhmen, das schon damals, obwohl künisch, den Hauch des Fremdartigen atmete. Dreiviertel Stunden flußaufwärts entwickelte sich an der Grenze vor nahezu 200 Jahren Bayerisch Eisenstein, dessen Feriengäste heute die Seebachschleife als angenehmen Ausflugsort betrachten und täglich in Scharen hierher zum Mittagessen kommen.
Wir hätten vom Arbersee aus auch auf dem Hauptwanderweg über die Arberhütte nach Eisenstein absteigen können, um dort die Grenze zu erleben, die den Bahnhof durchschneidet, um die Steppe im Tal und den Drahtverhau auf den Hängen zu sehen, die

dazugehören wie der Sowjetstern auf und die zerbrochenen Fensterscheiben in dem tschechischen Teil des Bahnhofsgebäudes.

Auch von Eisenstein führt ein Weg südwärts über den waldigen Drahbergsattel zum Watzlikhain, der von hier unser nächstes Ziel ist. Queren wir also den Großen Regen! Der steinerne Durchlaß durch die von Deggendorf kommende Waldbahn ist das Tor in einen herrlich grünen Buchenwald, dessen sonnenquirrliges Blätterdach uns Kühle gibt bis hinüber zum Schwellhäusl.

Mit Überschreiten des Regentales wandelt sich der Charakter des Gebirges. Nicht nur, daß wir hier zum ersten Mal auf die Fährten des Rotwildes treffen, auch das Landschaftsbild wechselt. Die freiragenden Einzelgipfel mit beherrschendem Blick in tiefe Täler werden seltener. Der Blick in grüne Kulturlandschaften fehlt fast ganz. Noch ausgedehnter und wilder ist der Wald. Noch einsamer wird er. Die Berge stehen zu langen Ketten gereiht und lassen keinen Raum mehr für tiefe Einschnitte und größere Siedlungen. Wenn wir trotzdem ab und zu grüne Wiesenflecke zwischen dem Waldmeer sehen, dann haben auch sie oft ihren Ursprung in der Glashüttenzeit, oder wurden vor Jahrhunderten schon für die Waldweidewirtschaft eigens gerodet. Es sind die Schachten, die den Stierwiesen, den Flecken und Plätzen am Arber entsprechen. Was aber im oberen Wald die trocken-grasigen und steinigen Bergflanken waren, das sind in dem nun vor uns liegenden Bergland die nässetriefenden Moore und die meist oberflächlich trokkenen Hochmoore und Filze.

Der Weiterweg, so wie wir ihn gehen, erfordert ein wenig von der Ausdauer, dem Instinkt und den Naturkenntnissen eines Trappers, denn immer weiter führt er uns hinein in die tiefsten Gründe des Waldes, in die Wildnis – jenes herrlichste Gebiet, das uns Wanderern noch blieb. Der Falkenstein kann als Übergang gelten. Er hat vom oberen Wald noch die Felsgipfel und Wasserfälle und vom unteren schon die Schachten und das moorig-waldige Hochland.

(Ich möchte dabei bewußt von der heute üblichen Unterteilung in oberen, mittleren und unteren Bayerischen Wald abrücken und nur den Falkenstein als Bindeglied zwischen dem Norden und Süden des Gebirges betrachten.)

Beileibe kein eintöniges, totes Land liegt da vor uns. Es hat seine Geschichte und Entwicklung und eine traumhaft melancholische Schönheit, die kaum mit Worten zu beschreiben ist. Es beginnt schon, wenn wir nach einer Stunde »grünen Rausches« – so möchte ich bereits den Weg durch den weiten Buchenwald bezeichnen – bei der Schmalzbachschwelle wieder ins Sonnenlicht hinaustreten. Dort liegt in Weltabgeschiedenheit das Schwellhäusl – ein vom Wetter braun gebeiztes Blockhaus über einem tiefschwarzen Schwellteich – ehemals Wohnung des Schleusenwärters und heute gemütliches Waldrasthaus. Es ist umgeben von stillem Hochwald. Eine Idylle in Grün möchte ich den Ort nennen. Aber wie sollte man im Herbst dazu sagen, wenn der Buchenwald brandrot in der Sonne glüht, oder im Winter, wenn Häuschen und Zäune fast im Schnee versinken, und die Wege meterhoch verweht sind, wenn nur noch der Brunnen unter einem Eispanzer murmelt und rundum der Rauhreif in langen Bärten in den Bäumen glitzert?
Viele Gesichter hat diese entlegene Blockhütte das Jahr über, und wenn man gar Entstehung und Aufgabe der Schwellen kennt, dann leuchten ihre Farben gleich noch um vieles heller. Das vorige Jahrhundert brachte nämlich eine Zeit, da das Holz, das bis dahin nur zum Brennen gut war, auch als Werkstoff oder Nutzholz entdeckt wurde. Man konnte auf einmal nicht mehr genug kriegen vom »Gold des Waldes«. Auch die entlegenen Bergwälder suchte man zu nutzen.
Weil es aber keine Straßen gab, und diese damals auch nicht gebaut werden konnten, setzte man die zutalströmenden Wasser zum Holztransport ein. An vielen günstigen Stellen wurden Schwellteiche oder »Schwellen« angelegt. Im unteren Wald hießen sie »Klausen« (von claudere = schließen). In ihnen faßte und staute man die meist von verschiedenen Richtungen kommenden Wasser – vor allem die der Schneeschmelze – und ließ sie dann mit einem Schwall, meist sogar nach ausgeklügeltem Plan, los, nachdem die Blöcher im Winter und Frühjahr noch mit Schlitten ins Bachbett gebracht worden waren. Die Wasser nahmen die Stämme mit, bis ihre Kraft erlahmte. Aber wieder und wieder wurde geschwellt und geschwemmt, bis das Holz im Tal war und auf den Wellen des Großen Regen den Sägewerken entgegen-

schwamm, die den Fluß entlang errichtet worden waren. Sie konnten viele Hunderte von Stämmen aufnehmen.
Da gab es Forstmeister und Förster, die ganze Systeme von Gräben und Kanälen austüftelten, über die man Wasser von weither leitete, mit denen man Täler entwässerte, um das kostbar gewordene Naß den Schwellen zuzuleiten, wo es nützliche Arbeit leisten mußte. Überall treffen wir heute noch auf solche Trift- und Schwemmkanäle. Auch in diesem Schwellteich endet einer. Er bringt Wasser vom Deffernik herüber.
Um die Mitte unseres Jahrhunderts verloren die Schwellen und Klausen endgültig ihre Bedeutung. Nur noch Denkmäler sind sie – nur noch wenige Jahrzehnte Erinnerung an eine Zeit, die von der wirtschaftlichen Entwicklung des Waldlandes nicht wegzudenken ist. Sie verfallen rasch. Bis noch ein halbes Jahrhundert ins Land geht, wird nicht mehr viel übrig geblieben sein.

Zwei Wege haben wir von hier hinüber zum Zwieseler Waldhaus. Der eine – auch als Kneippweg bezeichnet – folgt dem Schwemmkanal, der andere – mittlerweile zu einem Waldsträßchen geworden – geht direkt zum Watzlikhain, wo er den von Eisenstein kommenden Hauptwanderweg aufnimmt, und bald danach den Schwemmkanal überschreitet. Dort kommt auch von rechts der Kneippweg wieder herein. Das Sträßchen quert den tief eingefurchten Großen Deffernik und steigt endlich zur grünen Lichtung des Zwieseler Waldhauses empor.

Ich habe diesen Weg nach einem grauen Herbsttag einmal so erlebt: Die turmhohen Fichten des Watzlikhains standen vor uns. Zwischen ihrem dunklen Grün glühten die Buchenkronen. Ihre gewaltigen Stämme konnten wohl drei Männer nicht umfassen. Über Moos und gilbendem Gras lagen die Trümmer gefallener Baumriesen. Weiträumig standen diese hehren Bauwerke der Natur. Manche glichen den gebrochenen Säulen griechischer oder römischer Tempel. Kein Sonnenstrahl verklärte das Gold, Grün und Rot ihrer Zweige, und doch war das Bild so bunt und von einem Farbklang, wie es kein Maler schöner hätte malen können.
Während ich ostwärts schritt, hellte sich langsam das Gewölk auf. Zwischen den Baumwipfeln zeigte sich bald schüchtern das erste

Himmelsblau. Über dem Falkenstein aber ballten sich noch düstere Wolken, die zu einer unwirklichen Beleuchtung verhalfen. Beim Hotel Schachten schien schon die späte Sonne. Die niederen Häuser kuschelten sich hell und sauber an die tiefgrünen Wiesenhänge, aus denen Tausende von Gänseblümchen leuchteten. Dahinter standen wie eine rote Wolke, die riesigen Buchen des Urwalds von Mittelsteighütte.
Nicht weit davon das Zwieseler Waldhaus im sonnigherbstlichen Kleid: Zitronengelbe Kastanien im Gegenlicht, rote Buchen gegen tiefdunkles Fichtengrün und hoch droben am Berg in mildem Licht die Felsabstürze des Kleinen Falkenstein. Als ich aber durch den Wirtsgarten des Hauses in den Urwald eintrat, war ich überwältigt von seiner Pracht. Es war der 4. November. Niemand würde glauben, daß um diese Jahreszeit – an der Schwelle zwischen Herbst und Winter – der Wald noch solche Farben zeigt. Die Buchen waren schon teilweise entlaubt. Die Sonne schien schräg durch die grauen Stämme. Unter ihrem Schein war der Waldboden ein einziger Aufschrei von Farben und auch in den Zweigen war noch ein rotgoldenes Brennen und Glühen gegen die dunklen Waldschatten.

Der grüne, waldumgebene Wiesenfleck am Fuß des Falkenstein und sein Waldhaus haben eine junge aber interessante Geschichte. Ein »Haus mit Tradition« nennt es der Wirt – und weiß Gott, es hat Tradition. Eine, die an einen Schildbürgerstreich erinnert.
Noch um das Jahr 1764 war der Steinbach, der vom Falkenstein kommt, die böhmische Grenze. Zehn Jahre vorher munkelte man schon, daß sie weiter nach Norden verlegt werden würde. Deshalb war das strittige Waldgebiet auch von Böhmen her nicht mehr bewacht, wenn gleich auch die Bayern kein Recht darin hatten. Es war Niemandsland. Aber während Kaiser und Kurfürst noch stritten, beeilte sich schon das Volk, das zu holen, was nicht behütet war. In Scharen zogen die Waldbauern hinein, fingen und schossen das Wild und trieben den Wald ab, wie es ihnen gefiel. Als ein hoher Beamter 1754 anläßlich einer Inspektion dies sah, beschloß er, hier an der Grenze ein Blockhaus bauen zu lassen, wo ein handfester Förster und Grenzschütze wohnen und diesen Umtrieben ein Ende setzen sollte.

Das Haus wurde 1764 auch gebaut, aber nicht der starke Arm des Gesetzes regierte darin, sondern ein armer »Notnigl«, ein Tagwerker. Er hatte es sich selber gebaut, ohne die dazu erforderliche allerhöchste Erlaubnis. Den Zwieselern war es von Anfang an ein Dorn im Auge, der ganz besonders zu schmerzen anfing, als nach allerlei Kümmernissen auch noch der Bierausschank dazukam, und die »jungen Leute beiderlei Geschlechts von Zwiesel da draußen im Wald täglich bis in den hellen Tag hinein ihre Orgien feierten«. Die Moralisten liefen Sturm gegen das »liderliche Treiben« der Jugend, und auch die Schmuggler forderten ein strenges Vorgehen, weil die singenden, saufenden und tanzenden Gäste des Waldhauses – alles Gesindel, wie sie sagten – sie beim »Schwirzen« ertappt und verraten hatten. In den Köpfen der Zwieseler reifte daher ein bösartiger Plan:
Im Sommer 1776 zogen sie mit Männern, Pferden und Wagen hinaus und brachen das Haus einfach ab, verluden es auf 14 Fuhrwerke und brachten es unter dem Gejohle der Neugierigen in ihren Markt. Aber sie hatten nicht mit des Schicksals Launen gerechnet. Als nämlich 1½ Jahre später die Österreicher ins Straubinger Land einfielen, und alles sich darüber auf das äußerste empörte, war dies für den »Waldhäusler« die glücklichste Stunde seines Lebens. Die fremden Herren erlaubten ohne Umschweife die Wiedererrichtung des Waldhauses. –
Noch lange murrten die Zwieseler und liefen Sturm dagegen, aber es blieb stehen bis heute. Weil aber das Haus in ihren Wald- und Weidegründen stand, und diese Tat noch lange Gesprächsstoff für die Spinnstuben lieferte, wurde es eines Tages als »Zwieseler Waldhaus« bezeichnet. Es ist wahrlich ein Haus mit Tradition. –
Wenn auch das Waldhaus kaum älter als 200 Jahre ist, so dürfte der Ort selbst, das nach Norden verlaufende Tal des Deffernik und der Weg nach Böhmen schon vor fast 1000 Jahren eine große Bedeutung gehabt haben. Das völkertrennende Waldgebirge wies damals kaum Übergänge auf. Außer der Further Senke waren die »Goldenen Steige« im Gebiet des Dreisesselberges, der »Bayernweg« und der »Gunthersteig« die einzigen bedeutenden Wege über die Grenze. Nach dem mittelalterlichen Geschichtsschreiber Apian zog der Gunthersteig von Zwiesel über Lindberg, das östli-

che Ufer des Kleinen Deffernik aufwärts (heute noch als Böhmerweg bezeichnet) und querte nördlich vom Scheuereck in rund 1100 m Höhe bei Gsenget und Steindlberg die Grenze, um über Stubenbach, Hohenstegen nördlich um den St. Gunthersberg herum die Orte Gutwasser und Hartmanitz zu erreichen. Wer aber die Wildheit dieser abgelegenen Gebirgsgegend und ihre langen Winter selber erlebt hat, der kann sich vorstellen, daß diese Wege vom Dezember bis zum Mai unter einer meterhohen Schneedecke lagen. Es ist daher wahrscheinlich, daß in den Wintermonaten eine Ausweichroute benützt wurde, die von Zwiesel über das heutige Waldhaus in nur 700 m Höhe durch die Pforte bei Ferdinandstal, Deffernik in den Talkessel von Markt Eisenstein hineinführte.
Für diese Annahme spricht auch, daß kurz nach dem Jahr 1000, als der Gunthersteig geschlagen wurde, auch die Entwicklung von Eisenstein einsetzte. Die topographischen Voraussetzungen unterstreichen dies noch. Sie ließen auch zu, daß von Eisenstein aus die Transporte über die Pamferhütte, um den Hahnenriegel herum, und über Neuhurkental ebenfalls Gutwasser und Hartmanitz erreichten. Der kleine Umweg von kaum 10 Kilometern machte sich bezahlt.

Wenn wir nun mit diesem Wissen hineintreten in das Naturschutzgebiet von Mittelsteighütte, dann ist uns, als lächelten die Baumriesen des Urwalds auf uns herab über die Streiche der Zwieseler, der Schmuggler, der böhmischen und bayerischen Grenzer und über das (damals schon) »sündhafte Treiben der Jugend« im ersten Waldhaus. Ihre Ahnen aber und die Felsblöcke am Weg kannten noch die Mönche des hl. Gunther und die Säumer. Auch der Steinbach, der wie einst über die Felsen rauscht, erzählt aus jenen fernen Tagen. Aber nur wenige hören ihm zu und verstehen seine Sprache.
Hier stehen die mächtigsten Bäume des Bayerischen Waldes. Die Bismarcktanne hat mit gebrochenem Gipfel eine Höhe von 51 m erreicht. In meiner Jugend lag da noch der verwesende Leichnam der Ludwigstanne, die noch gewaltiger war, und auch der heute höchste Baum des Gebirges mit 57 Metern steht unweit von hier.
Nachdem wir eine Forststraße überschritten haben, wird der Wald

lichter. Grasige Hänge und grünes Dickicht säumen den steinigen Weg. Saftig-rote Himbeeren leuchten und locken. Immer steiler wird der Aufstieg. An einer 400-jährigen Eibe kommen wir vorbei, dann rauscht vor uns der Steinbachfall. Wie zerschlissene, weiße Schleier fallen seine Wasser über die Felsen. Zur Zeit der Schneeschmelze sind sie besonders stark. Aus allen Winkeln des Waldes quellen sie und strömen zutal. Was sie um diese Zeit zusammentragen, lagern sie im Sommer, wenn ihre ungestüme Kraft versiegt, achtlos auf den Felsen ab und niemand räumt es weg, denn so will es das Gesetz des Urwalds.

Aber gerade diese scheinbare Unordnung bewirkt, daß wir sinnend und bewundernd stehen bleiben. Es ist ein ungemein malerisches Bild, mit dem uns der Berg hier überrascht. Es gibt uns die Erkenntnis, daß die Natur die Hilfe des Menschen keineswegs braucht. Sie regiert und reinigt sich selbst seit Jahrtausenden. Sie ist sauber geblieben, bis der Mensch ihr »zuhilfe« kam. Kann man sich da etwas Besseres wünschen, als daß sie möglichst weiträumig und noch lange sich selbst überlassen bleiben möge?

Noch steiler windet sich der Weg hinauf, aber sobald das Rauschen des Wildbachs verebbt, nähern wir uns einer winzigen Waldlichtung, in die von allen Seiten das Lied der Vögel dringt. So richtig zum Verschnaufen ist sie geschaffen. Und rechts vom Weg, ganz nahe, erheben sich ein paar unscheinbare Felshöcker gegen den hellen westlichen Himmel. Mancher geht müde und abgespannt an ihnen vorbei und ahnt nicht, was er dabei versäumt. Es sind die Felsen des Kleinen Falkenstein, die gegen das Tal hin schwindelerregende Abstürze aufweisen.

Mit wenigen Schritten sind wir droben. Die Überraschung ist vollkommen. Es gibt keine Felsen im Bayerischen Wald, die so gewaltig über den Wald aufragen und so zerklüftet sind wie sie. Die Sicht auf die Wipfel und Kronen der Urwaldbäume tief unter uns ist erregend. Unzählige müssen es sein, denn sie drängen sich bis zu den Graten des Hennenkobel und des Arber, nur unterbrochen von der grünen Lichtung des Waldhauses.

Wenn wir über der Felswand stehend in der Tiefe einen Raubvogel erspähen, der klein wie ein schwarzer Punkt über den Hängen kreist, begreifen wir auch die Namensgebung für diesen Berg. Hier, unter uns, haben noch vor wenigen Jahren Falken gehorstet.

Große Arberseewand – Wald aus der Urzeit her . . .

Rießloch

Steinbach

Springende Wasser aus moorigen Bergflanken . . .

Wilder Fingerhut

Wasser ohne Namen

Großer Arbersee vom Mittagsplatzl

Am Seeufer

Seehäusl am Kl. Arbersee

Kl. Arbersee mit Arber

Noch heute sind die Abstürze nur mit Seil und Haken zu durchklettern.
Jetzt führt der Weg weniger steil durch rotstämmigen, düsteren Fichtenwald hinauf zum Großen Falkenstein (1312 m). Er ist heute bekannt als europäische meteorologische Station. Der Wetterwart arbeitet im hölzernen Turm, der gleich rechts im Wald unter dem Felsgipfel steht.
Damit liegt auch schon unser Tagesziel, das vom Bayerischen Waldverein 1932/33 erbaute und erst 1975 erneuerte Schutzhaus, vor uns. In ihm werden wir gut aufgenommen, und der Aufenthalt in der hellen Veranda mit der einmaligen Aussicht in den Zwieseler Kessel ist ein schöner Lohn für den manchmal recht steilen Aufstieg.
Trotzdem sollten wir den frühen Abend auf dem freien, windumspielten Felsgipfel erleben, denn bezaubernd ist zu dieser Stunde der Blick über Täler und Berge. Noch mehr dominiert der Wald. Wie ein zottiges Fell spannt er sich von Berg zu Berg, ein grünes Netz, das an granitenen Pfeilern hängt, nur selten unterbrochen von hellgrünen Tupfen, wo der Mensch sich eingenistet hat. Nur im Grenztor von Eisenstein, das wir hinter den nahen Baumwipfeln ahnen, und im breit vor uns liegenden Talkessel von Zwiesel haben Häuser und grünes Kulturland den dunklen Filz weiter zurückgedrängt. Aber wie vor Jahrhunderten noch und wie eine eingesprengte Perle leuchtet das Glasmacherdorf Regenhütte aus dem Waldmeer. Den Horizont zeichnen im Nordwesten die beiden Ossergipfel, die zwischen dem Zwercheck und dem Arber lichtblau über den Brennessattel hereinschauen. Im Faltenwurf des Arberwaldes verbirgt sich schattenüberlagert der See. Nur die Seewand und das Mittagsplatzl mit dem Hochzellberg heben ihre Waldkämme in das golden schimmernde Licht. Der Hahnenriegel, die Rote Höhe und der Doppelhöcker des Hennenkobel schließen sich an. Wo ihre dunkle Silhouette endet, liegt Rabenstein, und links vorbei geht der Blick über die lichtüberfluteten Hügel der Regenniederung bis zu den Donaubergen. Nur der Burgfried der Ruine Weißenstein, einstige Zwingburg am Bayernweg hoch auf den Felsen des Pfahl, ragt deutlich heraus und bannt den Blick. Er hat ein Jahrtausend überdauert. Als Gründung der Grafen von Bogen im 9. Jahrhundert steht die Ruine beherrschend auf den

Zinnen der Teufelsmauer. Trenk, der Pandurenoberst, hat die Burg im Österreichischen Erbfolgekrieg geschleift. Heute gehört sie zu den schönsten Ruinen des Bayerischen Waldes. Sagen ranken sich um ihre alten, bröckelnden Gemäuer. Der baltische Dichter Siegfried von Vegesack hat auf Weißenstein, im Zehentkasten, eine zweite Heimat gefunden. Seit 1974 liegt er nach einem noch zu Lebzeiten geäußerten Wunsch mit seinen Hunden in einem Waldstück dort begraben. Hinter der meist mit Dunst erfüllten Niederung von Zwiesel stehen die dunklen Kämme des Vorderwalds. Wenn aber der Föhn die Berge und Täler, und vor allem das Flachland südlich der Donau, freigefegt hat, dann schauen wir über die Bayerische Hochebene hinweg bis zu den schneeigen Gipfeln der Alpen. Der Rachel, dessen breiter Waldkegel sich links vom Zwieseler Kessel erhebt, schließt den Rundblick, denn gegen Osten herrscht unumschränkt der Wald. Er verbirgt ein Wunderland, das wir ab morgen erwandern wollen.
Ein roter Sonnenuntergang über dem Arber, der die Gipfel und Wolken verklärt und die Talwälder in düstere Schatten hüllt, beschließt den Tag. Dann sitzen wir noch lange beieinander, mit Leuten, die wir nicht kennen, mit denen wir uns aber verbunden fühlen durch einen gemeinsamen Hang zur Natur und zu den Bergen. Und ein Wort gibt das andere. Der Drang zum Erzählen, die Begierde etwas Außergewöhnliches zu erfahren, die Bereitschaft, nach solchem Bergerleben nicht nur das Ohr zu leihen, sondern auch Herz und Gemüt weit zu öffnen, bringt es mit sich, daß sich in uns längst verschüttete Gründe auftun, und die Unterhaltung auf das Prickelnd-Zwielichtige zusteuert, das hier so nahe liegt.

Denn da drunten im Tal, von wo jetzt die Lichter heraufblinken, lebte vor mehr als 200 Jahren der Waldhiasl, der Waldprophet, auch Mühlhiasl oder Hiasl von Apoig genannt. Jeder hat von ihm gehört, aber keiner weiß etwas Genaues über ihn. Er hat uns die Zukunft vorausgesagt, und seine Worte sind wahr geworden. Immer wieder haben die Ereignisse an ihn erinnert. Noch heute ist der Glaube an seine Worte fest und stark.
Doch wer war dieser Mensch, der in die Zukunft sah? Ein Findelkind soll er gewesen sein. Holzhauer sollen ihn auf einer Waldlichtung gefunden haben. Die einen sagen, daß er Hüter auf dem Ru-

kowitzschachten war und die »Sprache der Natur« erlernt habe, die anderen wissen, daß er als Aschenbrenner in den Wäldern von Rabenstein gelebt hat. Stormberger habe er in Wirklichkeit geheißen, Mathias Stormberger, so ist es am 18. 1. 1766 im Schmelzerbuch der Glashütte von Rabenstein vermerkt. In einer Losnacht, so erzählen sie, habe er in einem mit geweihter Kreide gezogenen Kreis stehend, von einem Manderl mit Geißfuß den Weltenlauf erfahren. Wieder andere behaupten, daß es in der Mettennacht war, und daß er die Wahl hatte, sich Geld, Sach' oder den Blick in die Zukunft zu wünschen – und daß er sich für die Zukunft entschieden habe.

Über seine Weissagungen können wir nur staunen: »Ein eiserner Hund wird durch den Wald bellen« – er meinte damit die Eisenbahn – »ohne Roß und Deichsel werden sie fahren« – die Autos – »ein strenger Herr wird ans Ruder kommen, der den Leuten die Haut abzieht, aber er wird nicht lange regieren« – war es Hitler? – »Arm und Reich, Mann und Weib wird man nicht mehr auseinander kennen« – ist es nicht schon lange so? – »Wenn die Weiber in Männerhosen daherlaufen und Stöckelschuhe tragen wie die Geißen, dann dauert es nicht mehr lang, und wenn die Birke in der Turmhaube des Zwieseler Kirchturms einmal die Stärke einer Wagendeichsel erreicht hat, dann kommt er, der große Krieg«. . . . Tatsächlich ist noch vor dem letzten Krieg eine Birke aus der Turmhaube des Zwieseler Kirchturms gewachsen. Ich bin 1936 mit meinem Bruder mit dem Fahrrad einmal vorbeigefahren. Wir schauten hinauf. Ich sagte zu ihm, daß die Birke schon so dick wäre wie eine Wagendeichsel. »Dann wird der Krieg bald da sein«, rief er trocken zurück, denn wir kannten die Prophezeihung schon von unserer Mutter her. 1939 war er dann da – dieser große Krieg, und wir waren mitten drin. . . .

Wer hätte sie alle geglaubt, die Worte des Waldhiasl, bevor sie durch die Ereignisse wahr wurden? Sogar unsere Zukunft legte er frei, und wer denkt nicht an die furchtbaren Waffen unserer Zeit, wenn er sagt: »Die Roten werden über die Waldberge hereinkommen, und dann beginnt das ›Große Abräumen‹. Dann wird das Bayerlandl verheert und verzehrt und das Böhmerlandl mit einem eisernen Besen ausgekehrt. Und wenn einer auf der Flucht ist und hat drei Laib Brot unter'm Arm und er verliert einen, dann soll

er sich nicht bücken, denn die zwei reichen ihm auch. Es wird nicht lange dauern, aber es muß einer schon einen eisernen Kopf haben, wenn er das alles überleben will, was da kommt. Und wenn dann alles vorbei ist, und er herauskriecht aus seinem Loch, dann muß er weit gehen, bis er wieder einen Menschen trifft, und er wird sagen: Bruder, wo hattest du dich versteckt, daß du das alles überlebt hast?«
Noch vieles hat er gesagt. Manches mag ihm in den Mund gelegt worden sein, dem Stormberger, aber er ist, wenn auch die Pfarrbücher der damaligen Zeit in Rabenstein und Zwiesel verbrannt sind, doch geschichtlich nachgewiesen. 105 Jahre soll er alt geworden und 1806 in Zwiesel gestorben sein. »Wenn bei meiner Leich' nichts geschieht«, so hat er gesagt, »dann braucht ihr meinen Worten nicht glauben«, und wie er es voraussagte, so gab er noch beim Leichenzug ein Zeichen. Wie nämlich der Totenwagen über die Regenbrücke holperte, löste sich ein Rad, der Sarg fiel heraus, der Deckel öffnete sich, und nocheinmal zeigte sich der Waldhiasl den Leuten, die ihn ein Leben lang für einen nichtsnutzigen Sinnierer gehalten hatten. Er, der einfache Waldmensch, und seine urwüchsigen und farbigen Worte sind unsterblich geworden. Auch heute ist wieder, so sagen viele, »dem Stormberger seine Zeit«.

Wenn wir dann vor dem Schlafengehen nocheinmal ins Tal hinunterschauen, dann haben die Lichter von Rabenstein und Zwiesel einen besonderen Glanz. Sie funkeln noch trauter und geheimnisvoller zwischen den schwarzen Wäldern und die rätselhafte Gestalt des Waldpropheten und seine Worte verfolgen auch uns bis in die Träume.
Den nächsten Tag verbringen wir im Zauberreich des Falkenstein. Voller Erwartung dürfen wir sein, wenn wir bei Kaffeeduft in der Glasveranda sitzen, beim Frühstück, und die Sonnenstrahlen noch schräg über die Grenzwälder in den Zwieseler Kessel fallen. Sie vertreiben die letzten Nebelschwaden, die noch da und dort in den Talbuchten hängen. Schwarz ragt in so früher Morgenstunde der Rachel aus dem feinen Dunst der Niederung.
Unsere ersten Schritte führen zum Gipfel hinauf, denn was gestern abend im Gegenlicht stand, liegt nun im warmen Schein der Morgensonne. Noch schöner ist der Blick geworden, und so manche

Einzelheit spricht uns an, die gestern im Schatten verborgen blieb.

Unser nächstes Ziel ist der Rukowitzschachten. Eine Orientierungstafel zeigt uns den Weg. Er führt durch den kühlen, taufrischen Bergwald, aus dem wir nach etwa 30 Minuten auf eine weite Lichtung in 1150 m Höhe hinaustreten. Es ist eine jener stillen Bergweiden, die das Gebiet zwischen Falkenstein und Rachel so interessant machen. Sie wird gesäumt von gefallenen Bergahornen, deren silbergraue Leiber wie die Gerippe riesiger Tiere in Wind und Sonne bleichen. Andere stehen, obwohl längst schon ausgetrocknet, immer noch aufrecht und recken ihre dürren Äste wie schmerzgekrümmte, knöcherne Finger in den Himmel. Hart ist ihr Daseinskampf. Eisige und schneereiche Winter, rauhe Winde bedrohen ihr Leben. Wenn sie eines Tages stürzen, dann liegen sie noch lange da, und wenn man ein Jahr übers andere wieder vorbeikommt, sieht man, wie die Zeit an ihnen doch unaufhörlich arbeitet. Von der sanft geneigten Bergwiese haben wir eine umfassende Sicht auf den Arber und seine Wälder, auf den Brennes und die Osserspitzen.
Noch vor wenigen Jahren stand hier eine mit Rinden gedeckte Hirtenhütte, die auch den Waldpropheten schon beherbergt hatte.

Einmal stieg ich mit meinem Bruder spät abends vom Falkenstein ab zum Zwieseler Waldhaus. Im Osten, über den böhmischen Wäldern, stand schon seit geraumer Zeit ein Gewitter, dessen hohe Amboßwolken sich sonnenüberglänzt gegen den blauen Zenit schoben. In einem fort dröhnte der Donner über den Berg. Weil der Wind von Westen stand, und der Wald bis weit ins Flachland hinaus friedlich in den letzten roten Sonnenstrahlen lag, glaubten wir nicht daran, daß uns das »Wetter« gefährlich werden könnte. Aber noch bevor wir den Schachten erreicht hatten, wurde es schwarz und gelb über uns, der Wind sprang um und schüttelte die Baumwipfel wie Grashalme. Blätter, Zweige, Äste fegten über die Lichtung, dürre Äste krachten, große Regentropfen peitschten uns ins Gesicht, finster war es geworden und Blitze zuckten in nächster Nähe, als wir der kleinen Hütte zuhetzten, um Unterschlupf zu suchen. Zu spät hatten wir bemerkt, daß zwischen

den Rinden über uns handbreite Lücken klafften. So pfiff der Wind durchs Dach, und Regen und Hagel klatschten ins Innere, und es war uns, als fuhren die Blitze bei einem Loch hinein und zum anderen wieder hinaus.
Ich glaube, wir haben uns in der Hütte mehr gefürchtet, als irgendwo draußen unter einem Baum im Wald. Aber was einst dem Waldhiasl taugte, das mußte auch für uns gut sein. Es war schon gegen Mitternacht, als der Regen versiegte und der Mond sich aus den dicken Wolken schälte. Da wurde es so schön draußen, daß wir noch eine Weile über den Schachten gingen. Die Regentropfen glitzerten matt in den Gräsern und Zweigen, und manchmal leuchteten Moder und Fäulnis auf den gestürzten Bäumen wie die Glut eines abgebrannten Feuers. Es war scheuchtsam, und weil der Weg ins Tal weit und die Wirtsleute vom Waldhaus sicher schon im Bett waren, schliefen wir auf dem nassen Heu in der Hütte.

Der Rukowitzschachten wird gequert von einem alten Fahrweg. Er war einst die Zufahrt zur Bergweide und dürfte Teil eines weiten Wegesystems gewesen sein, das vor Jahrhunderten schon zum Zweck der Weidewirtschaft errichtet worden war, dessen sich nicht selten auch die Schmuggler zur Überwindung der Grenze bedienten. Noch heute lesen wir in den Karten die Bezeichnung »Salzweg«. Salz war ja seit einem Jahrtausend schon begehrtestes Handelsgut jenseits der Grenze.
Diesem Weg folgen wir nach Osten. Er ist nicht markiert. Wieder schließt sich um uns der sonnig-grüne, lichternde, raunende und menschenleere Wald. Nach 500 Schritten queren wir einen Quellbach des Großen Deffernik, nach weiteren 650 Schritten den zweiten. Dort beginnt rechts abzweigend der Anstieg. In einer halben Stunde bringt er uns durch den Nordhang hinauf zum Plateau des seltsamen Lackaberges (1337 m).
Kein Felsgipfel krönt ihn. Kein Kreuz! Sein Gipfel ist eine flache Wiese, eine weite Waldlichtung, von sterbenden Bäumen umstanden, mit zitterndem, morastigem Boden, in dessen Vertiefungen auch in trockener Zeit rotbraunes Wasser steht. Mitten durch diese Blöße zieht die tschechische Grenze. Sogar der mächtige, weiße Grenzstein vibriert im moorigen Grund, wenn wir ihn be-

rühren. Wir horchen hinein in den Wald, hinüber ins »Niemandsland« zwischen Grenze und Drahtverhau, aber alles bleibt stumm. Nur das Summen der Fliegen, vielleicht das zarte Lied, oder auch der heisere Schrei eines Waldvogels dringt an unser Ohr. Diese Einsamkeit wird uns von jetzt an über weite Strecken begleiten.
Wir gehen weiter zum Rindelschachten. Zwei Möglichkeiten gibt es: Da ist zunächst der Rindelsteig, der ziemlich genau südwärts durch den unberührten, weitstämmigen Märchenwald führt. Er ist sehr schwer zu finden. Seit Jahrzehnten nicht mehr begangen, sind seine Spuren weder auf der Lichtung im kniehohen Gras, noch am Waldrand zu sehen.
Ein Kunstkniff hilft uns: Wir norden mit dem Kompaß die Karte ein und stellen die Marschrichtung fest. In dieser Richtung dringen wir etwa 50 m in den Wald ein und erhalten einen Ausgangspunkt, den wir uns merken. Von ihm gehen wir 30 m nach links und dann auch nach rechts. Dabei müssen wir den echten Weg queren – und wir werden ihn so mit Sicherheit finden.
Dem Rindelsteig nun durch die Waldwildnis zu folgen, wird zum großen Erlebnis, denn wohl keiner hat eine solche Einsamkeit je vorher erlebt. Wie ein Trapper gilt es aufzupassen, daß der verwachsene Pfad uns nicht verloren geht. Die gekonnte Anwendung von Karte, Kompaß und vielleicht noch des Höhenmessers gibt auch in der schwierigsten Lage die nötige Sicherheit.
Unschwer erkennen wir den Punkt 1236 und eine merkliche Schwenkung des Weges nach Süden. Wir stutzen einen Augenblick, wenn der vom grenznahen Sandel kommende, ebenfalls fast zugewachsene Weg kreuzt – aber wir sollten hier schon andächtig verweilen, denn es ist der 1000-jährige Bayernweg, der älteste Handelssteig über das Waldgebirge. Nach 300 m treten wir auf den breiten Rindelschachtenweg hinaus, dem wir in spitzem Winkel nach rechts folgen.
Einfacher, doch nicht weniger romantisch finden wir hierher, wenn wir vom Lackaberg gleich der moorigen Grenzschneise nach Südosten nachgehen. Nach 1300 m kommen wir zum Sandel – einer vergessenen und verwilderten Lichtung an der Grenze in 1160 m Höhe, einem historischen Punkt in menschenferner Wildnis. Hier überschritt der Bayernweg schon vor 1000 Jahren die Grenze. Noch heute finden wir, tief eingefurcht zwischen Farnen

und Baumleichen den bedeutenden Handelsweg, der als erster den Namen »Goldener Steig« trug.
Auch vom Sandel erreichen wir entweder auf den Spuren der Säumer oder über einen immer deutlicher werdenden Ziehweg den Zugang zum Rindelschachten. Und wieder tut sich vor uns einer der ganz einsamen, herrlichen Schachten auf, dessen alte Bäume und silberglänzende Baumruinen kaum ihresgleichen haben. Hier, auf diesem stillen, verträumten Plätzchen am Ende der Welt wurden einst – wie der Name sagt – die Jungrinder geweidet. Wenn wir vielleicht im Herbst dorthin kommen, wenn die ersten Fröste schon über die Berge gegangen sind, dann leuchtet es in allen Farben. Sogar die Heidelbeerkräuter, die stellenweise die Lichtung bedecken, schimmern wie ein rosaroter Teppich. Aber immer noch hängen dann dick und zartblau die Beeren unter dem herbstlichen Laub, und jeder Griff bringt uns eine Handvoll süßer, saftiger Früchte. Ein unbeschreiblicher Zauber liegt über allem. Es scheint, als wären gestern erst Hirt und Herde abgezogen, und doch herrscht auch da schon seit 1960 tiefer Friede, und selten verirrt sich ein Wanderer bis hierher.
Wenn wir von der Nordecke der Lichtung hangabwärts ohne Weg in den Wald eindringen, kommen wir zu einer Quelle. Wir folgen dem Rinnsal und treffen schon nach 400 m im tief eingefurchten Hochtal des Kleinen Deffernik auf die östliche Linie des Hauptwanderwegs. Der breite, selten begangene Forstweg führt sofort nach dem Talknick wieder bergwärts und quert um den weit nach Süden vorspringenden Ausläufer des Lackaberges herum ins Höllbachtal hinüber. Ein Schild weist schließlich links abwärts zur Höllbachschwelle. Diesem Weg folgen wir und finden den Eingang zum Höllbachgspreng, einem der schönsten Naturschutzgebiete des Bayerischen Waldes.
Vor uns rauscht der Höllbachfall. Um uns Berge und Einsamkeit, Felsen und prächtiger Urwald. Ein schmaler Serpentinenweg führt durch das Gspreng aufwärts. Rauhe Wände, von der Schwefelflechte gelbgrün überzogen und mächtige Bäume scheinen den Berg zu halten, der über uns hängt. Gesplitterte Stämme stehen wie eingerammte Pfähle am Hang. Ihre Kronen hängen vermodernd am Fels. Meterdicke Buchenleiber, von schüsselgroßen Baumschwämmen befallen, liegen über Steinblöcken und

Schluchten. Fantastische Bilder tun sich auf: Da ist aus einem halb verwesten Torso ein neuer Baum herausgewachsen und hat den alten, morschen Leichnam hochgehoben. Dort scheinen zwei Echsen aus der Urzeit aufeinander loszugehen, um sich zu verschlingen. Ganz deutlich sehen wir die Augen, die Zähne, und doch ist es nur ein gefallener Baum, der durch die eigene Schwerkraft auseinandergebrochen ist. Zu Hunderten liegen sie da, Gestalten, die jede Fantasie erregen. Moder und Fäulnis bedecken den Waldboden. Wir fragen uns, wie dieser Wald überhaupt noch leben kann.

Wenn wir Ende Oktober hierher kommen, glänzen hoch im Geäst der Baumkronen die goldenen Blätter des Bergahorns gegen den grünlich-blauen Himmel des Altweibersommers. Vielleicht hat dann der große Laubfall schon eingesetzt, der eine Wanderung unvergeßlich werden läßt. Ein einziger Regen goldener, taumelnder Blätter geht dann pausenlos auf uns nieder. Aber in den Wipfeln der dunkelgrünen Fichten hängen zentnerschwer die kupferroten Zapfen, die Samenträger des Waldes, das Geheimnis seines Lebens. Und wo der Wald Fenster läßt, durch die das Sonnenlicht bis auf den Boden durchfallen kann, da stehen die Waldblumen: Sterne, Kelche und Glocken in bunter Vielfalt. Das Spiel der Sonne huscht grünlich-golden über Farn und Lattich, und das ferne Rauschen stürzender Wasser, das Lispeln der Blätter und das Lied der Waldvögel vereinigen sich zu einer berauschenden Melodie. Urwald im Höllbachspreng – welches Wort! Wald, der sich selbst überlassen blieb seit 10000 Jahren, der heute noch so schön und unberührt ist wie zur Zeitenwende, dessen Schönheit nicht auszuloten ist.

Wir nehmen diese Eindrücke mit hinauf zum Falkenstein und finden es höchst überflüssig, daß der Aufstieg dorthin als Waldlehrpfad ausgebildet ist. Vielleicht werden auch die Baumriesen im Höllbachgspreng in nicht mehr ferner Zeit Schilder tragen, und Ruhebänke und Papierkörbe den Urwald »bereichern«, wenn die »Erschließer« und Fremdenverkehrsmanager erst so richtig in Fahrt gekommen sind.

Bevor wir nach diesem erlebnisreichen Tag ins Schutzhaus treten, fallen uns drei Totenbretter auf, die vor einer Felswand stehen. Sie

wollen nichts anderes sein als ein inniges und stilgerechtes Denkmal für Idealisten, die sich um ihre Waldheimat verdient gemacht haben. Der Bayerische Waldverein hat sie ihnen gewidmet.
Interessant ist die Entwicklung und Wandlung, die dieser schöne Brauch im Lauf der Jahrhunderte durchgemacht hat. Er läßt sich gut 2000 Jahre zurückverfolgen. Das Bahrbrett, das um Christi Geburt schon im alemannischen Raum verbreitet war, dürfte seine Wurzel sein. Durch die Schweiz und Tirol, über den Schwarzwald und den Bayerischen Raum gelangte es in unser Grenzgebirge. Schon damals wurden diese Bretter aus Ehrfurcht vor dem Verstorbenen, noch mehr aber aus Ehrfurcht vor dem Tod hinausgestellt auf die Fluren, um den Lebenden Mahnung und den Abgeschiedenen ein Ruheplatz zu sein. Dieser Brauch ist fast überall in Vergessenheit geraten, nur im Bayerischen Wald hat er sich bis heute erhalten. Doch unterscheiden sich heute die Bretter je nach Siedlungsräumen. Südlich des Falkenstein tragen sie vielfach nur 3 Kreuze eingekerbt und lehnen meist wenig beachtet an Bäumen oder Scheunen. Im Lamer Winkel sehen wir auf ihnen fast immer eine gebrochene Kerze, im Zwieseler Raum tragen sie Kreuz und Palmzweig und im Zellertal schützt ein schmales Dach die Aufschrift. Bedeutung und Hintergrund des Brauches haben sich mehrmals gewandelt: Auf dem Bahrbrett lag der Tote bis zur Bestattung. Er glitt, in Leintücher gehüllt, vom Brett direkt ins Grab. Als der Sarg aufkam, brauchte man es nur noch bis zur Einsargung. Nun nannte man es Totenbrett. Es bekam einen würdigen Platz an Wegen, Waldrändern, unter markanten Bäumen, an Kapellen oder sonstigen gut einsehbaren Stätten. Es war Mahnmal und galt im Volksglauben bald als Zuflucht für die armen Seelen bis zu ihrer Erlösung.
Manche »Weiz«-Geschichte erzählt noch heute davon, was im Bannkreis von Totenbrettern alles »geschah«. Im Lauf der Zeit begann man, sie kunstvoll zu bearbeiten, zu beschriften und zu bemalen. Ganz allmählich bekamen sie ihr heutiges Aussehen.

Im Schutzhaus drinnen ist schon alles still geworden, die Tagesgäste sind ins Tal zurückgekehrt. Am Ecktisch in der lichten Glasveranda wird unser seit Stunden immer größer gewordener Durst

gestillt: Wir bekommen eine zitronengelbe, schäumende »Radlermaß«.
Der Wetterwart heftet die Essenz seiner Messungen ans Brett. Darauf sind wir immer neugierig. Aus der Küche dringt der Duft von Gebratenem, und ein nettes Mädel notiert unsere Bestellungen, denn es wird Zeit fürs Abendbrot. Wir haben es uns heute redlich verdient.

Wieder finden sich ein paar Gruppen von Zünftigen zusammen, und während die Schatten länger werden und nach kurzem rotem Leuchten die Nacht einzieht, kommt eine Unterhaltung in Gang, die alle Bergfreunde im Raum zu einer Familie vereinigt. Wie es drunten überall zu funkeln beginnt, glänzen wie hingeschüttete Goldkörner, mitten im Tal, die Lichter von Zwiesel.
Der liebenswerte Ort in einer herrlichen Umgebung soll schon vor 1000 Jahren von Goldwäschern gegründet worden sein. Doch vom Gold, das zwar spurenweise in den Flüssen heute noch zu finden ist, ist Zwiesel nie reich geworden. Was diese Waldstadt heute ist, wurde sie durch den Fleiß, das Geschick, die Findigkeit, ich möchte fast sagen, durch die Genialität ihrer Bewohner. Sie ist heute geistiger und kultureller Mittelpunkt des Waldlandes. Ihr Name (von zwi = zwei und sel = Rinnsal) ist urbayerisch und bedeutet nichts anderes als die Gabel, die vom Großen und Kleinen Regen bei ihrer Vereinigung gebildet wird. Er hat sogar eine Doppelbedeutung, denn auch Bayernweg und Gunthersteig gabelten sich hier im Mittelalter. Zwiesels wirkliches Gold war und ist seit Jahrhunderten der Wald. Die Zwieseler haben es verstanden, ihm das beste abzugewinnen. Glas und Holz sind noch heute Zwiesels Stolz. Seine seit 1904 bestehende Glasfachschule hat Weltruhm erlangt. Drei Glasfabriken, darunter der größte Kelchglashersteller Europas, erhalten der Stadt eine jahrhundertealte Tradition, und ihre vielseitigen Kunstwerke begeistern nicht nur die vielen Betrachter vor den Schaufenstern, sondern auch die Kenner in aller Welt. Wenn heute einer Meister in der Glasveredlung werden will, muß er zuerst auf die Schule nach Zwiesel.
Die Stadt hat das einzige Waldmuseum der Welt, einen Schatz, den jeder suchen sollte, der nach Zwiesel kommt. Er wird dort den Wald von einer Seite kennen lernen, daß er aus dem Staunen nicht

mehr herauskommt. – Der »Zwieseler Buntspecht«, eine gekonnte Ausstellung der in diesem Raum ansässigen Künstler, ist von einem Niveau, das niemand in dieser bäuerlichen Gegend vermuten würde. – Der von dem originellen Zwieseler Dichter Paul Friedl, genannt: »Baumsteftenlenz«, ins Leben gerufene »Zwieseler Fink« ist ein Volkssängerwettstreit, der Künstler aus allen Winkeln des Waldes anzieht. Auch die »Holzhackerolympiade«, bei der die besten Holzhauer aus ganz Europa fantastische Leistungen zeigen, stammt von diesem vielseitigen Mann.

Darüber hinaus gibt es Pläne genug, diese Stadt auch in Zukunft so attraktiv zu machen, daß keiner den Wald kennt, wenn er Zwiesel nicht gesehen hat. 280000 Übernachtungen hat der Ort im Jahr, und der Weg in die zwischen Arber und Rachel liegenden Wälder geht durch Zwiesel. Auch seine Geschichte ist reich und kurios. Seine Uranfänge liegen im Dunkel. Der nach dem Jahr 1000 geschlagene Gunthersteig fand hier schon eine Siedlung vor. 1255 wird sie zum ersten Mal als Mautstelle erwähnt. Die Mönche von Rinchnach scheinen ihr den Namen gegeben zu haben. Sie haben ihn aus Österreich ins Land gebracht. 1560 wird Zwiesel Markt und erhält ein Wappen, das einer Stadt alle Ehre gemacht hätte. 450 Jahre blieb es Markt und doch hat es in dieser Zeit nicht einen einzigen Markt innerhalb seiner Mauern gesehen, weil die »bösen Nachbarn« es nicht wollten. Mehr als zwölfmal ist es abgebrannt, die Panduren und auch die Pest gingen drüber hin, und trotzdem ist Zwiesel immer lebendig und jung geblieben. 1892 wurde die Kirche St. Nikolaus erbaut, die zum »Dom des Waldes« geworden ist, und die von sich reden machte, weil sich an ihrem 62 m hohen, roten Backsteinturm die Worte des Waldpropheten erfüllten. Auch der Waldhiasl liegt ja in seiner Erde begraben. Seit 1906 ist Zwiesel Stadt.

Die prächtige Statue des böhmischen Brückenheiligen aus dem Jahr 1767 ist das einzige in den Straßen, das an die alte Zeit erinnert. Und noch eins: Wenn wir nun eine Halbe des wohlschmekkenden Weißbieres trinken, dann sollten wir wissen, daß schon 1548 das erste Bier dieser Art in Zwiesel gebraut wurde.

Wahrhaftig, wo die vielen Lichter aus der Tiefe heraufschimmern, schlägt das Herz des Bayerischen Waldes. Aber seine Umgebung ist nicht weniger interessant. Es beginnt schon am Fuß des Rachel.

Nach dem Tode des Einsiedlers Hermann, der hier eine Zelle gebaut hatte, ließ Hartwig v. Degenberg ein Holzkirchlein erbauen, das zum Mittelpunkt einer Wallfahrt wurde, bezeichnet: »Zu unserer Lieben Frauen Aue«. Das Dorf Frauenau geht auf diese Gründung zurück. Seine 1759 von Abt Ignaz I. von Niederaltaich erbaute Pfarrkirche gilt nach der Klosterkirche von Rinchnach als der schönste Kirchenbau des Waldes. In Oberfrauenau ist seit 1605 das älteste und erfolgreichste Glashüttengeschlecht Deutschlands seßhaft. Es sind die bis zum Jahr 1140 zurückzuverfolgenden und 1790 in den Adelsstand erhobenen Freiherren von Poschinger. In wenigen Jahren werden weite Gebiete Bayerns das Trinkwasser aus einem riesigen Süßwasserspeicher beziehen, der zur Zeit oberhalb von Frauenau, in der Gegend des ehemaligen Dorfes Hirschbach, am Oberlauf des Kleinen Regen gebaut wird.

Dann liegt hinter Zwiesel, schon jenseits der Bärnzeller Höhen, das von Gunther d. Eremiten nach 1010 gegründete Klosterdorf Rinchnach – die älteste Kulturstätte dieser Gegend. Schon im Jahre 1019 wurde die erste Kirche von Bischof Berengar von Passau geweiht. Das heutige Gotteshaus wurde 1727 von Abt Joscio in Auftrag gegeben. Die Pläne stammen von J. M. Fischer.

Die Mönche von Rinchnach haben um 1142 die heutige Kreisstadt Regen gegründet, deren Lichter nun rechts von Zwiesel aus dem Tal des Schwarzen Regen herüberschimmern. Es war die ewige Rivalin von Zwiesel und ist es heute noch. Aber wo gibt es schon zwei so attraktive Kleinstädte so nahe beieinander, die nicht ab und zu das Kriegsbeil gegeneinander schwingen, um es dann in feucht-fröhlicher Runde wieder begraben zu können?

Die beiden Waldstädte haben ja trotz allem vieles gemeinsam. So die Waldbahn, den Regen, den hl. Nepomuk, eine Reihe von Bränden und auch die Schrecken der Panduren um 1742 im Österreichischen Erbfolgekrieg. Aber die sagenumrankte Ruine Weißenstein auf den blinkenden Felsen des Pfahl, der unglaublich malerische Anblick der sich im Schwarzen Regen spiegelnden Pfarrkirche St. Michael mit dem mehr als 600-jährigen Wehrturm und dem romanischen Nordturm aus dem Jahr 1270, wie auch die künstlerische »Pscheidlkrippe« sind einmalig. Die Türme haben alle Brände und Wirren überdauert und wurden 1657, als die Kir-

che als erstes wieder aufgebaut wurde, kurzerhand dem Bau eingegliedert. Die Pscheidlkrippe ist ein Kunstwerk besonderer Art. Die bedeutendsten Männer und Frauen aus dem Waldgebirge sind von den gottbegnadeten Händen der Frau Pscheidl, einer heimisch gewordenen Schlesierin, aus Stoffresten wirklichkeitsgetreu nachgebildet und in die waldlerisch gestalteten Fluren Betlehems gestellt worden. Man könnte diese Krippe fast ein würdiges Gegenstück zur ergreifenden »Waldlermesse« nennen, die der mehrere Jahre auch in Zwiesel ansässige Ferdinand Neumeier geschaffen hat. Wie Zwiesel, so ist auch Regen einen Besuch wert.
Und dann wäre in halber Entfernung, rechts von Zwiesel, am Ansatz des Hennenkobels schließlich der Herrschaftssitz und Hüttenort Rabenstein zu nennen, der uns schon durch den Waldhiasl bekannt wurde. Dort stand schon 1421 die erste Glashütte des Waldes, die Paternosterhütte. In ihr wurden Rosenkranzperlen hergestellt. Aber auch Buchenau, das sich ostwärts von Zwiesel tief in die Grenzwälder kuschelt, ist bekannt geworden, denn dort trug Ferdinand von Poschinger im Jahr 1890 die ersten Schneeschuhe im Bayerischen Wald. Von diesem entlegenen Ort begann der Ski seinen Siegeszug durch weite Teile Bayerns. Er hatte seinerzeit die »Wunderbretter« eigens aus Kristiania, dem heutigen Oslo kommen lassen. – Im Schloß von Buchenau entstehen seit langem schon – und heute noch – mit die besten Speisen Europas. Sie werden von der bekannten Kochbuchautorin Erna Horn erprobt und ihre Rezepte niedergeschrieben.
Müssen wir nicht zugeben, daß es ein besonderes Ländchen ist, das uns da zu Füßen liegt? Und mancher wird seine etwas abfällige Vorstellung über den Bayerischen Wald berichtigen müssen, wenn er sich näher mit ihm befaßt.
Es ist spät geworden. Umgeben von der Einsamkeit des Berges und bei leisem Rauschen des Windes in den Fichten schlafen wir einem verheißungsvollen Tag entgegen. Er wird uns durch die weiten, unbekannten Wälder führen, die sich zwischen Falkenstein und Rachel der Grenze entlang hinziehen.

Es gäbe noch viel Schönes am Falkenstein. Man müßte ihn 8 Tage lang durchwandern können! Glücklich der, der die Zeit hat, einmal für einen Urlaub im Meer seiner Wälder unterzutauchen.

Dann kann es ihm ergehen wie mir einmal, als ich abends an einem schönen Herbsttag allein von Ludwigsthal über die Kleblhütte hinaufstieg zum Gipfel.
Der Wald war so still. Mein Atem war das einzige Geräusch. Die Sonne schien schon glutrot durch die Zweige und mein farbtrunkenes Auge nahm kaum noch Einzelheiten auf. Es sah nur ein Mosaik aus rotem Leuchten und dunklen Schatten. Rechts von mir, kaum 15 m bergwärts, war ein unscheinbarer Steinriegel mit ein paar dürren, armdicken Buchenstangen. Achtlos schritt ich vorbei. Da krachte und splitterte es plötzlich hinter mir, daß mir das Herz einen Augenblick aussetzte. Instinktiv stellte ich mich zur Abwehr. Ein Hirsch mit mächtigem Geweih brach hinter mir vom Steinriegel durch die dürren Bäume, daß sie brachen, und jagte hangabwärts dem dichteren Wald zu. Mir zitterten die Knie, und ich brauchte lange, bis ich den Schrecken wieder los wurde.
Einmal streunte ich planlos durch die Wälder und traf auf die tausendjährige Eibe in der Nähe der Bauhüttenbrücke. Ich hatte schon von ihr gewußt, jetzt fand ich sie durch Zufall. Kaum 10 m ist sie hoch, ein Zwerg unter so vielen Riesen, aber an Jahren ein Methusalem. Wie der graue Stamm sich nach oben rasch verjüngt und würdig die dunkelgrüne Kugel der »Nadelblätter« trägt! – Immer wieder mußte ich dieses Naturdenkmal bewundern. Dann lag ich lange unter seinen Zweigen und versuchte in Gedanken das Jahrtausend zu durchwandern, auf das dieser Baum zurückschaut.
Auch am Steinbachfall steht eine 400-jährige Eibe. Dort war ich an einem Novembertag bei dichtem Nebel unterwegs. Die Sicht reichte keine 20 m weit. Es war scheuchtsam. Ich dachte: wenn sich da einer nicht auskennt, der kann das Fürchten lernen. Von den Zweigen tropfte es. Die Steine waren naß und glitschig. Stamm an Stamm standen die jungen Buchen. Manche beugten sich bis zur Erde nieder. Auch eine Eberesche neigte ihr von lackroten Früchten schweres Haupt vor mir. In diesem Augenblick brach die Sonne durch die grauen Schwaden. Die Vogelbeeren leuchteten grell auf, und die Sonnenstrahlen geisterten wie die unruhigen Lichtbündel eines Nordlichts zwischen den Zweigen. Sie tanzten über den Waldboden und ließen selbst das schon faulige Buchenlaub noch aufglänzen.

Immer wieder begegnete ich hier den kleinen Wundern des Waldes. Im Vorfrühling fand ich die meist unbekannten, roten Vorkeime des Farn, im Sommer spürte ich 100 m langen Ameisenstraßen nach, fand den seltenen, geschützten Hirschkäfer und einmal sogar die angsteinflößende aber harmlose Maulwurfsgrille. Und wenn ich manchmal auf großer Fahrt war und abends nach vielstündiger Wanderung am Steinbachfall oder am Höllbach vorbeikam, und mir keine Menschenseele mehr begegnete, dann badete ich splitternackt in den kalten, tiefen Tobeln oder brauste unter den stürzenden Wassern, die wie Nadeln auf dem Körper brannten – und alle Müdigkeit war wie weggeblasen.

Aber wenden wir uns ab von diesem interessanten Berg, um dem im Südosten aufragenden Rachel entgegenzuwandern! Niemand sollte die Entfernung unterschätzen. Nahezu 7 Stunden suchen wir durch ein Waldgebiet, das so einsam und verlassen ist, wie es sich der Alltagsmensch kaum vorstellen kann. Drei verschiedene Routen bieten sich an. Zwei davon liegen der Zivilisation etwas näher. Sie tragen als die beiden Führen des Hauptwanderwegs das grüne Dreieck im weißen Feld. Die dritte geht ohne Markierung in Grenznähe oft wild durch Wälder, Schachten und Filze, die nur selten von eines Menschen Fuß betreten werden. Alle drei Routen haben das Wegstück bis zum Einstieg in das Höllbachgspreng gemeinsam. Die westliche führt uns nocheinmal hinab in seine Abstürze. Wir folgen von der Höllbachschwelle auf dem hohen, linken Ufer dem Bach bis zur Bauhüttenbrücke, wo wir den Kleinen Deffernik überschreiten, und erreichen den stillen Rastort Scheuereck.
Wieder stehen wir hier auf geschichtsträchtigem Boden und halten für einen Augenblick den Atem an, denn wir queren den uralten Gunthersteig. Ja wir folgen ihm sogar etwa 500 m weit. Aber zuerst werfen wir von einer weiten Waldlichtung einen Blick zurück auf das breite, zerzauste Haupt des Falkenstein, das je nach Jahreszeit immer wieder in anderen Farben prangt: Rotviolett, wenn nach kalten Wintertagen das erste Sehnen die Knospen schwellen läßt, lichtgrün im Frühling und Sommer und rotgelb nach den ersten Frösten.

Blick zum Kl. Arber

Großer Seebach

Blick vom Zwercheck

Schwellhäusl

Höllbachfall

Kl. Falkenstein

Im Zauberreich des Falkenstein

Almschachten

Ruckowitzschachten mit Arber

Lindbergschachten mit Rachel

So leuchtet auch der Wald, den wir auf einsamer Forststraße durchwandern. Er baut sich auf, als hätte er viele Stockwerke. Lichterspiel und Vogelsang ist überall, und unter hölzernen Brükken rauschen und murmeln die moordunklen, aber klaren Wasser, die vom Grenzkamm herunterspringen. Aus dunklen »Waldmauern« brechen sie hervor und eilen gurgelnd und vom hellen Grün des Farn gesäumt über Fels und Wurzeln dem Tal zu.
Die Straße umrundet den 850 m hohen Totenschädel mit dem gleichnamigen, von den Lindberger Bauern im 18. Jahrhundert widerrechtlich gereuteten Schachten – übrigens dem einzigen, der in so tiefer Lage noch übrig geblieben ist. Dann treten wir hinaus in ein Hochtal, in dem auf grüner Lichtung bisher die verlassenen, teils verfallenen Werkgebäude der Spiegelhütte standen.
Sie stehen immer noch dort, aber als ich zum letzten Mal vorbeikam, regte sich neues Leben in den Ruinen. Der Schutt wurde aus ihnen entfernt. Ein alter Bauer erzählte mir, daß ein »Reicher« die baufälligen Hüttenmauern gekauft habe, und der wolle sie wieder aufbauen und ein Haus des Gastes, oder ein Haus der Begegnung, oder so etwas ähnliches, daraus machen.
Wie dem auch sein möge, auch wenn die alten Mauern einem neuen Zweck zugeführt werden und unter frischem Putz verschwinden, so wird jeder Stein doch immer noch von einer armen, arbeitsamen, nie mehr wiederkehrenden, aber doch sehr romantischen Zeit träumen – einer Zeit, die wir modernen Menschen uns kaum mehr vorstellen können. Es war eine Zeit, wo Wirklichkeit und Vorstellungskraft noch häufig ineinanderwirkten, wo der Hüttengeist »Durandl« in den primitiven, rußigen Hütten und in der Einbildung der Glasmacher noch seinen festen Platz hatte.
Mehr als 550 Jahre sind ins Land gegangen, als 1421 die Paternosterhütte in Rabenstein erstand, und es ist bezeichnend, daß Rosenkranzperlen ihre ersten Erzeugnisse waren. 1492 erscheint dann die Hütte von Frauenau zum ersten Mal in der Chronik, aber es ist wahrscheinlich, daß auch sie bereits im späten 14. Jahrhundert existierte. In der Folgezeit wuchsen die Glashütten wie Pilze aus den Wäldern. 62 waren es in ihrer Blütezeit. Die Klenau, Hafenbrädl, Hilz, Kießling, Riedl und über allen die Poschinger, die sich als einzige bis heute behauptet haben, waren ihre Besitzer – und man kann ruhig sagen, daß die Hütten und ihre Herren Ge-

sicht und Schicksal des Bayerischen Waldes mit geprägt haben. Als aber die Kohle mit ihrem höheren Brennwert von der Bahn billiger herangebracht wurde als das Holz in den Wäldern zu schlagen war, als Pottasche und Quarzsand – um sie rein zu erhalten – von weither bezogen werden mußten, wanderten sie nacheinander ins Inland ab oder verfielen. Nur acht von ihnen sind noch in Betrieb.

Ihre große Zeit liegt nun schon weit zurück. Der Vetter meines Vaters – der Brugger Sepp, auch ein Glasmacher in einer dieser Waldglashütten – er wäre heute schon weit über 100 Jahre alt – hat mir in meiner Jugend einmal am Heiligen Abend die folgende Geschichte erzählt. Sie schildert am besten die Sorgen und Nöte der damaligen Zeit.

»Ich bin noch ein Bub g'wesen mit kaum 10 Jahren. In der Ödschleife droben haben wir seinerzeit g'wohnt, wo der Vater Verwalter g'wesen ist. Der Wald ist noch bis zu den Fenstern hergangen. Es ist nie richtig hell worden in der Stube. Aber das hat uns Kindern nichts ausg'macht, denn uns hat die ganze übrige, große Schleif' g'hört. Der Simandl ist damals noch Hüttenmeister g'wesen. Ein gar gestrenger Herr ist er g'wesen. Er hat uns Buben nicht mögen. Wir ihn auch nicht, und die Arbeiter, die sind auf unserer Seite g'standen.

Und weil die Glasmacher Hallodri g'wesen sind, haben sie ihm einmal einen bösen Streich g'spielt. Da haben 's einen Ratz g'fangen, haben ihm ein Glöckerl umg'hängt und ihn dann wieder laufen lassen. Zum Gaudium der Arbeiter ist er dann mehrere Tage unter den Bretterböden hin und her g'laufen. Als aber der Simandl das Glöckerl unter dem Fußboden klingeln hat hören, und alle so getan haben, als sei es einzig und allein seine Einbildung, die ihm zu schaffen mache, da hat er's zu guter Letzt glaubt und ist sehr nachdenklich worden. Er hat sich g'scheuzt und hat g'sagt, daß dies ein großes Unglück anbedeuten müsse, daß er den »Durandl« schon im Eck hinten sehe und daß er neugierig sei, wer da wieder »dran glauben« müsse. Aber die Arbeiter und mein Vater haben hinter seinem Rücken g'lacht, denn jetzt, so haben sie glaubt, hätten sie ihn endlich »auf der Erd«. Das ist im November g'wesen. Es hat bald zu schneien ang'fangen und an Weihnachten ist der Schnee schon gut einen halben Meter hoch g'legen. Der Winter hat in diesem Jahr ein noch strengeres Regiment g'führt als der Simandl.« –

Die Augen des Sepp waren groß geworden, als schaue er weit über die Wälder. Wir mußten ihn drängen, weiterzuerzählen. –

»O, mei«, fuhr er fort, »alle Jahr denk ich dran, an die Zeit vor 65 Jahren, und heut ist mir noch so hart wie damals. Heiliger Abend ist g'wesen – wie heut, und die Schneemauern sind so hoch g'wesen, daß ich mit meinen 10 Jahren kaum drüber schauen hab können. Wie wir schon neugierig g'wesen sind auf's Christkindl und wir unsere Mutter nicht mehr aus den Augen lassen haben, hat es wieder ang'fangen zu schneien, und der böhmisch Wind hat vom Buchet herunter g'faucht, daß man keinen Hund hinausjagen hätt mögen.

Da hat uns unsere Mutter – mich und meinen 8-jährigen Bruder – noch schnell mit einem Packerl Kletzen und ein paar Lebzelten ins Dorf hinunterg'schickt zur Basl. Daß sie halt auch ein Christkindl hätten von uns, von der Ödschleif, hat sie g'sagt. Ich denk mir halt, sie hat allein sein wollen, um den Christbaum noch herrichten zu können. Aber sie hätt uns halt bei dem Wetter – und noch dazu in einer Rauhnacht, wenn sowieso alle Seelen los sind – nicht wegschicken dürfen.

Ich sag euch: ein anderer Mensch bin ich damals worden, und heut geht es mir noch nach. Schon in der Öd vorne ist uns der Wind durch und durch gangen. G'froren hat es uns, daß wir am liebsten um'kehrt wären. Finster ist es schon worden. Die Holzschuhe sind voll Schnee g'wesen und die besetzten Strümpf naß und g'froren. Dabei hat es g'wachelt und g'stöbert, daß wir kaum noch den Weg g'sehen haben. Grad als wir wieder die Holzschuhe ausboußt haben, ist etwas Unglaubliches g'schehen: 50 m vor uns am Straßl beim Wendelinikreuz haben wir mit leuchtenden Konturen, gut fünfmal lebensgroß – unseren Vater g'sehen. Er hat uns zu sich hing'wunken. Obwohl wir zu Tode erschrocken g'wesen sind, sind wir langsam hingangen. Aber je näher wir ihm kommen sind, um so kleiner ist er worden, und schließlich war er ganz verschwunden. Es war wieder finster worden. Eine Weiz muß es g'wesen sein. Ihr könnt euch schon vorstellen, wie wir mit unserem Sackerl Kletzen g'laufen sind. G'froren hat uns nicht mehr, als wir bei der Basl in die Stube hinein sind. Aber käsweiß müssen wir g'wesen

sein, daß sie uns besorgt nach unserem Erlebnis gfragt hat. Wir zwei haben grad 'naus g'flennt und von dem Christbaum, der im Herrgottswinkel brannt hat, sind die Lichter hinter unseren Tränen verschwommen. Und die Basl, ein braves Weib, hat mit uns g'flennt und mehrmals ein Kreuz über uns g'schlagen und hat g'meint, daß wir nicht mehr allein heimgehen dürften. Wir haben uns nicht lange g'halten, und der Vetter hat uns begleitet bis zur Schleif hinauf.
Aber noch wilder hat es daherg'weht und der böhmisch Wind hat g'stöhnt und uns den Schnee ins G'sicht blasen. Ein großer Mann ist er g'wesen, der Vetter, und g'fürchtet hat sich der seiner Lebtag vor nichts. Mit der Sturmlatern ist er durchs Holz voraus. Auf einmal – es ist wieder beim Wendelini droben gwesen – bleibt er stehen, läßt die Latern fallen, daß es finster wird, und vor uns steht wieder der Vater – lichtumflutet, großmächtig und unbeweglich. Wir schreien in dumpfer Ahnung unser Entsetzen in die stürmische Nacht hinein, und der Wind nimmt unsere Schreie mit. »Jes, Maria und Josef« hat unser Begleiter noch sagen können, und kaum hat er die erlösenden drei heiligen Namen ausg'sprochen g'habt, da ist die Erscheinung mit einem Mal wegg'wesen.
Ich weiß nicht mehr, wie wir heimkommen sind, ohne Licht und ohne Weg. Aber der Schlag hätt uns alle bald troffen, als wir den Hang zum Bacherl hinunterg'stapft sind, und hinter unserem Fenster zwei Kerzenlichter haben flackern sehen. Der Vater war in der Schleif tödlich verunglückt. Die Arbeitskameraden hatten ihn der Mutter bracht und sind nun stumm dabeig'standen, als sie in Verzweiflung und zerbrochener Lieb das Furchtbare noch nicht fassen hat wollen und sich immer wieder über ihn g'worfen hat.
Von der Nachbarschaft sind die Leut später zum »Aufbleiben« kommen, und betet haben wir, bis uns Kindern die vor Tränen brennenden Augen zug'fallen sind. Das Christkindl hat keine Zeit mehr g'habt in dieser Nacht für uns. Mein Lieber! das sind Weihnachten g'wesen!« . . .

Nach einem schönen Blick hinaus gegen Lindbergmühle und Ludwigsthal und zurück zum Falkenstein sind wir wieder im Wald und queren bald die grüne Lichtung von Jungmaierhütte. Auch hier wirkten einst Glasmacher. Nichts ist davon übrig geblieben, doch das alte, windschiefe Bauernhäuschen vermittelt noch einen lebendigen Eindruck, wie es da heroben in der Waldeinöde einst war. Heute noch sind die Bergbauern gewohnt, mit der Einsamkeit zu leben. Schon die Kinder lernen es. Im Winter, wenn 1½ m Schnee die Wiesen und Wege decken, steigen sie früh, wenn es noch finster ist, auf die Skier und sausen den verwehten Wald hinab ins Tal zur Schule – und spät abends, wenn es schon dunkel geworden ist, kehren sie müde zurück. Sie haben kein elektrisches Licht und schon gar nicht die Annehmlichkeiten der heutigen Zeit, und trotzdem werden auch aus ihnen brauchbare, zufriedene Menschen.

Nach einer weiteren halben Stunde taucht der Herrschaftssitz Buchenau auf. Er geht auf eine 1645 von den Poschingern gegründete Glashütte zurück. Den Namen führt er seit 1855, und nicht zu Unrecht, denn auf 3 Seiten ist er von ansteigenden Buchenwäldern umgeben. Im Herbst sind die roten Berghänge eine fantastische Kulisse für die weiß gekalkten Häuser mit dem stillen, baumbeschatteten Herrschaftsgebäude und dem kuppeltürmigen Schloßgut. Buchenau ist ein idealer Ausgangspunkt für die Hochschachtentour. Immer mehr Wanderer verbringen deshalb in dem ruhigen Ort die Nacht.

Wo die stille Dorfstraße südlich des Schlosses am Bach endet, führt uns die weiß-grüne Dreiecksmarkierung weiter um den Kuppelturm des Gutes herum in eine Allee mit alten Eschen, Ahornen und Buchen. Aus dem Schatten ihrer mächtigen Kronen, an den dicken Stämmen vorbei, geht der Blick nach Westen über weite Hangweiden, auf denen heute noch die Herden stehen, und über dunkle Wälder hinaus in die Niederung von Zwiesel.

Die Markierung führt in einer Stunde, den Kleinen Regen überschreitend, hinüber nach Oberfrauenau und in weiteren 2 Stunden durch dichte Fichtenwälder empor zum Rachel. Doch dieser Aufstieg ist eintönig. Wenn wir aber nach 1½ Kilometern links in das Regental einbiegen, um über die verfallenen Hütten von Hirschbach das verlassene Forsthaus Schachten zu erreichen, haben wir den schönsten Rachelaufstieg vor uns.

Allerdings wird schon im Jahr 1980 ein weiter See das Tal ausfüllen. Viele Tausende von Bäumen sind bereits gefällt und mit Stamm und Stock entfernt. Ein 80 m hoher, aus Fels- und Erdmaterial geschütteter Staudamm, übrigens der höchste Erdstaudamm der Bundesrepublik, wird 20 Millionen Kubikmeter Wasser, welches sich in einem menschen- und siedlungsleeren Niederschlags- und Quellgebiet von 30 qkm sammelt, zurückhalten. Die Süßwassertalsperre von Frauenau wird mit reinem Trinkwasser die bisher nur von Tiefbrunnen im Gebiet der Isarmündung gespeiste Fernwasserversorgung Bayerns bereichern. Der etwa 4 km lange und fast 1 km breite, waldumgürtete Bergsee wird zwar die Ruinen von Hirschbach für immer verschlingen, aber auch, wenn einmal alle Wunden vernarbt sind, den Wäldern und Bergen ein Spiegel sein, der ihre ganze, herbe Schönheit wiedergibt. Es darf als sicher angenommen werden, daß der neue Weg – es wird hoffentlich ein Uferweg sein, noch schöner werden wird als der heutige.

Der Hauptwanderweg hat noch eine zweite Führe, die als sandige Forststraße, am Höllbach unter dem Falkenstein beginnend, kurvenreich und schier endlos durch die Wälder zieht. Keine menschliche Siedlung, kein Haus steht am Weg. Fünf Stunden weit nur Wälder und Berge, rauschende Wasser, Wolken und Himmelsblau – ein Weg, um sich sattzuwandern in Stille, Einsamkeit und Menschenferne. Er quert in einer Spitzkehre den Kleinen Deffernik, umrundet die »Goldquelle«, folgt ein Stück dem Gunthersteig ostwärts, biegt wieder nach Süden ab zum Scheuereck und zum Fahnenriegel und quert die wilden und nassen hinteren Steinschachtenhänge, um die von Buchenau heraufkommende Hochschachtenstraße aufzunehmen. Mit ihr umschlingt er umständlich den Wiesfleckriegel und zieht in die tief eingesägte Schlucht des Hirschbachs hinein, wo in der Kohlschachtenhäng der Luchs wieder, wie in alter Zeit, seiner Beute nachstellt.
Es ist für den Kompaßwanderer nicht schwierig, den weiten Bogen um den Wiesfleckriegel abzukürzen, wenn er, statt mit der Straße nach Süden einzubiegen, immer der Marschrichtung 41 folgt. Schon nach 300 m weglosen Wanderns wird er aus dem Waldgestrüpp auf den langen, nordsüdwärts ziehenden Schachten hinauskommen, den wieder ein Serpentinenweg mit der Schachtenstraße verbindet.
Von der Spitzkehre am Hirschbach zählen wir noch 1200 Schritte, bis ein Abzweiger ostwärts zum Kohlschachten hinaufführt. Eine

weiße 6 auf blauem Grund bezeichnet ihn. Er ist eine lohnende Variante, die über Kohlschachten, Latschensee, Großen Schachten ausholt und wieder in die Schachtenstraße zurückkehrt. Noch eine Stunde zieht dann der sandige Fahrweg durch die sonnigen Westflanken der Grenzberge, immer in fast 1100 m Höhe, nach Süden. Wald, soweit das Auge reicht, ohne Ende, mit wind- und schneegebrochenen Wipfeln, in Wellen über Täler und Riegel schwingend, schwarz und bunt, in der Ferne der breiten Niederungen vom Dunst und Sonnenglanz überlagert, stiller Wald, Heimat wilden, schöpfungsnahen Lebens – und darüber in Wolken und Himmelsbläue, vom Wind getragen, manchmal, klein wie ein schwarzer Punkt, ein kreisender Bussard. Stilles Waldland bis zum Überdruß umgibt uns. Und noch stiller und wilder wird es, wenn wir über dem Forsthaus Schachten, kurz nach einem Wasserlauf, den Judenweg queren und schließlich den vom böhmischen Judenwald kommenden Kleinen Regen überschreiten. Dort beginnt der fantastische Aufstieg zum Rachel.

Aber noch eine dritte Route ist möglich, die Route für Einzelgänger, für stille, besonnene Bergsteiger, denen Waldeinsamkeit, Moore und Filze, Urwald und Grenze vertraut geworden sind, die mit Karte, Kompaß und Höhenmesser umgehen können und die Sprache des Waldes und der Natur verstehen. Wer einmal diese Grenzwälder fast weglos durchstreift hat, kommt immer wieder auf diese Art des Wanderns zurück. Ganz von selbst verbietet sich dabei das laute Wort. Sogar das Knacken dürrer Äste, das Klappern von Steinen und das Rascheln des Laubes sind verpönt. Lautlos, gleich einem Schatten, huscht der gute Waldgeher durch die weltfernen, tiefsten Gründe des Gebirges, und ihre Stille und Wildheit erfassen auch ihn.
So nehme ich meist von der Höllbachau den östlichen Hauptwanderweg bis zur Spitzkehre über den Kleinen Deffernik, wo ich den bereits erwähnten historischen Bayernweg quere. Mit Marschzahl 50 folge ich weglos den sprudelnden Quellbächen, hinauf zum 400 m entfernten und 60 m höher liegenden Rindelschachten, nehme den breiten Fahrweg nach Osten bis zum Knie am Bach in der Sandelhäng. Dort drehe ich mit dem Weg nach Südosten ab und komme in eine direkt nach Süden laufende Waldstraße, die

bei Höhe 1060 auf den west-östlich ziehenden, berühmten Gunthersteig trifft. In den Karten wird er auch Böhmerweg genannt. Ihm folge ich bis zur Grenze, wo er jäh endet.
Dort lohnt sich eine lange Rast. Monatelang scheint da niemand mehr vorbeigekommen zu sein. Der klare, silberhelle Grenzbach, heute noch Marchbach oder Mahrbach genannt, rauscht sein Lied wie in grauer Zeit, und die hohen Fichten um mich herum ragen wie die Zacken einer riesigen, weiten Krone ins Licht. Über die mahnenden, warnenden Schilder, über die Trümmer der verfallenen Brücke hinweg schaue ich hinauf zum freien, sonnigen Steilhang des Gsenget, über den vor fast 1000 Jahren der Säumerweg die böhmischen Orte Staindlberg und Hohenstegen erreichte.
Und durch meine Sinne zieht jene Zeit, als hier die Mönche werkten und aus der Wildnis diesen Weg stampften, als die Säumerpferde schwer beladen hinübertrotteten nach Böhmen. Hier weiß ich mich auf den Spuren des hl. Gunther und seiner Mönche.

Er war ein Mann, der zu den Großen seiner Zeit zählte, um den sich Deutsche und Tschechen heute noch streiten, von dem sie beide behaupten, er sei einer der ihren gewesen.
Er war thüringischer Edelmann aus dem Reichsgrafengeschlecht der Schwarzburg, im Jahr der Ungarnschlacht 955 geboren. Durch seine weitverzweigte, einflußreiche Familie war er sowohl mit Heinrich II, dem Heiligen, der um das Jahr 1000 Herzog von Bayern und von 1002 – 1024 deutscher Kaiser war, wie mit König Stephan von Ungarn verwandt und mit den tschechischen Przemysliden gut befreundet. Ihm war zwar eine gute, ritterliche Erziehung zuteil geworden, er hatte aber, wie damals üblich, weder lesen noch schreiben gelernt. Von seinen slawischen Untertanen hatte er jedoch die Sprache mitbekommen, die ihm das Tor zum Ruhm öffnen sollte. Als Ritter von hoher Geburt genoß Gunther das Leben in vollen Zügen, bis das Jahr 1000 mit seinem weit verbreiteten Weltuntergangsglauben auch ihn zur Einkehr mahnte.
Es fügte sich so, daß der später – im Jahr 1131 – als erster Bayer heiliggesprochene Godehard, den Gunther schon von früher kannte, zu damaliger Zeit zum Abt des rührigen Klosters Niederalteich bestellt wurde. – Da verschenkte Gunther seinen Besitz und wurde einer seiner Mönche. Damals war der Mönchsberuf

hart und entbehrungsreich, und selbst Godehard zweifelte, ob sein adeliger Gefolgsmann endgültig die Härten und Entbehrungen des Mönchtums der Bequemlichkeit und dem Glanz des Rittertums vorziehen würde. Er riet ihm sogar ab, doch er erreichte das Gegenteil. Er schickte ihn den Winter über in die Berge, und obwohl er fast erfror, und krank zurückkam, entschied sich Gunther nur noch fester für das fromme, arbeitsame, karge Leben im Walde. 1010 kam es dann zur Klostergründung von Rinchnach.
Gunther und seine Mönche waren rast- und ruhelos. Der Kaiser unterstützte ihr Werk und schenkte ihnen Land. Das »Guntherland« umfaßte 340 qkm und erstreckte sich von der Rusel bis hinauf zum Arbersee. Als Verwandter und Vertrauter des Kaisers, wuchs er gleichzeitig in die große Politik hinein. Er wurde Berater des Kaisers, begleitete ihn zu Fürstentagen und auf Feldzügen, wirkte als Missionar, vermittelte bei den böhmischen Herzögen und gewann Ungarn für das christliche Abendland, denn er wirkte geschickt und immer wieder ausgleichend.
Aber auch er wurde schließlich von den Freunden enttäuscht. Angewidert von ihrer Hinterlist und Dummheit zog er sich 85-jährig nur noch tiefer in den Wald zurück. Bei St. Gunther drüben im Böhmischen soll er 90-jährig als Einsiedler in den Armen des Herzogs Bretislav, der gerade in diesen Wäldern jagte, gestorben sein. Das Kloster Brevnov in Prag birgt seine Gebeine.

Ich möchte noch eine ganze Weile hier bleiben, um den Gedanken an längst vergangene Zeiten und Geschehnisse nachzuhängen, die an dieser historischen, verwüsteten Grenzbrücke so deutlich werden. Aber die Sonne, die längst den Mittag überschritten hat, mahnt zum Aufbruch.
Mit leisen Schritten folge ich jetzt am Ufer des Mahrbachs der Grenze, überschreite den Großen Filzbach und nähere mich auf dem herrlich stillen Grenzweg dem Dreilinienmoos und dem Grenzmoos. Der Boden zittert unter meinen Tritten. Meine Augen sind überall. Vielfältig sind die Eindrücke, die auf mich einstürmen, und aufregend ist die Menschenferne dieser Wälder. Dunkle, moorige Wasser sprudeln, unschlüssig, ob sie sich für Bayern oder Böhmen entscheiden sollen. Die verhaltene Melodie des Waldes aus hundert feinsten Stimmen und Geräuschen geht

durch den grünen Dom, begleitet mich durch die Einsamkeit. Dann wieder rauschen Wildbäche, die Grenze nicht achtend, nach Böhmen hinunter. Über ihre feuchten Ufer neigt sich dschungelgleich und unberührt der Farn. Ich schaue hinüber in Böhmens herrliche Wälder. Tausende von himmelhohen Fichten und Tannen mit Stämmen von mehr als 1 m Durchmesser stehen am Hang. Plötzlich blinkt wie ein heller Stern, ganz nah über einem weiten Feld gebrochener Bäume, und hinter ansteigenden Wäldern, die neuzeitlich aus Aluminium erbaute tschechische Radarstation auf dem Mittagsberg (1314 m).

Rechts hinter mir, jenseits eines unberührten Waldtales, steht auf grüner Berglichtung inmitten düsterer Fichtenwälder das 1150 m hoch gelegene Schachtenhaus, ein stattlicher Holzbau, der einst zwei Familien beherbergte. Es ist seit 1950 verlassen. Nur die Bergwiesen werden von den Buchenauern noch alljährlich gemäht. Den stärkeren Windungen der Grenze folgend komme ich zum Strittigen Filz. Eine Hirschfährte läuft über die Grenze, Auerhahnlosung liegt daneben. Mein Auge sucht und sucht, aber nichts regt sich, höchstens, daß sich eine vorwitzige Meise näher heranwagt.

Wo die Grenze fast rechtwinkelig zu einem Bogen nach Osten ansetzt, verlasse ich sie und streife mit Marschrichtung 33 durch den hochgrasigen, lichten Hochwald hangabwärts direkt nach Süden. Nach 15 Minuten treffe ich, 200 m tiefer, auf eine west-östlich verlaufende einsame Forststraße, an deren östlichem Ende der klare Bergsee der Hirschbachschwelle glänzt.

Die ganze wilde Schönheit des Waldes ist in seinem ungetrübten Spiegel eingefangen. Ich sitze am Ufer und kann mich nicht sattsehen.

Wieder mahnt die wärmende, goldene Himmelsuhr zum Aufbruch. Gleich am Seeufer windet sich der grüne Steig hinauf zum Latschenfilz und zieht dann über moorige Waldgründe bis zur Höhe 1160 aufsteigend etwa 1300 m (Marschzahl: 33) südwärts bis zur westlichen Zufahrt zum Kohlschachten. In wenigen Minuten öffnet sich die weite, hochromantische Lichtung dieser einstigen Bergweide. Von 1733 bis 1961 wurde er genutzt. Heute ist, wie überall auf den Schachten, die Einsamkeit eingezogen. Hirtenfeuer und Glockengeläute – und selbst die kleine Hütte – sind für immer dahin. Nur die Erinnerung lebt noch eine Weile fort. Wie schnell sie verblaßt, zeigt, daß heute schon niemand mehr weiß, ob der Name von »kalt« – nach der kalten Quelle am Ostrand der Lichtung, oder von dem Verkohlen des gefällten Waldes kommt. Doch ist er wegen der vielen gefallenen Bergahorne und Buchen – der Bäume also, die von den Hirten Jahrhunderte hindurch als Unterstand für das Vieh gehegt wurden und deren morsche Leiber jetzt das Grün der Lichtung decken und silbergrau in Sonne und Regen modern – der schönste aller Schachten. Er ist fotografisch interessant wie kein anderer und der einzige, der nahezu eben zwischen den Wäldern liegt.

Die weiße 6 auf blauem Grund, eine Buchenauer Markierung, die vom östlichen Hauptwanderweg über 2 Schachten führt, leitet in wenigen Minuten durch stellenweise unter Wasser stehendem Wald südwärts zum Großen Schachten. Aber wenige Meter vor dieser zweiten großen Waldweide folge ich der Schneise, die links hineinführt ins schwappende, braungrundige Moor. Nach 100 m umgeben mich nur noch Latschen und Heidelbeerstauden – und wie ein dunkles urweltliches Auge tut sich schließlich tiefschwarz der Latschensee auf.

Im Herbst, wenn die Heidelbeeren, wie ein weiter, rosaroter Teppich zwischen den graugrünen Krüppelföhren prangen, liegt ein Zauber über dem Moor – eine Schönheit, die nur der echte Waldgeher zu sehen bekommt.

Hier erlebte ich einmal ein schweres Gewitter, das über das Waldgebirge zog. Auf großer Tour war ich, von Spiegelau über den Rachel, über die Schachten und den Falkenstein bis nach Eisenstein. Es war Mittag, und vor die hohen, hellen Wolkenberge des Vormittags hatten sich dunkle, drohende Gewitterwolken geschoben. Ungetrübt und märchenhaft still lag der Spiegel des Sees. Um mich herum blühten die Krüppelföhren. Ihre Zweige standen wie Kerzenleuchter mit orangefarbenen Lichtern gegen das schwarze Wasser. Der Wald und die Wolken spiegelten sich makellos rein im See. Ab und zu blubberten aus geheimnisvoller Tiefe ein paar Luftblasen zur Oberfläche und zeichneten silberhelle Kringel auf das Wasser. Selbst das kaum hörbare Klicken meiner Kamera klang fremd in dieser unverbildet reinen Natur.

Plötzlich tanzten silberne, kleine Männlein auf dem sammetdunk-

len Wasser – Regentropfen, die wie unzählige Steinwürfe den glatten Spiegel zerrissen. Wind kam auf, fuhr durch die Zweige der Latschen und trieb Wolken von Blütenstaub über See und Moor. Der Regen wurde stärker. Ein Brausen ging über die Bergwildnis. Der Wind wurde zum Sturm. Ein greller Blitz und ein Donnerschlag versetzten mich vom Märchen in die Wirklichkeit.
Nur schnell weg vom See, dachte ich, dem Wald zu und unter einen schützenden Baum! Ich zog mir den Anorak über. Wieder ein Blitz in nächster Nähe. Hier, weitab vom Weg würde mich niemand finden, wenn es mich erschlüge, also zurück zum Weg! Schnell nahm ich den Rucksack auf. Es hagelte. Im Nu war alles weiß. Die Latschen stäubten, wie ich mich durch ihre Äste drängte. Hinter mir ein Feuerschein und ein ohrenbetäubender Knall – der schlug in den See, keine 50 m von mir. Ich achtete nicht mehr auf den Morast. Bis zu den Knöcheln sank ich ein, aber ich lief, lief und war endlich wieder auf dem Hochschachtenweg. Unter einer Fichte mit bis zum Boden herabhängenden Ästen suchte ich Schutz. Sie hielt den Regen ab wie ein Zelt. Wie sicher man sich da gleich fühlt! Im Umkreis von einigen Hundert Metern bohrten sich die Blitze in den Wald. So viele Bäume hat diese Wildnis, dachte ich ängstlich, warum sollte es gerade der meinige sein? Und ich rückte so weit vom Stamm weg, als ich konnte. Um mich rauschte der Regen wie eine graue Wand und der Sturm peitschte die Bäume wie Schilf. Nahezu eine Stunde dauerte es. Bei jedem Blitz zuckte ich zusammen und zählte. Lange Zeit war ich mitten im Gewitter – einsam, verlassen und weit vom vertrauten Alltag.
Nun war also ich – der Aufgeklärte – der neuzeitlich Orientierte – selbst in die Lage gekommen, Angst haben zu müssen, und es war mir von jetzt ab leicht, zu verstehen, daß die Menschheit vor allem hier im Wald, jahrhundertelang mit absonderlichen Mitteln dem Wetter begegnete. Taufwasser – am Karsamstag geweihtes Wasser – mußte es sein, das man, um das heranziehende Gewitter zu vertreiben, gegen die dunklen Wolken versprengte. Palmbuschen und Judasstecken – auch am Karsamstag geweiht – steckten unsere Väter, und wir tun es heute noch, hinaus in die Ecken der Felder, um die in Gewitternächten die Fluren verwüstenden bösen Mächte, wie den Bilwitzschneider, abzuwehren. Hochgeweihte Kerzen, wie die schwarzen Wetterkerzen aus Altötting, entzün-

dete die Bäuerin, und das Gesinde glaubte fest an die gefahrbannende Wirkung. Die Wetterglocke wimmerte gegen den aufziehenden Sturm, und ein ganzes Dorf setzte seine Hoffnung darein. Wetterkreuze, Wetterkranzl, geweihtes Salz, besondere Gebete und Riten sollten helfen, wo der Mensch nicht mehr stark genug war.

Kaum 50 m noch, dann liegt der Große Schachten, auch Hochschachten genannt, vor mir. Ursprünglich war er mit dem Kohlschachten verbunden und mit ihm auch beweidet. Er besticht sofort durch die herrliche, weite Sicht über die zu allen Jahreszeiten anders schimmernde, sanft geneigte Wiesenfläche. Die noch gut erhaltene Hütte, in welcher der Hirt mit seiner Mutter lebte, ist verschlossen, wegen des überstehenden Daches für eine kurze Rast aber ein geeigneter Ort. Auch mächtige Fichten mit tiefhängenden, schattenspendenden, vor Regen schützenden Ästen stehen ganz nah, dazu ein klarer Waldquell – was braucht der Bergsteiger und Waldgeher sonst noch zum Glücklichsein? –
Und wenn ich dann unter den bizarren, wettergebrochenen Baumgreisen am Ostrand der Lichtung weiterwandere – jetzt wieder ohne Markierung – dann ist mir, als hätte der Herrgott selbst sich dieses Fleckchen geschaffen, um auch manchmal von seiner vielen Arbeit ausruhen zu können in diesem wunderbaren Garten.
Weiter zieht der grüne Pfad durch den moorigen Wald, aber schon nach einer halben Stunde trete ich hinaus auf die von Baumruinen gespickte Alm, früher Rengschachten genannt. Dahinter steht bereits die blaugraue Silhouette des zweigipfeligen Rachel. Diese Bergweide hatte eine Sonderstellung. Sie war eine der wenigen Almen im Bayerischen Wald und stand unter der Herrschaft des Glashüttenguts von Oberfrauenau. Hier weideten Milchkühe. Es wurden Käse und Butter bereitet. Noch heute steht die Hütte, während vom Stall gegenüber nur noch das Fundament und etliches Gebälk geblieben sind.* 1963 zog der Hirt, der auf diesem Schachten zum Senn geworden war, für immer ab. Nur noch »extreme« Wanderer finden hierher und übernachten dann und wann in dem windschiefen, baufälligen Almhäuschen, denn so eine Nacht auf einem Schachten ist von unvorstellbarem Reiz.

* 1977 endgültig abgebrochen und durch Sitzgruppe und Unterstellhütte ersetzt.

Wie die Alm, so gehörte auch der nur 10 Minuten weiter südlich gelegene Verlorene Schachten den Glashüttenherren von Frauenau. Er reicht im Osten bis an die Grenze. Auch sein altes, heruntergekommenes Hütterl mit dem durchgefaulten Schindeldach ist immer noch eine willkommene Einkehr für rauhe Waldgeher.* An Regentagen, bei Schneegestöber, in lauen Mondnächten und im tiefen Bergwinter bin ich hier schon untergestanden und hab mich geborgen gefühlt.
Einmal war ich im August mit 8 guten Bergsteigern unterwegs. Zwei davon waren Urlauber aus einer großen, westdeutschen Stadt. Alle Schönheiten des kleinen, paradiesischen Fleckchens, von der Grenze angefangen über die vielen gebrochenen Stämme, die Seegrasflächen, die knorrigen Baumriesen bis hinunter zum sprudelnden Bergbach zeigte ich ihnen. Sie waren so begeistert, daß sie nicht mehr weiterzubringen waren. Obwohl es noch früh am Nachmittag war, richteten wir uns schon für die Nacht ein.
Zuerst machten wir die Hütte sauber. Dann setzten wir mit viel Geduld und Können den durchgerosteten Herd in Schwung. Bald kräuselte aus dem Schornstein eine dünne, blaue Rauchsäule zum Himmel auf. Die einen holten Wasser vom Bach, die anderen dürres Holz aus dem Wald, nicht lange, dann dampften schon Teewasser und Suppe. – Bergsteiger kochen nicht schlecht. Jeder kramte die nahrhaftesten Zutaten aus dem Rucksack. Zum Schluß wurde unsere »Atom-Eintopf-Suppe« gehaltvoller als manch teueres Menü im besten Hotel. Wo aber gut gegessen wird, wächst die Zufriedenheit und Stimmung. Heißer Punsch und steifer Grog, nach eigenen Rezepten – und ein wenig stärker als sonst – und nicht zuletzt der bodenständige Bärwurzschnaps heizten sie nur noch an.
Als es dämmerig wurde, loderte ein fachgerecht, brandsicher angelegtes und rauchlos brennendes Lagerfeuer vor der Hütte. Wir saßen in froher Runde, sangen, tranken und erzählten, und während unsere braunen Gesichter allmählich wie die einer Horde von Räubern im Schein der Flammen leuchteten, senkte sich über Wald und Schachten langsam die Nacht. Die Einsamkeit wurde dabei noch unheimlicher. Die ersten Sterne blinkten über den

* 1977 abgebrochen und durch Hütte der WVS Frauenau ersetzt.

Baumwipfeln. Da fiel mir ein makaberes Erlebnis ein, das ich hier schon früher einmal gehabt hatte. Vielleicht ließ sich daraus heute etwas Besonderes machen . . .!
Ich war mit ein paar Kameraden schon vor Jahren einmal hier gewesen. Damals saßen wir auch vor dem Feuer. Als das Holz zuende gegangen war, holten wir neues. Ich war in eine andere Richtung gegangen als meine Freunde. Im Wald war es stockfinster. Schon wollte ich mit einem Arm voll Holz wieder zurück. Wie ich mich ahnungslos umdrehte, sah ich durch die Zweige – ganz nah – ein bleiches Gesicht. Starr vor Schreck ließ ich das Holz fallen. Eine Gänsehaut lief mir über den ganzen Körper. Ich wollte schreien, ich wollte weglaufen, aber ich konnte nicht. Wie gelähmt stand ich da. Die Vernunft sagte mir dann doch, daß es eine Täuschung sein mußte. Ich zwang mich, drauf los zu gehen. Welche Überwindung das kostete! Mindestens 20 Schritte von mir entfernt »glühte« ein faulender Baumstrunk. Jetzt war es kein Gesicht mehr, sondern einige leuchtende Stellen im feuchten Moder. Und meine Fantasie war darauf hereingefallen.
Heute nun gedachte ich, die anderen damit zu beeindrucken. Unsere Reden wurden begleitet von dem Knistern des Feuers, dessen Flammen manchmal fast 4 m hochschlugen. Wo aber Naturmenschen beisammen sind, noch dazu am Lagerfeuer in solcher Alltagsferne, da dürfen auch die »Weiz«-Geschichten nicht fehlen, da geht es auch über Dinge, die sich ein normaler Erdenbürger nicht mehr erklären kann. Jeder hatte genug aus seinem Erleben beizusteuern, und weil die beiden Stadtmenschen dabei waren, die so etwas zum ersten Mal erlebten, wurde besonders dick aufgetragen. Amüsiert, ungläubig, aber still hörten sie zu. Als auch ich meine Geschichte erzählt hatte, rief der eine: »Nu schlägt's aber dreizehn. Ist doch alles Mumpitz! Ihr könnt uns doch nicht jeden Bären aufbinden.«
Darauf hatte ich nur gewartet. Ich sprang auf, forderte den Zweifler auf, mir zu folgen – und alle schlossen sich an. Es war ein gespenstischer Zug über die nächtliche Lichtung. Als uns der Schein des Feuers nicht mehr erreichte, spürten wir erst, wie schön, aber auch wie feucht und kühl die Bergnacht um uns war. Unheimlich rauschte der Bach unter uns im Einschnitt. Durch sein Ufergestrüpp drangen wir in den Wald ein. Da sahen wir auch schon ein

Leuchten zwischen den Bäumen. Es war der leuchtende Stock. Ich erkannte ihn. Er war noch größer geworden. Alle verhielten. Obwohl sie darauf vorbereitet waren, schauderten sie. Sie hatten noch nie so etwas gesehen. Nun war auch noch der Mond aufgegangen und goß sein Licht über die Wälder und den Schachten. Wir gingen langsam auf das »Feuer« zu. Als wir direkt davor standen, legten wir die Hand in die »Glut«. Sie war kalt und feucht. . . . Diesen Abend, so erklärten die beiden Städter, würden sie in ihrem ganzen Leben nicht mehr vergessen.
Während es sich aber bei diesem Erlebnis noch um eine Erscheinung handelte, die jedem Waldgeher bekannt ist, erlebten wir gegen Mitternacht, als wir uns in der Hütte auf dem Heu schlafen legten, etwas, was wir uns heute noch nicht erklären können: Wir hörten von der nahen Grenze her einige Male ein langes, klagendes Geheul. Kam es von einem Hund, der den Rauch des Feuers witterte? Denn möglicherweise waren tschechische Grenzer unterwegs. – Doch einer von uns – er ist Jäger – deutete es als Heulen eines Wolfes. Und es war tatsächlich in der Zeit, als aus dem Nationalpark acht Wölfe entkommen waren. –

Vor einigen Jahren ging ich den Hochschachtenweg im Winter mit Skiern. Der Schnee lag $2^1/_2$ m hoch und die Bäume waren erstarrt im Rauhreif. Dazu hatte es tiefen, flaumigen Neuschnee, der alle Spuren überdeckt hatte. Nur die frischen, faustgroßen, nach Katzenart sorgsam hintereinandergesetzten Eindrücke eines Luchses führten in der Kohlschachtenhäng von Baum zu Baum und an dem zwischen hohen Schneemauern rauschenden Hirschbach entlang. Markierungen und Orientierungstafeln lagen schon teilweise unter dem Schnee. Auch von den gefallenen Bäumen auf den Schachten war nichts mehr zu sehen. Die jungen Fichten bogen sich unter der weißen Last und hatten sich in wunderliche Gestalten verwandelt. Zwischen Bären und Wölfen und anderem Getier saß eine alte Frau mit gekrümmtem Rücken, standen ein hübsches Mädchen mit Kopftuch und ähnliche Fantasiegebilde. Es schien Fasching zu sein im Bergwald. Aber die Wege waren zu und fast undurchdringlich das schneeige Dickicht.
Über den Weg zum Latschensee neigten sich die Bäume in ihren weißen Mänteln und Kaputzen wie Bettelmönche. Von den fast

Baumruinen auf Ruckowitz- und Rindelschachten

Silberdisteln

Alm mit Rachel

Rachelkapelle

Verschneiter Klingenbrunner Rachelsteig

Rachelgipfel

Racheldiensthütte

Lusen vom Hochwalddistriktsteig

Rachelsee

3 m hohen Krüppelföhren war kein einziges Zweiglein mehr sichtbar. Alles war zugedeckt von den weißen Massen. Sogar der See, dieses dunkle Auge im Moor, war nur noch eine kaum erkennbare weiße Mulde in der weiten Winterwildnis. Über den Großen Schachten trieb der Ostwind meterhoch den flimmernden Flugschnee. Die Hütte war bis zum Dach unter weißen Daunen versunken. Ich konnte mit den Skiern drüber weg steigen. Für die 2 km bis zur Alm brauchte ich 3½ Stunden. Wieder einmal, wie einst vor der Schareben, hatte ich Angst, nicht mehr herauszufinden aus dem kalten Irrgarten aus liegenden Jungbäumen, Schneelöchern, Wächten und bis zu 3 m hohen Eismauern. Am Verlorenen Schachten mußte ich durch ein schmales Schneeloch hinuntergleiten, um in die Hütte zu gelangen. Selbst im Innern lag der Schnee einen halben Meter hoch angeweht. An diesem Wintertag wurde es mir noch klarer, wie weltverloren das Hochland der Schachten ist.

Nun verlassen wir das Gebiet der Schachten, das zwei Jahrhunderte lang mit eine Grundlage der wirtschaftlichen Entwicklung des Grenzlandes war und das heute zu den einsamsten Gründen des Bayerischen Waldes zählt. Der Judenweg führt uns hinunter zum verlassenen Forsthaus Schachten. Schon kurz vor diesem – jenseits des Kleinen Regen – beginnt der großartige Aufstieg zum Rachel.
Haben wir es aber ganz eilig, so können wir auch schon in einer Stunde droben sein, wenn wir vom Ostrand des Schachtens dem romantischen aber nässetriefenden Grenzweg folgen. Dieser überschreitet schon bald den tief eingeschnittenen Kleinen Regen, der vom böhmischen Judenwald kommt. Die aus zwei Holzbohlen bestehende Brücke liegt 1080 m hoch. In 1180 m Höhe, wo bei einem kleinen Hütterl die Grenze merklich nach Südosten abschwenkt, führt mit Marschzahl 28 ein Trampelpfad rechts durch den Wald empor zum Hauptwanderweg und erreicht diesen bei 1280 m zwischen Kapelle und Gipfel. Die dortige Tafel, daß dieser Weg für Wanderer verboten ist, sollte uns keine Gewissensbisse mehr bereiten, denn schon in 20 Minuten stehen wir unter dem Gipfelkreuz des zweithöchsten Berges im Waldgebirge.

Rachel und Lusen – Pfeiler im Nationalpark

Mit dem Überschreiten des über Felsblöcke und Geröll zutalrauschenden Kleinen Regen treten wir in den »Nationalpark Bayerischer Wald« ein. Der Rachel (1453 m) setzt uns seine abweisenden, wasserzerfurchten Nordhänge entgegen. Ihr herrlicher Urwald geht jenseits der Grenze in den moorträchtigen, nassen Judenwald über. Ein düsterer und steiler Aufstieg beginnt, aber er ist unberührt vom Fremdenstrom, und seine Wildheit begeistert jeden Bergsteiger.

Der schmale, steinige Pfad, der erst spät zum Hauptwanderweg mit dem grünen Dreieck wurde, verschwindet stellenweise unter überhängenden Farnen und Berggräsern. In tiefen Karen quert er murmelnde Quellbäche, umgeht grünbemooste Felsen, läuft an ihren oft schwefelgelben Wänden entlang und überwindet in engen Serpentinen auf 3 km Entfernung 450 m Höhenunterschied. An den steilen, grasigen Hängen stehen stolz und unnahbar die wahrhaft königlichen Fichten. Klare Wasser sickern aus dem Berg. Sie sammeln sich in moorigen Becken unter Felsblöcken und Farnen, bevor sie den Weg in die weite Welt antreten. Wie Mammutzähne stechen die grauen Schäfte gebrochener Waldriesen aus dem Hang. Daneben ragen dürre Gerippe himmelhoch auf. Mit bleichen Armen greifen sie ins Leere. Andere wurden vom Sturm aus dem Boden gerissen, sind mit Wurzelstock und Erdreich in die Tiefe gestürzt, haben den Weg mitgenommen oder verlegt und klaffende Narben im Hang hinterlassen. Wurzeln längst vermoderter Bäume umfassen da und dort noch kraftlos die Felsen. Sie sind zur Wohnung geworden für das Heer der Käfer, Maden, Ameisen und Kerbtiere. Moos und Flechten haben sie angesetzt, schon sprießt wieder neues Grün aus ihrem Moder. Nur spärlich dringen die goldenen Strahlen warmen Lichtes in den Hang, denn früh schon birgt sich die Sonne hinter dem mächtig aufsteigenden Rachel.

Nach $1\frac{1}{2}$ Stunden entsteigen wir dem kühlen Labyrinth und stehen im Sattel zwischen großem und kleinem Gipfel auf dem grünen Filz der malerischen Rachelwiese. Es ist keine Wiese wie sonst eine, keine, wie wir sie aus den Tälern kennen. Der kühle Bergwind fährt in Stößen über die borstigen Gräser und fängt sich ungestüm in den tief hängenden Ästen »klassischer Biwakfichten«. Die ungefilterten Sonnenstrahlen trocknen, wärmen und bräunen. Sie öffnen die Kelche der kleinen Blüten und erwecken Fliegen, Hummeln und unscheinbare Schmetterlinge zu einem kurzen, geschäftigen Tag.

Eine Waldschneise zieht über Felsblöcke zum Gipfel hinauf; wir halten uns aber rechts davon und erreichen in wenigen Minuten das 1912 erbaute Waldschmidthaus, das uns Nachtquartier geben soll. Da das kleine Privathaus nur im Sommer bewirtschaftet ist, und auch da nicht jede Nacht, und die Unterbringungsmöglichkeiten beschränkt sind, sollten Quartiere rechtzeitig vorher bestellt werden.

Die Wirtsstube spiegelt noch die Zeit wider, aus der sie stammt. Der spärliche Schmuck, die dunklen Möbel, die Gehörne und die ausgestopften Vögel an der Wand geben ihr ein Aussehen von Wartesaal, Jagdhaus und Gaststube zugleich. Es ist halt eine einfache Unterkunftshütte, geschaffen für rauhe Bergsteiger und Wanderer ebenso wie für einkehrende Jäger, Holzhauer und Grenzer.

Der Wald und die rauhen Berge mögen schuld sein, daß da ein niederbayerisch-waldlerischer Dialekt gesprochen wird, der dem Einheimischen wie eine liebe Melodie, dem Nichtbayern aber eher wie eine besonders rauhe Form von Rätoromanisch klingt. Selbst der Berg hat einen Namen hierzulande, der sich viel lieblicher als das rauhe Wort »Rachel« aussprechen läßt. Er heißt einfach »Rahe« – »Ray« – »Reil«, und man liegt genau richtig, wenn man aus diesen 3 Wörtern etwa das »arithmetische Mittel« nimmt.

Es ist schon gut 20 Jahre her, als ich hier eines Abends mit meinem Bruder und zwei Hamburgern beisammen saß, während am Nebentisch noch Jäger und Holzhauer »eine Maß« tranken und ihre Gaudi hatten. Wohl weil der Durst nach einem heißen, arbeitsamen Tag so schön, und das Leben so zünftig war, hatten sie sich länger aufgehalten als sonst. Sie hatten noch ihre verwitterten Lodenhüte auf dem Kopf. Die Öllampe über dem Tisch erhellte nur schwach ihre braunen, bärtigen Gesichter – Licht und Schatten aber zeichneten sie noch kantiger als bei Tag. Das Bier hatte schon seine Wirkung getan. Der Diskurs ging laut über die Holzarbeit und die Jagd. Einer versuchte den anderen aufzuziehen und auszustechen. Keiner von ihnen nahm's krumm. Lachsalven dröhnten immer wieder auf, und aus den Pfeifen der Männer stieg ein Qualm, den ich nur in den Unterständen während des Krieges ähnlich erlebt hatte. Uns tränten die Augen – aber es war ihnen wirklich gut zuzuhören.

Bald waren wir alle eine einzige Runde. Die Hamburger verstanden zwar kein Wort, so spielten halt wir die »Dolmetscher«. Als die wilden Burschen gar drangingen, die schönsten Worte aus dem Waldgebirg wie »Oachkatzlschwoaf«, »Zwirnsknullerl«, »Woldkout« und andere in die Seefahrergehirne zu pflanzen, da fand das Lachen kein Ende mehr. »Ha«, rief einer der Jäger verschmitzt, »daß's eitza in da heitig'n Zeit no Mensch'n gibt, dö a Wort net nochsog'n kinnand«, und er stichelte weiter: »Dös lernt o a Papagei. Ja gibt's denn do lauter Analphabet'n, do wod's ös her sads? – Do, schnupft's a mol . . .« setzte er leiser und versöhnlich dazu, »schnupft's amol, daß enka Hirn klara wird!« Dabei knallte er ihnen lachend seine gläserne Schnupftabaksdusn auf den Tisch. Teilnahmsvoll fragte ein Holzhauer: »Warum sads na ös en Woid eina en Urlaub und net nach Italien?« Die Antwort der Hamburger war prompt und einleuchtend: »Wir haben in einer Zeitschrift gelesen, daß im Bayerischen Wald täglich mehr Öllampen aufflammen als Glühbirnen, da haben wir uns gesagt, das wäre das richtige Gebiet für uns, um Ferien zu machen.« »Host dös g'hört?« warf drauf der Holzknecht ein. »Host dös g'hört? Dös san zwoa narrsche Hundt. Mir warn frou, wenn ma an Elektrisch hättn, und dö fahr'n 1000 Kilometer weit, daß's an Öllamp'n segn.«

Mit dem Gelächter wuchs die Verbundenheit aller mit allen, und zur Bekräftigung ging das Schnupftabaksglasl rundum. Ob sie dann gefunden hätten, was sie suchten, fragte einer. »Noch vieles mehr!« versicherten sie hintergründig, »schon dieser Abend, versetzt ins Ohnsorgtheater in Hamburg, wäre ein toller Erfolg. –« Ich glaube die beiden werden diesen spontanen und echten Folkloreabend bis heute nicht vergessen haben. Wir lachten noch, als die Waldleute schwankend den Heimweg antraten und wir mit flackernden Kerzen unsere einfachen, bäuerlichen Lager aufsuchten.

Seither hat sich nicht viel geändert im Waldschmidthaus. Nur die Massenabfertigung mit Erbsensuppe und Würsteln an schönen Nachmittagen ist neu. Sie ist eine Folge der Errichtung des Nationalparks – doch davon später . . .! Denn draußen hat sich ein goldener Schimmer über Lichtung und Wald gelegt. Im Westen wird der weiße Schein des Tages schon allmählich zu einem roten Glühen. Es ist Zeit, zum Gipfel aufzusteigen, um das alte und doch ewig neue Schauspiel des Sonnenuntergangs zu bewundern.

Im Wald ist tiefe Stille. Goldenes Licht hängt bereits in den Zweigen der Fichten, und da und dort leuchten gespenstisch grell späte Sonnenkringel aus dem Dunkel, das sich unter den Bäumen breitet. Als wir den letzten Wetterfichten entsteigen, glost über uns der Felsgipfel mit dem Christuskreuz rot gegen einen tiefvioletten Himmel. Aber auch die Schau über die nicht endenwollenden Wälder, die sich vom Lusen bis zum Arber und Osser und von der Donau bis zum Kubani, und noch weiter, dehnen, ist überwältigend. Sogar die grünen Lichtungen und die Täler mit ihren Ortschaften haben ihre Farben verloren. Alles ist von rötlichem Licht überflutet, und die tiefen, dunklen Schatten dazwischen vermitteln die Illusion, als brande um uns bis an die Horizonte ein weites, geheimnisvolles Meer. Wir wissen um die Geheimnisse, die dieses Meer birgt, wir kennen das wunderbare, vielfältige Leben, das darin pulst. Und die Sonne, die all dieses Leben zeugt und erhält, nimmt in diesen Minuten Abschied, während lautlos die kühle Nacht aus den Tälern heraufsteigt und alles in den Mantel der Finsternis und des Schweigens hüllt.

Noch genießen wir die letzten Strahlen. Dann taucht der rote Feuerball schnell hinter fernem Gewölk unter. Stern um Stern flammt am Himmel auf, bis sie ihn zu Tausenden wie ein silbergewirktes Netz überziehen. Ihr matter Schimmer leuchtet uns auf dem Weg zurück.

Es ist ganz natürlich, daß das Gespräch, während wir noch ein wenig beisammen sitzen, auch auf den Nationalpark kommt, in dem wir uns jetzt befinden. Erschreckend gering sind die Kenntnisse der Anwesenden über ihn, und das wenige reicht dann von Ablehnung bis zur Begeisterung. – So habe ich es einige Male erlebt, und ich kam zur Erkenntnis, daß jeder sich erst informieren sollte, bevor er den Nationalpark besucht oder gar durchwandert. Dieses Wissen zu vermitteln, soll aber nicht Aufgabe dieses Buches sein, denn eine reiche und gute Literatur bietet sich an, von ausgewählten Fachleuten geschrieben, mit allem Für und Wider. Die Zeitschrift »Nationalpark« bringt vierteljährlich für den Naturfreund nachhaltiges Wissen und Vergnügen. Aber nicht alle Fragen werden in ihr ausgeräumt. Zu den bleibenden – und für den Wanderer: brennenden – hier ein aufrichtiges Wort!

Wie sagt Professor Dr. Haber? »Nationalparke sind wie Inseln in einem immer höher brandenden, sich immer mehr trübenden Meer der technischen Zivilisation – locken aber auch immer mehr Bewohner dieses Meeres an, auf diesen Inseln Entspannung, Ruhe, oder auch nur Kontraste zu suchen. Zu wessen Gunsten wird der Politiker bevorzugt handeln – zugunsten der Inseln oder der Besucher?« Ich glaube, daraus erklärt sich alles, was im Nationalpark geschieht, was er will – nämlich schützen und zeigen – was er tut – auch, wenn es vielen nicht paßt, – welch große Aufgabe er sich stellt. Freilich – uns »wilden Waldläufern« paßt vieles nicht.

Die Geburt des Nationalparks am 7. Oktober 1970 war eine bahnbrechende Tat, aber auch ein Schritt ins Ungewisse. Er hat in 5 Jahren die Besucherzahlen dieses Gebietes vervielfacht – eines Gebietes, das Rachel und Lusen umfaßt und im wesentlichen begrenzt ist durch den Kleinen Regen, die Flanitz, eine Linie vom Klingenbrunner Bahnhof über Spiegelau nach Mauth, den Reschbach aufwärts zum Siebensteinkopf und durch die böhmische Grenze. Die einsetzende Besucherflut war gewaltig. Worüber der »Fremdenverkehr« frohlockte, das war für den Wald tödlich. Der Strom mußte kanalisiert werden, wenn das Schlimmste verhindert werden sollte. Deshalb also die Einteilung des Nationalparks in Zonen, und daher auch die verflixten Verbote gerade der Steige, die zu den schönsten des Waldgebirges gehören, und die wir leidenschaftlichen Waldgeher nicht vergessen können. Wie notwendig diese Verbote andererseits sind, sehen wir an den freigegebenen Wegen. Bis zu 20 m breit sind sie stellenweise geworden. Ihre

grünen Ränder wurden mehr und mehr niedergetrampelt. Rollbahnen sind aus den einst verschwiegenen Waldpfaden geworden. Das Herz kann einem wehtun.
Und besieht man sich die Menschen, die den Wald überfluten, genauer, so wird man alles verstehen. Achtzig von hundert haben keine Beziehung mehr zur Natur. Sie sind halt da, weil man auch dies einmal gesehen haben sollte – man hört doch so viel heute vom Nationalpark Bayerischer Wald. Gut, wenn man da sagen kann, daß man auch schon dort war. –
Die Nationalparkverwaltung muß auch ihnen gerecht werden. Was bleibt da übrig, als immer wieder zu ermahnen – wenn das nichts nützt: zu verbieten – wenn auch das nicht fruchtet: Zäune und Pferche anzubringen, und den Wald »narrensicher« zu machen. So kommt es, daß Tausende von Tafeln die Bäume zieren, Tausende von Bänken und Abfallkörben den Wald »menschenfreundlicher« machen. Während aber die Männer vom Nationalpark sich verzweifelt gegen die tödliche Flut wehren, bauen die Politiker und Wirtschaftler breite Straßen in das Herz dieser Wälder, machen sie noch mehr zum Rummelplatz, und das Volk schreit nach noch mehr Fremdenverkehr und noch mehr Einnahme – nicht begreifend, daß durch ein Zuviel der Wert dieser Gegend langsam aber sicher wieder in Frage gestellt wird. So wird der früher so jungfräuliche Rachel- und Lusenwald trotz des Bestrebens, ihn zu schützen, trotz aller guten Absichten, langsam zur Hure, die der Freier wieder verläßt, wenn der Rausch vorüber ist.
Wo einmal Bänke und Papierkörbe stehen, ist die Ursprünglichkeit dahin. Wo Menschen gehen und lärmen, wirkt dies noch weit in die Reservatzonen hinein. Wo aber der Wald unberührt blieb, weil Verbote ihn schützen, dort ist er auch für uns, die wir ihm nie Schaden zufügten, unerreichbar geworden. Wer kann es uns, den Bergsteigern und extremen Wanderern verdenken, daß wir trotz allen Verstehens, trotzdem wir der Allgemeinheit die Schau gönnen, den Nationalpark auch mit Skepsis und Bitternis betrachten. Möge hier doch der rechte Weg gefunden werden! . . .

Bevor wir am nächsten Morgen zum Gipfel emporsteigen, folgen wir etwa 100 m in östlicher Richtung dem schmalen Korridor, den die Holzplanken freigeben, bis zu einer Felsenkanzel. Von ihr haben wir eine großartige Sicht auf den Rachelsee, der gut 300 m tiefer, wie ein waches Auge nachtblau aus dem uferlosen Wäldermeer schaut. Viele Stunden weit wellt sich das dunkle Kleid der Berge über Buckel und Kare, überspannt die Seewand, hüllt die Hänge und den Grenzkamm ein, der in der Ferne fast verschwimmend in der kahlen Kuppe des Lusen gipfelt. Bis weit nach Böhmen hinein reichen die Wälder und hinter den blauen Höhen im Osten breiten sie sich nocheinmal weiter als das Auge reicht. Das größte zusammenhängende Waldgebiet Europas liegt unter uns, ist um uns. Ein Bild der Ruhe – da unten – das zu allen Jahreszeiten, bei jedem Sonnenstand und bei jedem Wetter immer wieder andere Stimmungen und Farben zeigt.

Schon hier lockt einer der vielen verbotenen Wege. Er führt ungemein abschüssig durch Moder und Fels hinunter in den grünen Dschungel der Seewand, vorbei an einem kleinen, runden Felsensee, dessen Spiegel völlig von hellgrünen Wasserpflanzen bedeckt ist. Ist dies vielleicht gar der ehemalige, abgesoffene Stollen des Rachelbergwerks, das in der zweiten Hälfte des 16. Jahrhunderts so viele Hoffnungen geweckt und Abenteuerer, Klosterbrüder, Geldleute, Alchimisten und Scharlatane angelockt hatte? Es bedarf kaum der Erwähnung, daß keiner von ihnen fündig wurde. Zweihundert Jahre später war der Bergbau am Rachel, trotz Anwendung von »Erdspiegeln« und »Drachenblut« und anderer Wundermittel, für immer erloschen. Weder Ausdauer, noch Zauberei konnten dem Berg seine Geheimnisse entlocken.

Steigen wir einmal durch die tauglitzernden Gräser hinauf zum Kreuzfelsen! Auch er ist eine von den granitenen Steinburgen, die sich über die Baumwipfel erheben und einen beherrschenden Blick über die Täler und Berge des Waldgebirges schenken. Der Horizont ist in weite Fernen gerückt. Himmel und Berge, Wolken und Wälder können wir manchmal gar nicht mehr auseinanderhalten. Nur im Nordwesten engen die Wald- und Felsgrate des Arbermassivs die Sicht ein – links beginnend mit dem steilen Zukkerhut des Silberbergs, rechts ausschwingend im Brennessattel und überleitend zu den Osserspitzen und zum dunkleren, mächtigen Falkensteinrücken. Ihre Wälder, in denen sich Eisenstein, Ludwigsthal und Klautzenbach verbergen, sparen nur den Zwie-

seler Raum aus, erfuhren aber in Grenznähe schon seit der Further Senke keine Unterbrechung mehr. Das riesige Waldgebiet der Hochschachten, überragt von den wilden Riegeln, dem Guglhupf und der tschechischen Radarstation auf dem Mittagsberg, liegt unter uns. Die böhmischen Wälder, fast nur noch aus Hochmooren bestehend, schließen sich an. Judenwald, Großer Filz, Rachelschwelle, Rachelhaus und die Maderer Hochfläche – eine für uns unerreichbare, weite Wald- und Moorwüste – beflügeln die Fantasie. Wie mag es dort aussehen? Dort sind Jahrtausende spurlos vorübergegangen. Der tschechische Urwaldberg Kubani und der Schwarzberg, aus dessen Schoß die Moldau quillt, ragen dahinter auf. Gegen Südosten zieht sich der ungeheuere Waldrücken des Großen und Kleinen Plattenhausenriegels und des Großen und Kleinen Spitzbergs zum kahlköpfigen Lusen hinüber. Nach Süden und Westen schwingen die Wellen unzähliger Waldbuckel gegen das sonnenüberflutete Flachland aus. Nur der dunkle Eschenberg, die Oberbreitenau und die blaue Kette der Donauberge mit dem markanten Brotjacklriegel fallen besonders auf. Freilich – an klaren Tagen geht der Blick oft weit über sie hinaus in die bayerische Ebene, hinter der dann die weißen Gipfel der Alpen stehen.
Der Wald beherrscht alles, er überspannt Berge und Täler. Sogar die Talorte verbergen sich, so gut sie können, hinter ihm. Nur Zwiesel sonnt sich im weiten Wiesenrund, wo sich die Täler treffen und die beiden Regen sich vermählen.
Von Frauenau leuchten nur die Berghäuser westlich der Flanitz herauf. Es ist Ausgangspunkt des bekanntesten Rachelaufstiegs, der als Waldweg und Teil des Hauptwanderwegs über das stille, immer noch Schloßcharakter tragende Oberfrauenau, an der Poschingerhütte und am Kleinen Rachel vorbei, nach Überwindung von 800 Höhenmetern die Rachelwiese erreicht.
Im Südwesten schauen von grüner Blöße die roten Dächer des Wallfahrtsortes Klingenbrunn aus dem Wald. Dort, an der Wasserscheide zwischen Regen und Ilz, im Gasthaus Ludwigsstein, verlebte im Jahr 1876 der Dichterphilosoph Nietsche erholsame Tage. Er wurde nicht müde, die Stille und Reinheit dieser Wälder zu rühmen. Am 3/4 Stunden nördlich gelegenen Bahnhof beginnt der 700 Höhenmeter überbrückende Klingenbrunner Rachelsteig. Er folgt dem felsigen Bachbett der Flanitz und steigt dann

steil hinauf zum Waldschmidthaus. In ihn mündet auch der von Spiegelau kommende Weg, der auf breiter Fahrstraße an der Schwarzach entlang den Parkplatz Gfäll erreicht und von dort über das Schustermarterl und den Lieslbrunnen jäh emporführt.

Spiegelau, der bedeutende Erholungsort mit alter Glas- und Holzindustrie, im Gemeindeverband des viel kleineren Klingenbrunn, lugt mit der 1916 erbauten Kirche und seinen grauen Häusern über den Wald. Es verdankt seine Entstehung einer Spiegelglashütte, die um 1530 von einem Erasmus Moosburger angelegt wurde, und ist heute eines der Tore zum Nationalpark.

Die breite »Prachtstraße« zum Lusenparkplatz hoch über den Waldhäusern, die wir von hier verstreut drüben am Berghang liegen sehen, mit Anschlüssen zur Racheldiensthütte, nach St. Oswald wie nach Alt- und Neuschönau gestattet vielen Tausenden von Fahrzeugen täglich die Anfahrt.

In Spiegelau beginnt der interessante Aufstieg über den Jägerfleck und das Ochsenklavier zum Rachelsee. Wenn man aus dem saftgrünen Buchenwald hinaustritt auf den latschengrauen Föhraufilz mit der kargen Flora eines Hochmoors, ist es wie eine Begegnung mit der Urzeit pflanzlichen Lebens. Die Wasserfläche des Sees, der dieses Becken einst füllte, ist in Jahrtausenden verlandet, das dichte Geflecht zahlloser Wurzeln wurde zur tragenden, torfähnlichen Humusdecke, die sich durch immer neues Sterben der Pflanzen nach oben wölbte. Sie wurde wieder von Wurzeln durchbohrt, aber das Grundwasser blieb ihnen schließlich unerreichbar. Nur die gnügsamsten Vertreter, die vom Regen allein leben und in dem saueren Boden auch längere Zeit ohne Wasser aushalten konnten, blieben übrig. Es sind dies hauptsächlich Spirken, Latschen und verkrüppelte Moorbirken. Unter ihnen wachsen die Rauschbeeren mit ihren blauschwarzen, süßen Früchten. Rot glänzen die Moosbeeren und Preißelbeeren aus dem Grün. Fleckenweise leuchten die rosa Blütenglöckchen der Andromedaheide. Der fleischfressende Sonnentau und verschiedene Torfmoosarten breiten sich neben den weißen Wölkchen des Wollgrases. Graue Flechten überziehen alles Sterbende.

Der Name »Ochsenklavier« ist ebenso originell wie verständlich. In früheren Jahrzehnten, als noch das Vieh aus den Tälern auf die

Bergweiden getrieben wurde, führten die Wege nicht selten, wie hier, durch solche Hochmoore. Die Waldbauern legten Knüppeldämme, um dem grundlosen Boden Halt zu geben. Wenn aber die Hufe der Herden vielstimmig auf den Holzbohlen anschlugen, klang dies wie »Klaviergeklimper«. Die Hirten haben den Namen geprägt. Er wird noch lange an ihre Zeit erinnern.
Es gibt viele schöne Wege durch die uns zu Füßen liegenden Wälder. Uns interessieren vor allem die zum Teil verbotenen vier Übergänge zum Lusen und die verschwiegenen und verbotenen Pfade durch die Rachelseewand. Wenn wir sie schon nicht mehr gehen dürfen, dann sollen sie hier wenigstens aus der Erinnerung nocheinmal vielen zum Erlebnis werden.

Ich war mehr als hundertmal auf diesem Gipfel. Ich darf sagen: zu jeder Tages- und Nachtzeit und zu jeder Jahreszeit. Erst vor kurzem, an einem klaren, kalten Wintertag stieg ich mit Skiern durch $2^1/_2$ m tiefen Schnee wieder vom Waldschmidthaus zum Gipfel hinauf. Die Wetterfichten, von Schnee und Rauhreif zu wilden Gestalten verkleidet, leuchteten wie Silber über mir gegen den tiefblauen Zenit. Sie umrahmten das Kreuz, das seinerseits im Schmuck langer, silberglänzender Bärte von Rauhreif stand. Keine Spur führte hinauf. Ich war der einzige, der sich die Mühe genommen hatte, heraufzusteigen und ich war glücklich darüber.
Als ich aber einmal im Oktober mit 7 Kameraden den Berg bei Nebel und Schneesturm überschritt, mußten wir uns festhalten, um vom Wind nicht mitgenommen zu werden. Schneeschauer und Eisregen peitschten über die Felsen, und der Wind orgelte in den Verankerungsseilen des Kreuzes wie eine Schiffssirene. Da haben wir kaum gewagt, stehen zu bleiben und hinaufzuschauen zum nebelumhüllten Heiland. Selbst das Atmen fiel uns schwer bei diesem Wetter. Wir waren heilfroh, als wir die Felsen wieder hinter uns hatten.

Aber jetzt wandern wir zunächst in Richtung Rachelkapelle; erst führt der Weg nordostwärts durch windzerzaustes Krüppelholz steinig bergab, dann kommen wir, immer mehr nach Osten drehend, durch einen schwer mit der Höhenlage ringenden Hoch-

wald. Vom breit ausgeuferten, moorigen Weg zweigen bald nacheinander drei heute verbotene Waldpfade ab. Der erste in 1350 m Höhe – der ehemalige Hauptwanderweg, unmarkiert, aber an den Trittspuren noch zu erkennen – führt rechts abschüssig durch die Seewand zum See hinunter. Nach weiteren 400 Metern in 1280 m Höhe, kaum sichtbar, läuft einer fast genau nach Norden zur nahen Grenze. Er ist die kürzeste Verbindung zum Verlorenen Schachten. Seine natürliche Fortsetzung, der wasserüberspülte Grenzweg, der den tief eingesägten Kleinen Regen überquert, ist hochromantisch, aber nur mit bestem Schuhwerk zu begehen. Die Wasser kommen aus den Moorgebieten des Judenwaldes und sind oft so stark, daß sie knöcheltief über die grasigen Hänge rauschen. Wenige Meter weiter führt ein weiterer Trampelpfad ostwärts zur Grenze. Er ist der »Einstieg« in den einsamen Grenzweg zum Lusen hinüber. Dann fällt unser Hauptwanderweg mit dem grünen Dreieck steiler ab zur Rachelkapelle.
Wenn das Mittagsplatzl am Arber das schönste Fleckerl im Bayerischen Wald ist – wie ich immer behaupte – dann ist die Rachelkapelle bestimmt das zweitschönste. Sie ist mir durch viele Erlebnisse vertraut geworden. Wenn ihr auch Turmkreuz und Glocke, und zwei rauh aus Holzblöcken geschnitzte Heiligenbilder im Halbdunkel des Innenraumes das Aussehen eines Gotteshauses geben, so ist sie doch keine Kapelle im üblichen Sinn, sondern eine Notunterkunft für Wanderer in Bergnot. 1885 wurde sie errichtet.
Der Forstmeister Leithäuser, der zu Pferd in seinem Revier unterwegs war, soll sich nach der Legende im Nebel verirrt haben und in die fast unwegsame Seewand geraten sein. Das Pferd sei auf den in die Wand vorspringenden Felsen hinausgetreten und habe sich trotz Sporen und Peitsche – so erzählten es die Alten – nicht mehr von der Stelle bewegt. Als der Mann erkannt habe, daß er sich in Todesgefahr befand und nur durch eine Fügung des Allmächtigen gerettet worden war, sei er auf die Knie niedergefallen und habe gelobt, auf dem gleichen Felsen eine Zuflucht für Verirrte errichten zu lassen. Er wählte die Form einer Kapelle im Blockhausstil.
So steht sie seit fast 100 Jahren droben in der Rachelwand, abgesetzt vom Wanderweg und früher schwer zugänglich, aber als

Kleinod des Bayerischen Waldes schon seit vielen Jahrzehnten bekannt, und heute, seit Bestehen des Nationalparks, immer mehr besucht. 1945 und 1972 ist sie durch die Unvorsichtigkeit rastender Wanderer abgebrannt, aber im gleichen Stil immer wieder aufgebaut worden. Öffnet man den hölzernen Fensterladen der Kapelle, so gibt die glaslose Luke die Sicht frei über die Wipfel der Urwaldriesen, hinunter in das dunkle »Auge des Waldes«, wie der Rachelsee gern genannt wird. Seine matt schimmernde, nicht ganz 4 Hektar große Fläche ist umrahmt von herrlichem Urwald. Es ist ein überwältigender Tiefblick. Der Hauptwanderweg – hier Kapellensteig genannt, windet sich in einer weit ausgreifenden Serpentine am Rand der Seewand über Steinblöcke und zwischen mächtigen Bäumen zum Seeufer hinab.
Schon etwa 150 m nach der Kapelle kreuzen wir einen bemerkenswerten Weg. Der vom Lusen kommende, fast 4 Stunden lange Hochwalddistriktsteig mündet von links herein. Er ist einer der berühmten, stillen Waldsteige des Grenzgebirges, die heute verboten sind. Er setzt sich in einen der schönsten Bayerwaldwege, die ich kenne, quer durch das Halbrund der Seewand fort. Aber auch dieser ist verboten. Wer ihn aber einmal gegangen ist, von der Kapelle bis hinüber zum Felsensturz und hinauf zum Waldschmidthaus, der weiß, daß die Rachelseewand noch wilder ist als jene über dem Arbersee. Und der See unter ihren Abstürzen war bis vor wenigen Jahren der verträumteste unter den Bayerwaldseen. Der Blick vom Moränenwall, wo die Ohe dem See entspringt, zur hoch aufschießenden Seewand ist eine Wucht.
Heute stürmen ihn an schönen Tagen die bunt zusammengewürfelten Besuchermassen des Nationalparks und zertreten seine Ufer, daß man neuerdings Leitplanken angebracht hat, um die vernichtende Invasion einzudämmen.
Wenn aber Nebel und Wetter über die Hänge ziehen, wenn der Abend naht, – während der Nacht bis weit in den lichten Morgen hinein – im Herbst, im Winter oder im Frühling ist es um den Rachelsee noch still wie einst. Wenn ich dann am Seeufer sitze oder droben vor der Kapelle, dann ziehen Erlebnisse durch meine Erinnerung, die mich heute noch glücklich machen oder aufwühlen wie vor langer Zeit.

Schon als Bub mit 8 Jahren begann es. Damals, auf großer Tour von Passau bis Furth i. Wald, stand ich mit meinem Vater am Ufer. Die sonnige, mächtig aufsteigende Seewand, im hellen Grün des frühen Sommers, spiegelte sich so klar und tief im Grund des dunklen Wassers, daß ich den Eindruck hatte, der See sei unergründlich.

Mein Vater nährte mit Absicht meine kindliche Fantasie und erzählte mir, daß kein Fisch drinnen schwimme, weil der Seegrund direkt mit der Hölle in Verbindung sei. Da drunten sei die »böse Weklin« zuhause, die einstige Schloßherrin von Rammelsberg bei Grafenau – ein bitterböses Weib. Sie müsse noch im Tode umgehen, und wehe dem Wanderer, der ihr in die Quere komme, sei es droben in der Seewand oder beim Baden herunten im See. Sie führe ihn in die Irre oder ersäufe ihn sogar, und ihr boshaftes Gelächter erfülle dann gellend den Wald. Auch der Wassermann sei schon oft gesehen worden, mit grünem Mantel und einem Bart aus Binsen und Tang, und wieviele verwunschene Seelen der See berge, hätte noch gar keiner ergründen können. Tatsache sei, daß in sternklaren, kühlen Nächten die Seeweiber in langen Schleiern aus dem Wasser aufsteigen und ihre wilden Reigen tanzen bis der erste Morgenstrahl sie wieder in die schwarze Tiefe bannt. –

Für mich hatte deshalb schon damals der See etwas knisternd Geheimnisvolles. Weniger mit den Augen hatte ich sein Bild erfaßt, als mit dem Gemüt und mit einer regen Fantasie. Ich war begeistert und entdeckte schnell meine Liebe zu ihm. Er hat sie mir reich vergolten. –

Mit 16 Jahren verlebte ich einmal in den großen Ferien mit meinem Bruder und einem Vetter 3½ Wochen im Biwak in der Rachelseewand. Dies wurde zu einer meiner lebendigsten Jugenderinnerungen. Wo der Urwald am schönsten ist, und die Felsen am wildesten aufsteigen, hatten wir uns mit alten Zeltplanen, mit Schmielgras und Zweigen unter einem Überhang das Lager gebaut. Es war so kühn und versteckt droben in den Felsen, daß es wohl bis heute niemand gefunden hätte. Wir kochten selbst. Es gab Grießbrei, Suppe und Tee. Tagsüber ließen wir meist alles im Versteck zurück und streiften durch die Wälder bis hinüber zum Lusen oder zu den damals noch beweideten Schachten. Manchmal lagen wir auch auf einer Felsplatte hoch über den Baumwipfeln in

der Sonne, wenn wir nicht gerade im See badeten. Abends, wenn hinter dem Rachel der Tag verglühte, schauten wir sinnend hinaus in das rot leuchtende Land – und es war uns immer, als kehrte sich in dieser Stunde das Innerste unserer Seele nach außen.
Nicht immer schien uns die Sonne. Auch Gewitter und Landregen gingen in diesen 25 Tagen über den Rachel hinweg, und der Wind wehte die Regentropfen manchmal unter das Felsendach auf das Zelt. Die Nässe zog überall durch. Es wurde empfindlich kalt. Nach einer frostkühlen Nacht, wußten wir nichts besseres, um wieder warm zu werden, als hinauszuschwimmen in den kalten See. Er war immer noch wärmer als unsere nassen Kleider. Aber vertreiben ließen wir uns nicht.
An einem regenfeuchten Abend zupfte plötzlich etwas an unserem Zelt. Wir waren über alle Maßen erstaunt, als ein Igel unter der Plane durchkam. Er zählte uns also auch zur Natur. Zum Dank bekam er nun täglich auch seinen Grießbrei. –
Es war etwa 8 Jahre später. Man schrieb das Jahr 1939, als ich im Hochsommer mit meinem Bruder nochmals 8 Tage in der Rachelseewand im Biwak lag. Unser Felsennest war noch unberührt. Es bot Platz für ein modernes, federleichtes Viererzelt, das wir uns damals zugelegt hatten und das unser ganzer Stolz war. Während eine hektische Welt, die anscheinend nur noch in Sieg oder Untergang denken konnte, schon im Fieber lag, verlebten wir hier in Einsamkeit und Stille noch glückliche Tage.
Eines Abends saßen wir beide auf einem halbvermoderten Baumstamm drunten am Seeufer und genossen die letzte Sonne und die klare Sicht über die Seefläche, welche, von keinem Lufthauch getrübt, die leuchtend grüne Seewand in unbeschreiblicher Reinheit spiegelte. Aus der Stille des Waldes kam plötzlich ein Wanderer mit großem Rucksack auf uns zu, während seine Begleiterin dort, wo der Weg von der Racheldiensthütte heraufkommt, wartete. Er fragte nach dem Weg zum Waldschmidthaus. Seiner Aussprache nach mußte er Hannoveraner sein. Bis zum Hohenbogen hinauf wollten sie wandern, eine ganze Woche hätten sie noch Zeit, erfuhren wir. Er machte Eindruck auf uns. Wir erklärten ihm die verschiedenen Wege und boten uns an, ein Stück mitzugehen, denn wir mußten ja auch hinauf ins Zelt.
Erfreut rief er seine Begleiterin heran. Sie näherte sich mit natür-

licher Anmut. Da stutzte sie einen kleinen Augenblick. Ihr Blick traf mich. Mir drohte das Herz stillzustehen. Träumte ich, oder war es Wirklichkeit? Vor mir stand Marina, das süße Landjahrmädel vom Hohenbogen. Ich hätte schreien mögen vor Freude. Aber unauffällig hob sie den Finger zum Mund. Ich verstand sofort. Wir begrüßten uns wie Fremde. Aber mein Herz klopfte, und an ihren Blicken sah ich, daß es nicht nur mir so erging.
Der Fremde war begeistert von dieser Landschaft. Er sagte: »Als meine Freundin, die ihr Landjahr in dieser Gegend leistete, mir vorschwärmte vom Bayerischen Wald, war ich erst sehr skeptisch, aber ich finde, daß es hier noch schöner ist, als man dies schildern kann.« Und nach einer kleinen Pause fuhr er fort: »Ich bin schon viel gewandert, aber nirgends gefiel es mir noch so gut wie hier.«
Es war schon spät, als wir den Kapellenweg hinaufstiegen. Während mein Bruder mit dem Fremden vorausging und mit ihm sprach, half ich Marina über die gröbsten Steinblöcke hinweg. Wir hatten uns so viel zu erzählen. An der Kapelle war es fast schon finster. Wir luden die beiden ein, mit uns im Zelt zu schlafen. Sie waren gut ausgerüstet und willigten ein. Der schwierige Weg durch die nächtliche Seewand über Moder und Felsen hätte ihren Begleiter beinahe noch abgeschreckt, aber Marina fand alles »wahnsinnig romantisch und aufregend«.
Wir saßen diese Nacht noch lange auf dem bemoosten Fels vor dem Zelt, während die Sterne durch das Blätterdach eines riesigen Bergahorns funkelten. Bei »heißem Grog«, der in der Hauptsache aus Rum bestand, wurden wir Freunde – soweit dies noch erforderlich war. Für Marina und mich war alles wie ein schöner Traum. Die beiden anderen waren und blieben ahnungslos.
Am nächsten Tag begleiteten wir die beiden über den Rachel bis vor Frauenau. Bevor wir uns verabschiedeten, versprach ich Marina, sie später einmal zu besuchen. Sie nickte und lächelte.
Einen Monat später war Krieg. Als ich nach Jahren – als Soldat – zufällig einmal nach Hannover kam und nach ihr forschte, erfuhr ich, daß sie bei einem Bombenangriff ums Leben gekommen war.

Viele Jahre waren vergangen. Krieg und Gefangenschaft lagen hinter mir. Da spürte ich, obwohl Winter war, nach langer Ent-

Winterwald am Rachel – voll Stille und Schönheit

Hirtenhütte

Berghütten versinken unter dem Schnee . . .

Lusenschutzhaus

König Winter

Aber der Wald lebt . . .

Krippe im Wald

Der Eiserne Vorhang teilt Wälder und Moore am Lusen

behrung unwiderstehlich den Drang, nach gewohnter Art wieder einmal die Heimat zu erleben. Da aber auf den Bergen gut 2 m Schnee lagen, versuchte ich mit meinen alten, treuen aber schon gebrechlichen Skiern, die ein Jahrzehnt untätig und verstaubt in einer Ecke gelegen hatten, das Waldgebirge zu durchwandern. Ich begann in Waldhäuser. Gerade daß ich noch den Lusengipfel besteigen konnte, dann setzte ein Schneesturm ein, der 4 Tage und Nächte anhielt und einen Meter Neuschnee brachte. Während der ganzen Zeit saß ich in einer kleinen Pension in Waldhäuser fest und beobachtete Wetter, Wind und Wachsen der Schneeberge vor dem Fenster. Dann hörte eines Abends der Flockenwirbel auf. Die Sicht wurde so klar und der Rachel schien so nah, daß ich mich entschloß, am nächsten Morgen aufzubrechen.
Über die Oswalder Diensthütte wanderte ich also im grundlosen Neuschnee dem Rachelsee zu. Die Fichten neigten sich unter den weißen Lasten, und kein Weg war mehr zu sehen. So kam ich vorzeitig links von der Richtung ab und gelangte ungewollt in das »alte Bett« des Bergsees. Bald wußte ich nicht mehr, wo ich war. Über Felsen, Bäume und Schluchten wölbte sich die weiße Fülle des Winters. Ich versuchte zwar geradeaus in die Richtung zu gehen, wo der See nach meiner Meinung liegen mußte, doch zwangen mich zahllose Hindernisse immer wieder zu Umwegen. Der Himmel war blauschwarz geworden. Die Wolken hingen tief und hüllten die Grate ein. Eine unheimliche Stille war im Wald. Das verhieß nichts Gutes.
Unbeirrt stapfte ich durch die Einsamkeit, doch ich fand den See nicht. Es fing wieder leicht zu schneien an, große, nasse Flocken, und von Süden her kam ein ungestümer, warmfeuchter Wind auf. Ich mochte schon eine volle Stunde gesucht haben, da erblickte ich von etwas erhöhtem Stand unter mir eine Skispur. Das mußte der Weg sein! Ich hatte ihn also doch noch gefunden. Mit neuem Mut glitt ich hinunter und folgte den noch ziemlich frischen Eindrükken.
Bald traute ich meinen Sinnen nicht mehr. Das alles am Weg hatte ich ja heute schon einmal gesehen. Nun wußte ich, daß ich wieder auf meiner eigenen Spur war. Ich mußte im Kreis gegangen sein. Ganz scheuchtsam war mir zumute. War ich auf eine »Irrwurz« getreten? Oder hatte mich gar die böse Weklin in die Irre geführt?

Ich wartete nur noch auf ihr höhnendes Gelächter. Es blieb aus. Vielleicht wäre es aber gar nicht mehr zu hören gewesen, denn der Wind rauschte nun schon in den schneeträchtigen Wäldern, die an allen Seiten bis in die Wolken aufstiegen, als ginge die Welt unter. Was tun?
Ich lief auf der eigenen Fährte zurück zum »Roßstall« und fand schließlich doch noch zwischen den Moränenwällen den Aufstieg zum See. Sein meterdick zugefrorener Spiegel war tief verschneit. Ganz naß und schwer fielen nun die Flocken. Sie klebten an Gesicht und Anorak. Um so bald als möglich den Rachel hinter mir zu haben, stieg ich ohne Rast über den Kapellensteig auf. Er wurde zum Kreuzweg.
Jetzt regnete es schon in Strömen. Der Föhnsturm fuhr mit aller Macht in das verschneite Geäst der Bäume. Die weißen Lasten auf den Zweigen waren schwer geworden. Gipfel und Äste brachen, daß es nur so krachte. Die Bretter an den Füßen brachte ich kaum noch aus dem tiefen Pappschnee. Die Bäume schüttelten ihre schweren Joche auf mich herunter. Ich war bald naß bis auf die Haut. Endlich stand ich vor der Rachelkapelle. Die Türe war zugeschneit bis oben hinauf. Auf dem Dach lag ein Schneepolster von $1^1/_2$ m Mächtigkeit. Zu allem Unglück riß auch noch die altersschwache Skibindung. Ihre abgestockten Lederriemen gingen auseinander wie Zunder. Ich konnte sie nicht mehr flicken. Und das Wetter fegte gleich einem Wintergewitter tosend durch den Wald. Mit jedem Schritt sank ich tief – manchmal bis zu den Hüften – in den Schnee.
Eines stand fest: auf den Rachel mußte ich verzichten. Ich durfte froh sein, wenn mir die Kraft blieb, um heil das Tal zu erreichen. So schulterte ich zum Rucksack noch die Skier und Stöcke und kämpfte mich 5 Stunden lang über die Racheldiensthütte durch bis Spiegelau. Es war finstere Nacht, als ich dort ankam. Im Gasthaus an der Eisenbahn, beim alten Genosko, fiel ich völlig entkräftet und durchnäßt zur Tür hinein und hatte nur noch den Wunsch zu schlafen. Erst am anderen Tag erzählte ich den Wirtsleuten mein Erlebnis. Sie konnten nicht verstehen, daß einer bei einem solchen Wetter und zu so ungewöhnlicher Jahreszeit da droben im Wald herumläuft. . . .
Und nocheinmal standen dieses Wirtshaus und die Rachelkapelle

im Mittelpunkt des Walderlebens. Es war am 6. Oktober 1974. Seit dem 22. September lag schon Schnee auf den Bergen. Von Spiegelau brach ich mit 7 Bergkameraden auf zu einer zweitägigen Tour über Lusen, Rachel und Falkenstein. Der gemütliche Wirt machte uns noch aufmerksam, daß droben schon Schnee liege und daß das Waldschmidthaus geschlossen sei. Wir lachten nur, denn wir hatten Schlafsäcke dabei und wollten in der Hirtenhütte am Verlorenen Schachten nächtigen. Zu ihm sagten wir aber, daß wir irgendwo draußen im Wald schlafen wollten. Seine letzten Worte waren: »Do khischt's enk o«, was so viel bedeutete wie: »da erfriert ihr ja«.

Von den Waldhäusern stiegen wir zum Lusen auf. Ein eiskalter Wind blies über die Granitblöcke des Gipfels. Am blauen Himmel jagten schwarze Wolkenbänke dahin und Schneeschauer gingen in ihrem Gefolge auf die Bergwälder nieder. Auf dem Hochwalddistriktsteig wanderten wir in knöcheltiefem Schnee fast 4 Stunden nach Norden, dem Rachel zu. Als wir uns schon der Kapelle näherten, versank die Sonne glühend rot im Westen hinter einer Wolkenwand. Es wurde auffallend schnell dunkel. Eine schwarze Wetterfront schob sich heran. Noch vor der Kapelle brach ein Schneesturm los, der das letzte Tageslicht verschlang und uns alle Sicht nahm.

Wie sollten wir in der Dunkelheit und bei diesem Wetter auf dem schwierigen und nassen Grenzweg hinüberfinden zum Verlorenen Schachten? Wir versuchten es zwar, gaben aber schon bald auf, denn wir sahen die Hand vor den Augen nicht mehr. Da half nur eins: Zurück zur Kapelle! Auch sie war schwer zu finden, aber sie gab uns endlich – wie es ihre Bestimmung ist – Geborgenheit in Bergnot.

Bei Kerzenschein aßen wir zu Abend – rauhe Bergkameraden, dick vermummt gegen die Kälte, die durch alle Ritzen drang. Schneeschauer rieselten gegen die hölzernen Läden, das Rauschen des Windes füllte den nächtlichen Wald. Er fauchte um die Kapelle und blies durch die Klumsen, daß das Licht flackerte. Wir aber erzählten bei saftigem Räucherschinken und zwei großen Flaschen Bärwurzschnaps von unseren mannigfachen Erlebnissen in den Bergen, von der wilden Jagd, von Rauhnächten und allerlei seltsamen Begebenheiten, die es in solchen Nächten heroben im

Bergwald noch gibt, die sich keiner erklären kann, und von denen die alten Leute noch viel zu erzählen wissen.
Als es dann zum Schlafen ging, lagen zwei auf den Bänken links und rechts, die übrigen sechs teilten sich den Fußboden, wobei ich zusammengerollt in der Rundung der »Apsis« unter den geschnitzten Bildstöckln zu liegen kam. Dieser Ehrenplatz bedeutete 9 Stunden auf einer Seite, denn zum Umdrehen war zu wenig Platz. Bald übertönte das Schnarchen der Kameraden das Fauchen des Sturms. Da fiel auch ich in einen traumlosen, tiefen Schlaf.

Während der letzten Eiszeit vor 10000 Jahren hat auch der Rachelsee sein endgültiges Gesicht erhalten. Wie alle Seen des Bayerischen Waldes so wird auch er einmal verlanden, denn alles, was Wind und Wetter ihm zuführen, nimmt er geduldig auf, seien es im Herbst die zahllosen Blätter der Buchen, die die Ufer rot färben, seien es Sand und Humus, welche die aus der Seewand zutalrauschenden Wildwasser mitbringen, seien es die verwesenden Baumleichen, die seine Ränder säumen. Alles wird zu guter Letzt zu Schlick, Schlamm und – Land. 14 Meter ist er noch tief. Wenn sich auch noch kein Schwimmrasen ansetzen konnte, so kann man sich doch fast schon ausrechnen, wann auch dieser See zum Moor geworden ist.
In diesem Kessel spricht die Natur wie ein Buch zu uns. Sie offenbart uns das Geschehen einer Zeit, die wir uns nur schwer vorstellen können. Die zahlreichen, von der Nationalparkverwaltung aufgestellten Holztafeln unterrichten uns über alles Interessante in diesem Raum, über Urwald, Pflanzen-, Tier- und Vogelwelt und die geologischen und erdgeschichtlichen Merkwürdigkeiten, die offen zutage liegen, an denen aber früher so viele achtlos vorbeigingen. Welcher Fremde erkannte schon die vom See abfallenden »Schutthänge« als Moränen des eiszeitlichen Gletschers, der einst seine Zunge bis zum sogenannten »Roßstall« vorgeschoben hatte. Der Weg da hinunter ist heute als Eiszeitlehrpfad ausgestaltet.
Beim Roßstall beginnt mit Überschreiten des Seebachs der Abstieg nach Spiegelau über den Föhraufilz. Links führt uns das grüne Dreieck hinaus zur Rachel- oder Oswalder Diensthütte.

Dort zeigt uns der »Ray« nocheinmal all seinen Charme. Wie ein Lebkuchenhäuschen spiegelt sich das alte, wettergegerbte, waldumrauschte Holzhaus mit den 3 riesenhaften Tannen im schwarzen Schwellteich der Schachtenbachklause.
Die historisch gewordenen Holzhäuser waren hundert Jahre lang ein Zentrum für die Waldwirtschaft. Nur wenige Wanderer wissen, mit welchen Mitteln, mit welcher Findigkeit die entlegenen Wälder einst nutzbar gemacht wurden. Im Sommer und Winter wurde gearbeitet. Die Holzhauer nächtigten anfangs meist stundenweit entfernt von ihren Talorten droben im Wald in selbstgebauten, primitiven, rindengedeckten Holzhütten. In der zweiten Hälfte des vorigen Jahrhunderts diente dann schon die Diensthütte diesem Zweck. Wege und Ziehbahnen wurden angelegt. Mit Schlitten, die von kräftigen Hunden hinaufgezogen und schwerbeladen und gefährlich von den Holzknechten auf verschneiten abschüssigen Wegen zum Lagerplatz hinuntergesteuert wurden, verrichteten sie die Vorarbeit.
Der Rachelsee lieferte ebenso sein Wasser zum Triften wie die vielen Bäche, die vom Grenzkamm kommen. Kanäle wurden angelegt, die quer durch die Bergflanken gingen. Bach- und Flußsysteme wurden so miteinander verbunden. Die Schachtenbachklause konnte ihr Wasser dem Seebach ebenso zuführen wie ostwärts der Tiefen Seige mit ihren Nebenbächen. Die verbindenden Kanäle sind heute noch zu sehen.
Was das Wasser nicht schaffte, das rissen und zogen die Pferde im Sommer auf ausgewaschenen Fuhrwegen ins Tal. Die Langholzfuhrwerke mit dem »Stoarzführer« am Schluß gehörten noch in jüngster Zeit zum alltäglichen Bild in den tiefer gelegenen Wäldern. Rauhe Manieren, harte, gefährliche Arbeit, Flüche und Gebete bei kargen Mahlzeiten, das war das Leben der Holz- und Fuhrknechte.
Keinesfalls darf aber hier die wohl einmalige Spiegelauer Waldbahn vergessen werden, die mit mehr als 100 Kilometern Gleislänge als Schmalspurbahn mit kohlegefeuerten Lokomotiven durch den unteren Rachelwald bis hinüber zum Lusen und nach Finsterau fuhr und unzählige Holztransporte ins Tal holte. Heute finden wir noch die Bahndämme, die meist zu Wegen geworden sind, und die der Waldgeher sofort als Zeugen eines vergangenen

Jahrhunderts erkennt, das wohl eine nie wiederkehrende Blüte der Waldwirtschaft brachte. Die Racheldiensthütte war Mittelpunkt dieses Geschehens.
Als ich 1923 dort zum ersten Mal übernachtete, stiegen wir über eine Leiter in eine Luke unter dem Dachgiebel und schliefen im Heu. 1924 kam dann eine Touristenunterkunft dazu. Fast 50 Jahre war sie ein stiller, verträumter Rastplatz für Wanderer auf großer Tour. Heute nimmt ein großer Parkplatz, nur 100 m unterhalb der Hütte, mehr als 100 Fahrzeuge auf, und gut ein halbes Tausend Menschen ergießt sich an schönen Tagen in diese idyllische Landschaft. Es ist kaum zu übersehen: Wir sind auch hier im Nationalpark, mit all seinen Segnungen und Konsequenzen.

Fast in gerader Richtung und nahezu eben führt der Hauptwanderweg durch den Wald weiter bis zur langen Schlucht, wo er den rauschenden Schreyerbach quert. Dort gabelt er sich, schickt einen Zweig hinauf zur Martinsklause und zum Teufelsloch, einen anderen hinab zur Fredenbrücke, an der Kleinen Ohe, und nach Waldhäuser.
Dieses von weitem schon am Lusenhang sichtbare, seltsamste Dorf des Bayerischen Waldes, das sich von 850 m – 1050 m Höhe erstreckt, ist heute nicht nur ein gefragter Fremdenverkehrsort, es ist auch Wahlheimat einiger namhafter Künstler geworden. Hier verstarb 1950 der bekannte »Lusenmaler« Reinhold Koeppel, von dem das bemerkenswerte Altarbild »Maria im Wald« in der 1928 erbauten Kapelle stammt. Die dargestellten hl. Personen tragen die Züge ehemaliger Dorfbewohner.
Die Siedlung Waldhäuser ist eine interessante Gründung der Stadt Grafenau. Schon im 14. Jahrhundert zogen auf der sogenannten »Guldenstraße« – dem heutigen Böhmerweg – die Salzsäumer hinüber nach Bergreichenstein in Böhmen. Es war ein gar unwirtliches Stück Weg hinauf über das Gebirge, an den »Blauen Säulen« – Grenzsteinen aus früheren Jahrhunderten – vorbei und durch das Moorgebiet des Lusenbaches bis Pürstling und Maader. Nichts als Wälder und Moore, und das alles in 1200 m Höhe, wo es 8 Monate Winter ist und das übrige Jahr kalt!
Weil aber für die Grafenauer der Salzhandel einst das »halbe Leben« bedeutete, fühlten sie sich auch in der Schuld der Säumer.

Um 1611 bauten sie ihnen droben im Wald, nahe der Grenze, ein Rasthaus. Es war das »Obere Waldhaus«. Bald kam noch ein »Unteres« dazu, und 25 Jahre später bestand der Ort schon aus 7 Waldhäusern.
Einige dieser alten Holzbauten stehen heute noch. Der berühmte Ameishof wurde zur Jugendherberge. – Der Blick über ihn und über die malerisch verstreuten Höfe hinweg zum Rachel ist wunderschön, ganz besonders, wenn die Bergwiesen im Frühjahr im Schmuck von Millionen gelber Löwenzahnblüten prangen. Das düstere Blauschwarz der Rachelwälder hinter den dottergelben Hängen strahlt dann eine Ruhe aus, die auch durch den in dieser Höhe immer lebendigen Wind und die rasch ziehenden Wolken nicht beeinträchtigt wird. Gehörten die Bewohner, da heroben »unter dem Schnee«, einst zu den Ärmsten der Armen, so träumt heute sogar mancher Reiche aus der Stadt von einer Zweitwohnung in dieser landschaftlich so herrlichen Berggemeinde.

Der restliche Aufstieg zum Lusen über den Aussichtsfelsen des Waldhäuserriegels, oder gleich auf der breiten Straße bis zur Waldhausreibe und weiter über den Winterweg (oder Finsterauer Steig) ist ein Spaziergang. Er bringt uns auf einen der interessantesten und merkwürdigsten Berggipfel des Gebirges. Ein von links sprudelnder, gefaßter Bergquell, der von rechts einmündende Weg von Mauth, eine starke Linkskehre und dann das von rechts oben grüßende Lusenschutzhaus sind die Merkmale dieses gemächlichen Weges. Hinter dem 1938 an Stelle einer abgebrannten, hölzernen Unterkunftshütte errichteten Waldvereinshaus steigt der eigenartige Gipfel auf. Ganz anders sieht er aus als die Häupter der übrigen Bayerwaldberge. Eine aus ungezählten Granitblöcken aufgetürmte, oben flache Pyramide erhebt sich hoch über das Wäldermeer, das den Berg auf allen Seiten umgibt. Ein paar kümmernde Fichten und Ebereschen und das in 1373 m Höhe ragende Holzkreuz krönen die Steinpyramide. Latschen und Moose »kriechen« am Osthang um die Blöcke und leiten über zu herrlichen, unberührten Wäldern. Die Felsentrümmer sind überzogen von der leuchtend gelben und grünen Schwefelflechte.
Unter den Gedanken, die uns hier heroben – hoch über den Wald-

tälern bestürmen, steht auch die Frage nach der Entstehung des Gipfels. Er dürfte das Werk von 6 Eiszeiten sein, die in 600000 Jahren mit Eis und Schnee, Wärme, Regengüssen und langen Frostperioden über das Urgebirge hinweggingen. Das Eis schrammte die Erde vom Fels, – Wärme, Wasser und Frost zertrümmerten das Gestein, Regengüsse und Schmelzwasser schwemmten die Risse aus. Verwitterung – dieses Wort sagt eigentlich alles, Verwitterung in allen Formen, die 600 Jahrtausende brachten.

Aber der Waldler erzählt es seinen Kindern anders. Und als ich mit 8 Jahren – zum ersten Mal auf großer Wanderung von Passau nach Furth – mit meinem Vater auf den Lusenblöcken stand, da nahm er mich beiseite, zog an der Pfeife und erklärte es mir so: »Weißt Bub«, sagte er, »da ist der Spirifankerl einmal drüben gewesen im Böhmischen und hat halt auch dort wieder eins von seinen Schandstückln gedreht. Der Lohn dafür war eine Kirm (Kiepe = Buckelkorb) voll Gold, die er auf dem Rücken trug. Damit ist er über 's Grenzgebirg wieder herübergeflogen ins Bayerische. Zu damaliger Zeit waren die Waldbauern gerade dabei, auf dem Lusengipfel eine Kirche zu errichten. Der Teufel kam vorbei, wollte sich das Werk anschauen und flog drum herum. Aber da läutete es in Mauth drunten den Engel des Herrn – und beim Klang der geweihten Glocken ist der »Gottseibeiuns« so sehr erschrocken, daß ihm die Kirm mit dem Gold herunterfiel und justament auf die Kirche drauf. Die Kirche hat es zerschlagen. Die Steine sieht man noch, und das Gold liegt unten drunter.«

»Und wenn du einmal groß bist«, so setzte er lächelnd hinzu, »dann gehst du her zum Lusengipfel und räumst die Steine weg, vielleicht findest du dann den Goldschatz.« – Nun, ich habe es nie versucht . . ., ich bin auch ohne das Gold des Teufels durch das Leben gekommen – aber der Lusen und seine Landschaft haben mir viel Freude geschenkt.

Wenn aber abends die Dunkelheit schon in die waldigen Täler kriecht, steht oft der absonderliche Steingipfel noch lange in der Sonne. Sein Blockmeer sieht dann aus wie ein einziger, leuchtender, kahler Felsen und sein grünlich-goldenes Leuchten geht weit übers Land. Dann bleiben die Leute nicht selten vor ihren Hütten stehen und deuten hinauf, und sie rufen sich zu: »Da schau nauf,

wie heut wieder das Gold des Teufels glänzt.« Doch der goldene Glanz ist nur letztes Sonnenlicht auf der Schwefelflechte, die die Steine überzieht.
Wertvoller als das sagenhafte Gold unter den Felsblöcken scheint uns der unbeschreibliche Blick über das Wäldermeer, das sich auch hier bis zu den Horizonten spannt, und nur von wenigen Lichtungen unterbrochen wird. Noch eindrucksvoller als vom Rachel ist die gewaltige Schau über den Wald. Zwar erscheint alles flacher als von den übrigen Bergen, aber wir sollten bedenken, daß in diesem Teil des Gebirges schon die Täler 800 – 1000 m hoch liegen.
Es ist ein rauhes Land, das uns zu Füßen liegt. Schneereich im Winter und kühl im Sommer. Ungebändigte Wasser rauschen talwärts über Moos und Fels. Voll tiefer Melancholie und brütender Stille sind die großen Moore und Filze, in die sich nur selten ein Wanderer wagt. Wie Fremdkörper leuchten die grünen Blößen herauf. Unheimlich sind die finsteren Wälder, die im Norden Moorberg und Steinfleckberg einhüllen. Fast erschaudern läßt uns das große Moor am Lusenbach, das sich lichtgrün von den Blauen Säulen bis zum tschechischen Grenzposten Pürstling erstreckt. Es ist noch so gut wie unberührt von den Menschen. Wie um die Zeitenwende, so blubbern auch heute noch die Sumpfgase aus feuchter Tiefe und ungezählte Generationen von Pflanzen und Tieren haben dort ungesehen vom Menschen geblüht und gelebt.
Blick und Gedanken suchen Halt am fernen Urwaldberg Kubani in Böhmen, an den schwarzen Waldrücken des Plattenhausenriegels und des Spitzbergs, am blauen Rachel im Nordwesten und am düsteren Dreisesselgebirge im Südosten. Wir suchen ein Ufer für das dunkle Meer unter uns, und wenn es nur die Trennlinie zwischen Himmel und Erde ist, die zwar noch kein Ende bedeutet, aber wenigstens dem Auge schmeichelt und den Gedanken Ruhe gönnt.
Dann schauen wir nach Süden über sonnenüberflutetes, welliges Land. Jenseits der Donauberge dehnt sich die Bayerische Hochebene. Gewaltig erscheint dahinter an föhnigen Tagen die gezackte Mauer der Alpen, deren firnbedeckte Gipfel über rund 200 Kilometer herüberblenden. So gewaltig ist an manchen Tagen die Fernsicht, daß wir einfach hinwegsehen über die spärlichen Sied-

lungen, die aus dem Finsterauer Winkel heraufleuchten. Es sind die weltentlegenen, erst spät gegründeten Straßendörfer von Heinrichsbrunn, Höhenröhren und Zwölfhäuser. Das zersiedelte Hügelland um St. Oswald und Neuschönau verliert hinter Waldkuppen und im Gegenlicht seine Farben. Die großen Siedlungen Spiegelau und Grafenau ahnen wir oft nur noch unter der Dunstglocke, die sich gewöhnlich aus dem flacheren Land gegen die Berge vorschiebt.
Schließlich wandert der Blick doch wieder auf dem breiten, schwarzen Waldteppich an der westlichen Lehne des Grenzkamms hinüber zum Rachel. Im Großen und Kleinen Spitzberg und im Großen und Kleinen Plattenhausenriegel – wobei zwischen Großem und Kleinem jeweils die Grenze verläuft – wölbt er sich bis zu 1376 m auf. Drei Wege parallel zur Grenze durchziehen ihn in seiner ganzen Länge: Der kaum bekannte Grenzsteig und der einst so berühmte Hochwalddistriktsteig gehören heute zur Reservatzone des Nationalparks. Ihre Begehung ist nicht mehr gestattet. Sie sind nun noch stiller geworden als ehedem, und der Wald nimmt mehr und mehr Besitz von ihnen. Eine wundersame, grüne Welt durchziehen sie. Kein noch so verborgener Steig im ganzen Gebirge ist dem Wanderer ferner als sie.

Zwischen Rachelgipfel und -Kapelle, in 1280 m Höhe, führt der Einstieg zum Grenzweg als Trampelpfad direkt nach Osten und folgt ab 1240 m Höhe – meist auf bayerischer Seite – der einsamen Grenze. Flechtengrauer, kümmernder Wald wechselt ab mit weiten, prächtigen Baumbeständen. Geheimnisvoll schimmern die abgestorbenen, silbergrauen und in 10 m Höhe gekappten Fichten auf dem grasigen Steinschachten. Dies ist die Stelle, wo vor etwa 20 Jahren zwei tschechische Düsenjäger auf ihrem Patrouillenflug abstürzten. Wir sehen deutlich noch die Einflugschneise, die sie sich in rasendem Flug in den Wald schlugen. – In der leichten Senke des Zirkelfilzes waten wir durch knöcheltiefen Morast. Latschen und Moorblumen säumen den kaum noch kenntlichen Pfad. Nur die weißen Steine mit den Buchstaben »DB« und »CS« und die weiß-roten Fluchtstäbe (sie werden nach und nach durch weiß-blaue ersetzt!) zeigen uns den Weg durch die aufregende Einsamkeit.

Eine rotbraune Haselmaus, einer der seltenen und geschützten Vertreter unserer hamsterähnlichen, heimatlichen Nager, zieht eine gekonnte Schau vor uns ab. Sie klettert, als sie uns sieht, auf einen der Fluchtstäbe. Und schon sitzt sie auf der obersten Spitze, ringelt den buschigen Schwanz um den Stock, sieht uns in die verdutzten Gesichter und fängt an, sich zu putzen. »Das sind ja saubere Urwaldsitten!« lachen wir uns zu. Nach einer Weile stutzt sie und kraxelt dann, sich spiralenförmig um den Stab drehend, vorsichtig wieder hinunter. »Frühsport erhält fit«, sagen wir und sind ihr dankbar für dieses aufmunternde Zwischenspiel.
Dann steigen wir 120 m zum Plattenhausenriegel hinauf und sind überrascht, in 1350 m Meereshöhe, wo wir eigentlich Felsen vermuteten, wieder ein weites Moor – sogar mit einem kleinen See – anzutreffen. Der Boden zittert unter unseren Tritten. Schwächliche Fichten, Latschen, Sumpfgräser und glucksende Wasser umgeben uns. Nein, auf diesem Bergrücken hätten wir niemals ein triefend nasses Moos oder gar einen See erwartet. – Erst am Großen Spitzberg dominiert wieder der grasige, düstere Wald. Uralte, massige Grenzsteine mit den eingemeißelten Wappen Böhmens und Bayerns finden wir am Weg. Sie haben noch die Grenze vor 1764 markiert. Mehr als 2 Jahrhunderte stehen sie schon vergessen in der Bergeinsamkeit – und heute gar in verbotenem Land.
Auch den Grenzknick am Kleinen Spitzberg kennzeichnet so ein mächtiger, alter Stein. Von ihm fällt der Hang leicht ab zum Stangenfilz – einem Naturschutzgebiet – und zu den Blauen Säulen – mannshohen, ehemaligen Grenzmarken auf tschechischem Gebiet. – Die Bäume stehen wieder lichter, der Boden wird moorig. Da schauen wir links hinaus in das sonnige, weite Sumpfgebiet am Lusenbach, dessen südliche Ausläufer unser Grenzweg durchzieht. Dann erhebt sich der waldige Lusen vor uns. Endlich erreichen wir, hart unter seiner Steinkuppe, das historische Markfleckl.
Diese Stelle, wo die böhmische Grenze fast 4 Kilometer nach Norden zurückspringt und zum weiten Bogen um Finsterau ansetzt, war einst Dreiländerecke. Hier berührten sich das Königreich Böhmen, das Kurfürstentum Bayern und das Gebiet der Fürstbischöfe von Passau. Der noch vorhandene alte Grenzstein mit der Jahreszahl 1692 hat heute keine politische Bedeutung mehr. Aber

bis vor kurzem markierte er noch die Landkreisgrenze zwischen Wolfstein und Grafenau.

Der zweite verbotene Weg ist der Hochwalddistriktsteig. Er wurde in den vergangenen Jahrzehnten von Kennern als der einsamste aller Waldsteige gepriesen und über alles gelobt. Er beginnt bei der Rachelkapelle, wo der Kapellensteig scharf rechts zum See abbiegt. 3½ Stunden führt er fast immer in 1200 m Höhe durch die entlegenen Bergwälder. Im Winter ist er kaum zu finden, seine Begehung daher gefährlich. Bis in den Mai hinein liegt er unter dem Schnee. Den Sommer über ist er auf lange Strecken naß und stellenweise morastig. Wer ihn geht, dem ist, als tauchte er für Stunden unter in einem grünen Meer. Er sollte über gute Ausrüstung, über Erfahrung und Ausdauer verfügen, da er erst am Lusen wieder in die Zivilisation zurückkehrt. Die ehemalige grün-weiße Bandmarkierung gibt es nicht mehr. Der Weg soll in Vergessenheit geraten und allmählich wieder ein Teil des Waldes werden. Nur zweimal hellt sich das Düster des Dschungels kurz auf: zum ersten Mal, wenn wir eine baumlose, der Eiszeit entstammende Felshalde queren, dann erst wieder, wenn vor dem »Tiefen Tobel« plötzlich für einen Augenblick die Sicht auf die grüne Glatze des Lusen frei wird.
Doch ist der Steig niemals eintönig. Dem Zauber eines in allen Lichtern und Farben schillernden Mischwaldes mit den weiträumig ragenden grauen Stämmen mächtiger Buchen kann sich wohl keiner entziehen, der die Natur liebt. Die über grünbemooste Felsblöcke hinabspringenden vielen Bergwasser verströmen auch an heißen Sommertagen eine wohltuende Kühle. Stundenlang zieht der Weg nach Südosten. Nur wo sich die Wasser tief in den Berg gesägt haben, an der langen Schlucht, am Tiefen Tobel und am Teufelsloch ändert er vorübergehend seine Richtung.
Das Teufelsloch – ein mit Felstrümmern ausgefüllter Riß im Berg – hat im ganzen Gebirge keine Parallele mehr. Geheimnisvoll und tief unter den Steinblöcken hören wir Wasser rauschen. Die Waldler konnten sich dies einst nicht erklären, deshalb brachten sie es mit dem Teufel in Verbindung. Heute wissen wir, daß sich der Bach im Verlauf der Jahrtausende tief unter die Bergrinde gefressen hat, daß schließlich die Felsen nachstürzten und ihn begru-

ben. Wir wissen auch, daß es die spätere Kleine Ohe ist, und daß die grüne Martinsklause, tausend Meter weiter unten, die unterirdischen Wasser sammelt.
Vom Teufelsloch läuft der Hochwalddistriktsteig direkt auf eine Wegespinne zu, durch die auch der alte Böhmerweg, dem die Waldhäuser ihre Existenz verdanken, nordwärts zieht. Heute steht dort eine offene Unterstandshütte der Nationalparkverwaltung. Ein schneisenähnlicher, gerader Weg – auch Zwölferlinie oder Sommerweg genannt – bringt uns zur legendären Steintreppe oder Himmelsleiter, die über unzählige Felsblöcke hinaufführt zum Lusengipfel. Einer, der im Leben schwer gefehlt hatte, soll sie zur Sühne erbaut haben. –

Ich hatte hier, wo die Treppe dem Wald entsteigt, ein recht gefährliches Erlebnis. Viele Jahre liegt es bereits zurück. Ein paar Freunde mit ihren Mädchen hatten es sich in den Kopf gesetzt, in Waldhäuser zur Jahreswende ein paar Skiurlaubstage zu verbringen. Weil sie aber die Gegend nicht kannten, war es ihnen sehr lieb, daß ich mich als »Einschichtiger« anschloß. Ein Tag war schöner als der andere. Auch der 31. Dezember neigte sich mit goldenem Licht dem Abend zu. In Erwartung einer langen, feuchtfröhlichen Sylvesternacht stiegen wir am späten Nachmittag – sozusagen, um noch etwas für Herz und Lungen zu tun – den Winterweg zum Lusen hinauf. Das Schutzhaus war zu und tief verschneit. Wir hätten mit Skiern über das Dach steigen können.
Eben war die Sonne untergegangen. Auf dem Gipfel war es windstill aber eisig kalt. Die Welt lag in Farben unter uns, wie man sie selten sieht. Grenzenlos dehnte sich das düstere Blaugrau der Wälder. Es wurde im Norden, Osten und Süden fast mit dem Himmel eins. Wie ein zarter Hauch nur erschien der Horizont. Im Westen lag noch ein violetter und brauner Schimmer über den fernen Hügeln, und der klare Himmel leuchtete von goldbraun und orange über zitronengelb und lindgrün bis zu tiefem Blau im Zenit. Schon standen die silberne Mondsichel und der Abendstern am Himmel. »Ein wunderschöner Jahresausklang«, sagte eines der Mädchen. Alle pflichteten bei und bekräftigten es mit einer Reihe heißer Küsse. Wir hatten vereinbart, über den Sommerweg abzufahren. Nun aber wollten alle wieder auf dem gemächlichen Win-

terweg zurück. Deshalb trennte ich mich von den anderen, sagte ihnen noch, daß ich sie drunten beim Punsch erwarten würde und tänzelte ein wenig leichtsinnig zwischen einigen noch aperen Steinblöcken über den immer steiler werdenden Hang zur Himmelsleiter hinab. In der steilen Waldschneise verschwammen schon die Konturen. Sie sah aus wie eine weiße Rutschbahn ins Ungewisse. Wie durch ein Kanonenrohr mußte es da hinuntergehen. Mit Abschwingen war sicher nicht viel zu machen – soviel stand fest. Aber der Schnee war tief und gleichmäßig, also ungefährlich – so dachte ich, doch es kam anders.

Im oberen Teil meisterte ich noch ein paar unvorhergesehene Bodenwellen, dann wurde es eng zwischen den Bäumen. Ich schoß durch und wollte gleich danach wieder abschwingen, zuerst links, dann rechts – und nochmals . . . Da sah ich hinter einer Wächte einen Abgrund, blieb mit dem Talski irgendwo hängen, überschlug mich und stürzte hinunter. – Als ich wieder zu mir kam, mußte viel Zeit vergangen sein, denn es war finster geworden und ich war steif vor Kälte. Ich lag in tiefem Schnee. An der Nasenwurzel fühlte ich ein Brennen, im Knie und Oberschenkel ein Zerren und im rechten Knöchel einen stechenden Schmerz. Was war geschehen? Erst allmählich fanden sich meine Sinne wieder zusammen. Dann begriff ich: Ich hatte mir den rechten, gebrochenen Ski zwischen die Augen gestoßen, daß das Blut aus der Wunde quoll. Mein rechter Fuß war gefühllos und so verrenkt, daß er gebrochen zu sein schien. Jede Bewegung schmerzte. Als ich mit den Händen die Skier wieder in eine natürliche Lage brachte, brannte es im Knöchel wie Feuer.

Ich versuchte mich aufzurichten, aber ich konnte nicht auf dem rechten Fuß stehen. Unter Schmerzen sank ich wieder in den Schnee. Am Himmel über der Schneise leuchteten schon die Sterne und die verschneiten Bäume neigten sich wie Schatten über mich. Panische Angst packte mich. Wenn ich nicht aus eigener Kraft hinunter kam, oder wenn die Kameraden zu spät oder überhaupt nicht nach mir suchten, würde ich die kalte Nacht nicht überstehen.

Ich weiß nicht mehr, war es das Blut, oder waren es die Tränen, die mir heiß über das Gesicht liefen. Ich biß die Zähne zusammen und ließ mich immer tiefer den Hang hinuntergleiten. Wo es dann

schon fast eben durch den Wald geht, gelang es mir, mich mit kleinen Schritten, den verletzten Knöchel mit dem gebrochenen Ski immer vorausstellend, langsam vorwärtszuschieben. So ging es eine ganze Zeit gut. Meter um Meter gewann ich, bis ich wieder über eine Wächte stolperte und in einem Schneeloch endgültig liegen blieb.
Was ich auch anstellte, ich kam nicht mehr heraus. Die Ränder waren zu hoch, und mein Knöchel vertrug keine Bewegung mehr. Zum ersten Mal im Leben war mir, als sähen mich die vereisten Bäume feindselig an. Still wie ein weites Grab erschien mir der Wald. Ich hatte unsagbare Angst und schrie um Hilfe. Aber die Schreie verhallten ungehört. Die Stille war unheimlich. Ich schlug mit den Armen, denn eine eisige Kälte drohte mich zu lähmen, und immer wieder rief ich so laut ich konnte. Kaum ein Echo kam zurück. Eine ganze Weile horchte ich hinein in die Stille. Einmal war mir als hörte ich ferne Glocken, dann etwas wie Stimmen – und dann zerstörte die Angst wieder alle Hoffnung. Wieder verstrich die Zeit. Und da waren plötzlich doch Stimmen in der Nähe! Ein schwacher und langsam immer heller werdender Lichtschein geisterte über die verschneiten Äste. – Aus aufkeimender Hoffnung schrie ich wieder aus vollem Hals. Dann waren sie da. Ich sah die Gesichter der Kameraden und anderer Männer über mir. Es war wie eine Erlösung. Sie stützten mich und führten mich behutsam hinunter nach Waldhäuser.
Der Knöchel war blauschwarz und dick. Der Arzt stellte am nächsten Tag einen Kapselriß fest. Der Sylvesterpunsch schmeckte zwar gut, die Küsse, die mir die Mädchen zum Trost schenkten, auch, aber als die zwölf letzten Schläge des Jahres verklungen waren, kroch ich mißmutig mit Schmerzen ins Bett. Der Urlaub war für mich zuende. Noch viele Jahre hatte ich unter dieser Verletzung zu leiden.

Noch ein dritter Weg führt vom Rachel zum Lusen – der »Obere Horizontalsteig«. Er beginnt am See. Die Verwaltung des Nationalparks hat ihn unter Verwendung alter Forstpfade geschaffen und ihn gleich zum Hauptwanderweg gemacht. Sie hat recht, wenn sie ihn als vollwertigen Ersatz anbietet und besonders empfiehlt. Wie der Hochwalddistriktsteig, so zieht er fast 4 Stunden lang

durch herrlichen, einsamen Wald, jedoch 200 m tiefer als dieser. Noch idyllischer, romantischer ist der Wald in dieser Höhenlage. Noch mächtiger stehen seine Bäume; und das feuchte Moos an den Felsen ist üppiger und grüner. Noch dichter ist sein Blätterdach. Die reichlichen Schatten machen ihn zum düsteren Märchenwald. Auch die schäumenden Wasser, die den Steig überspülen oder unter rauhen Steinbrücken rauschen, sind stärker und zahlreicher als in der Hochregion. Schon bald hinter dem Rachelsee führt er über die Felsenkanzel, die einen wunderschönen Ausblick über die je nach Jahreszeit in verschiedenen Farben prangenden Wälder zwischen Rachel und Lusen bietet. Romantische Höhepunkte dieses Steigs sind das Bärenloch, wo noch anfangs des vorigen Jahrhunderts Bären hausten, die Lange Schlucht und das bereits vom Hochwalddistriktsteig her bekannte, sagenumwitterte Teufelsloch. Auch der Obere Horizontalsteig erklimmt, nach Querung des Böhmerwegs, über die Zwölferlinie und die Himmelsleiter den Lusengipfel.
Dieser Weg dürfte wegen seiner Schönheit zum Wanderweg der Zukunft zwischen Rachel und Lusen werden.

Ich übernachte stets gerne im Schutzhaus unter dem Lusengipfel, denn die letzten Tagesgäste steigen beizeiten zu ihren an der Waldhausreibe geparkten Autos ab, und dann kehrt die Ruhe ein, die zu den weiten Wäldern paßt. Und wenn wir dann oben unter dem Kreuz noch in die sinkende Sonne schauen, kann es sein, daß uns zur Seite noch andere stehen und das gleiche tun. Da sie vom selben Holz geschnitzt sind wie wir, kommt es ganz von selbst zu einer Unterhaltung. Vielleicht hatten wir dieselben Erlebnisse wie sie, vielleicht kommen sie schon vom Dreisessel herüber, oder von Finsterau herauf. Sicher aber werden sie mit derselben Begeisterung vom Wald und seinen Bergen erzählen wie wir. Ob sie aber die Wälder, Klausen und Wildwasser rund um Finsterau gesehen haben? – Die wenigsten kennen sie. Wie wäre es, bevor wir weiterziehen, morgen mit einer Tagestour in diesen verlassenen Winkel?
Wenn wir vom Lusengipfel nach Nordosten schauen, sehen wir nichts als Wald, der sich schwarz über den Moorberg, den Steinfleckberg, den hohen Filzberg und den Sulzriegel legt. Nur ein

Wegweiser in Bischofsreut

Im Land der Goldenen Steige

Grenze bei Buchwald

Sagenumrankter Dreisessel

Steinernes Meer mit Rosenberger Gut

paar Häuser schauen aus der Ferne herüber. Es läge nahe, zu sagen: »Dort hinter dem Wald sagen sich Füchse und Hasen gute Nacht«. Doch wer dieses Gebiet einmal durchwandert, der nimmt eine bleibende, gute Erinnerung mit.
Spät wurde es erst von Menschen erobert. Das Kloster St. Oswald und die Passauer Fürstbischöfe waren maßgeblich beteiligt. Wie überall im Bayerischen Wald waren auch in diesem Winkel die Glashütten und die Aschenbrenner die Pioniere der Besiedelung. Auch die »Stände« und »Hütten«, welche den »Schachten«, den »Plätzen« und »Stierwiesen« im oberen Wald entsprechen, finden wir noch. Zu außergewöhnlicher Blüte kam die Holzwirtschaft. Die vor 100 – 150 Jahren künstlich angelegten Klausen mit ihren stillen Waldseen und die raffinierten Kanalsysteme beeindrucken uns heute noch, obwohl sie nur noch für eine kurze Spanne Zeit lebendige Erinnerung sind. Nur durchwegs ein Jahrhundert währte ihre geschäftige Zeit. Als nach dem Krieg Bulldozer die Straßen bauten, und der Motor bis in die Bergwälder vordrang, überließ man sie ihrem Schicksal. Sie hatten ihre Schuldigkeit getan . . . Es lohnt sich nicht mehr, sie zu unterhalten, doch lohnen sie immer noch einen Besuch.
Wenn wir morgens, der Sonne entgegen, über das Markfleckl hinuntersteigen zum Kleinen Schwarzbach, sehen wir die Bäume so mächtig und schwarz im Gegenlicht, daß wir ergriffen sind von diesem Anblick. Der Aufstieg jenseits der Brücke durch das idyllisch grüne Schwarzbachtal zur stillen Kirchelhütte, einer einstigen Bergweide, zeigt uns eine völlig neue Art des Waldes, so schön, so grün und romantisch, wie der naturentwöhnte Mensch sich das gar nicht mehr vorstellen kann.
Der Weg führt vom Wiesensattel, wo noch vor 2 Jahrzehnten das Vieh weidete, durch die weltentlegenen Schwarzbachhänge um den Steinfleckberg herum, bis das immer stärker werdende Rauschen stürzender Wasser und eine aus dem Wald auftauchende, schindelverkleidete Holzhütte uns die Schwarzbachklause ankündigen. Ihr Damm ist gebrochen, der Schwellteich ist nicht mehr . . . Das ist der Anfang von ihrem Ende.
Der sogenannte Lusenweg führt grenznah durch den Dreckigen Filz, in dessen moorigen Wäldern im Spätsommer Maronenröhrlinge und Steinpilze in Massen stehen, hinüber zur Reschbach-

klause. In ihrem 200 m langen, schwarzen Schwellteich spiegelt sich außer einem schmalen Wiesensaum nichts als Wald und Himmel. Eine Unterstandshütte lockt zur Rast. Rasten heißt hier hineinhorchen in die Stille, in die Wildnis, heißt abschalten von allem was der Alltag bringt. Hier beginnt der Lauf des streckenweise wildromantischen Reschwassers, das zu den Kleinodien des Bayerischen Waldes gehört. Nur 900 m nördlich, unmittelbar jenseits der Grenze entspringt aus dem Schoß des Schwarzbergs die Moldau – der Fluß Böhmens. Über den 1263 m hohen, mit Aussichtsfelsen gespickten Siebensteinkopf erreichen wir, oft hart an der Grenze entlang, die waldumwucherte Teufelsbachklause. Ihre 2000 Kubikmeter Wasser sind ausgelaufen, da eine Schütze beschädigt ist. Niemand wird sie mehr instandsetzen. Auch ihr Verfall hat schon begonnen.

Das grenznahe, munter dahinschießende Teufelswasser zeigt uns den Weg zur Hammerklause. Aber ebenso interessant ist der künstlich angelegte Schwellgraben, der – als wäre er vergessen worden – auch heute noch die Wasser des oberen Reschbachs 2½ km weit rund um den Berg und durch die Teufelshänge zur Teufelsklause leitet. Wenn wir ihm auf dem schattigen Uferweg folgen, dann die Straße und endlich weglos den pilzreichen Wald queren, kommen wir direkt zur schon vor 100 Jahren aufgelassenen Alten Klause. Ihre Aufgaben übernahm damals die neu gebaute Reschbachklause. Die großen Holztafeln der Nationalparkverwaltung erzählen uns hier in knappen Worten aus der kurzen aber bewegten Geschichte des Holztriftens im »Land der Klausen«.

Der Reschbach rauscht vorbei. In seine wilden Strudel, in sein grünmoosiges Felsenbett verirrt sich kaum ein Sonnenstrahl. Der Wald schließt sich über ihnen zu einem lichtgrünen, weiten Dach. Der hochromantische Weg am Ufer entlang läßt uns für eine Stunde die Welt vergessen. Dann treten wir auf eine Lichtung hinaus. Über eine Brücke kommt der »Lusenweg« von Finsterau herüber. Wir folgen ihm bis zum Zusammenfluß von Großem und Kleinem Schwarzbach und steigen am Ufer des Kleinen aufwärts.

Immer wieder geht der Blick bewundernd an den gewaltigen Fichtenstämmen empor. Eine wahre Augenweide sind sie. Wo gibt es

nochmals so viele, so riesige Bäume so dicht beieinander? Und dazwischen rauschen die Bergwasser durch den Farn, tanzen Sonnenstrahlen über das Grün – und das Raunen des Windes hört nie auf. Am Markfleckl droben atmen wir auf. Welch eine Landschaft, welch ein herrlicher Wald liegt hinter uns! –
Auf dem Lusengipfel stehen dann die Fremden. Hunderte zählt der Berg an schönen Tagen. Kaum einem von ihnen wird bewußt, wie unerschöpflich reich an landschaftlicher Schönheit die »eintönigen« Wälder sind, auf die sie meist gelangweilt hinunterschauen. Viele von ihnen wissen mit dieser Schönheit gar nichts mehr anzufangen.

Nicht nur unter den Städtern gibt es solche. Sie sitzen leider auch in den Walddörfern und führen oft das große Wort. Ich kam vor vielen Jahren einmal von Mauth herauf über den Lusengipfel. Ein haarsträubendes Erlebnis hat ihn mir damals für viele Jahre verleidet. Wie haben wir gestaunt, als vor dem Schutzhaus ein Transparent mit der Aufschrift »Ziel« hing! Eine Menge Volk, das nicht auf den Berg paßte, stand herum. Wir erfuhren, daß ein Motorradrennen zum Lusengipfel im Gange war. Über Funk oder Fernsprecher war schon bekannt geworden, und es wurde lauthals und mit Begeisterung allen erzählt, daß man bereits einen ins Krankenhaus abtransportieren habe müssen, und daß es einem anderen den Getriebeblock seiner Maschine zertrümmert habe. Welch eine Errungenschaft! Ein Motorradrennen zum Lusengipfel! Wer konnte einen der schönsten Berge so erniedrigen?
Ich möchte annehmen, daß die Verwaltung des Nationalparks solche Schmach von ihrem Gebiet wenigstens künftig abzuwehren versteht. Daß Ströme von Menschen wie in einer Prozession täglich zum Gipfel hinaufsteigen, kann sie nicht verhindern – dies ist ja so gewollt, und es ist ein Glück für uns echte Waldgeher, daß die meisten Menschen unserer Tage immer in Rudeln oder Herden auftreten und mit der Einsamkeit nichts anzufangen wissen. Sie suchen sich die Wunder des Waldes nicht. Ihnen müssen sie vorgeführt werden. Die Gehegezone am Fuß des Berges bei Neuschönau – mit viel Liebe und Fantasie angelegt – besorgt dies mustergültig. Breite, gepflegte Wege werden auch den Bequemeren gerecht und führen zu Bär und Wolf und Luchs, zu Wisent und

Hirsch, zu Otter und Wildschwein und zeigen Kauz und Uhu und viele andere. Große Informationstafeln erzählen alles Wissenswerte.
Wer sich wirklich für die ehemaligen Herren des Waldes, die zum Teil auch heute noch in Freiheit hier leben, interessiert, wird so viele Anregungen bekommen, daß er Wald und Wild mit anderen Augen sieht. Ich meine, daß wir uns diese einst hier heimischen Tiere ohne den Zaun in unseren Wäldern vorstellen sollten, dann erst begreifen wir die Zeit, die so weit hinter uns liegt.
So stellt die Gehegezone – wenn wir einmal von den vielen Menschen absehen, eine willkommene Zugabe dar, die uns nur noch mehr anregt, nachzudenken, wie der Wald vor seiner Besiedelung durch den Menschen ausgesehen haben mag, und mit welchen Fährnissen die Siedler fertig werden mußten. Der Ausbruch von 8 Wölfen im Winter 1975/76, wobei auch ein Kind angefallen wurde, und das Aufgebot von Hunderten von Jägern und Polizisten, um ihrer tot oder lebendig habhaft zu werden, ließ schlagartig erkennen, daß es unsere Ahnen doch um vieles schwerer hatten als wir. Sie mußten noch kämpfen gegen das, was wir schon zu schützen begonnen haben.

Es gibt so gutes, vielseitiges und umfassendes Schriftwerk über den Nationalpark und die Gehege, daß es müßig ist, hier noch mehr darüber zu sagen. Aber über die Gehege bei Alt- und Neuschönau führen die Wege hinaus nach dem ehemaligen Kloster St. Oswald, einem historisch bedeutenden Ort dieser Gegend. Von dem 1396 von Landgraf Johann von Leuchtenberg an einer Heilquelle erbauten Paulanerkloster, das 1427 von den aus Passau kommenden Augustinern übernommen wurde und 1567 schließlich als Kloster St. Oswald in die Hände der Benediktiner von Niederalteich überging, steht nicht mehr viel. Das Brauhaus ist noch ein Teil davon, und auch in der Pfarrkirche sind noch einige Relikte zu sehen. Aber auch in dieser Gegend hatten die Benediktinermönche ihren rechtschaffenen Anteil am Werden des unwirtlichen Landes. Zwar legten sie zu ihrer Zeit nicht mehr selbst Hand an, wenn es galt Neuland zu gewinnen, doch waren sie intelligent und einflußreich genug, um ihre Ideen zu verwirklichen. Grafenau, schon etwa Anfang des 12. Jahrhunderts von den Grafen von Vormbach und Neuberg gegründet, gehörte zu ihrer Pfarrei. 1255 war Grafenau wittelsbachisch. 1375 erhielt es Marktrechte. Ein Jahr darauf wurde es schon Stadt. Der schnelle Aufschwung ist auf die hier vorbeiziehende und über den Lusen (Waldhäuser) nach Böhmen führende »Guldenstraß« (heute Böhmerweg) – eine Nebenroute des berühmten »Goldenen Steigs« – zurückzuführen. Wie den übrigen Städten des Bayerischen Waldes, so blieb auch Grafenau nichts erspart. Böhmische Übergriffe, die Wirren des Landshuter Erbfolgekrieges und die Panduren Trenks, um nur einige zu nennen, forderten Blut und Tränen. Zwischendurch wurden die Grafenauer ein paarmal verschachert, und Hunger und Brandkatastrophen brachten immer von neuem unsägliches Leid unter sie. Doch war Grafenau die viel geliebte Stadt des unteren Waldes. Der Lusenmaler Koeppel hat hier seine letzte Ruhe gefunden, und der bei den alten Waldlern noch so beliebte und begehrte Perlesreuter Schmalzler – das berühmte Nasenfutter – kommt von Grafenau.

Von St. Oswald oder Grafenau könnten wir mit dem Postbus über Hohenau, Freyung, Philippsreut, Bischofsreut nach Haidmühle fahren, eine schöne Fahrt durch ein einsames, ernstes Hochland mit einer interessanten Geschichte. Wir wollen es aber lieber erwandern. Das grüne Dreieck führt uns vom Lusenschutzhaus in etwa 9 Stunden hinüber zum Dreisesselberg.

Der Steig zweigt schon nach der Serpentine vom »Winterweg« links ab, führt steil abwärts, kehrt tief in das obere Kar des Sagwassers hinein und zieht dann fast eben unter dem Hohen Filzberg und dem Sulzriegel hin zum Tummelplatz, wo sich ehedem »das Vieh tummelte« wenn es zur Bestandsaufnahme von den umliegenden Waldweiden dort zusammengetrieben wurde. Die noch aus jener Zeit stammende Hütte ist heute nur noch zeitweise belegt. Sie ist Eigentum des Nationalparks. Meist herrscht hier jene göttliche Ruhe, die diese Landschaft noch weithin auszeichnet.

Wir sollten nicht versäumen das Großalmeyerschloß, einen rechts aus dem Wald aufragenden, burgähnlichen Felsen (1196 m) zu besteigen, wenn wir ihm schon so nahe sind. Er gewährt uns nocheinmal einen bezaubernden Ausblick zum Lusen, dessen Wälder nur wenigen grünen Wiesenflecken Raum geben.

Von der Tummelplatzstraße zweigt schon bald linkerhand ein schöner Fußsteig ab. Nach einer beherrschenden Sicht über das Reschwasser-Tal auf die hochgelegenen Straßendörfer um Finsterau tauchen wir wieder unter in dem grünen Meer unzähliger Bäume. Ein ewiges Rauschen geht durch ihre Kronen. Wenn aber dieses Rauschen einmal für wenige Augenblicke verebbt, dann ist uns, als wollte der Wald selber in sich hineinhorchen, um die namenlosen Wasser und Wässerchen zu zählen, die ihn durcheilen, und den vielen, feinen und fernen Vogelstimmen zu lauschen, die aus seinem Gezweige rufen.
Unser Weg reibt sich zur klaren, unter hochstämmigen Fichten träumenden Steinbachklause hinüber, in deren stillem Wasser sich der Wald spiegelt wie ein verwunschenes Land. Von hier aus begleitet uns der schäumende, quirrlige Steinbach. Seine aus massigen Steinblöcken gefügten Ufer und die teilweise noch vorhandenen, grünbemoosten Holzverkleidungen erinnern uns erneut an die Zeit des Triftens. Selbst über einen alten Damm der einstigen Spiegelauer Waldbahn führt der Weg für kurze Zeit.
Beim Rastplatz Jägerbrücke treten wir hinaus in die Sonne. Von grünem, blumenübersätem Hügel grüßt schon das stille Bergdorf Mauth.

Über die Goldenen Steige zu den Drei Sesseln

Wenn wir uns einmal entschlossen haben, das weite Hochland zwischen Lusen und Dreisesselberg zu Fuß zu durchwandern, so sind uns über viele Stunden hin Waldesruhe und Einsamkeit angenehme Begleiter, nur dann und wann merklich unterbrochen vielleicht vom Ruf eines Kuckucks oder vom heiseren Schrei eines Raubvogels. Wie ein Gespinst silberner Fäden, und beruhigend, hängt das vielstimmige Lied aus Wald und Flur über dem Land und durch die bis zu 1100 m Höhe aufwogenden Wälder und über die blumigen, freien Reuten weht schon die wohltuende Kühle der Berge. Tiefe, grüne Hochtäler, wo die allmächtige Natur dem Siedlerfleiß heute noch erfolgreich trotzt, fesseln das Auge. Selbst in den hochgelegenen, sonnigen Dörfern, wo sich die Menschen wie in Notgemeinschaften zusammengetan haben, und wo noch ohne strenge Bauordnung behäbige Höfe und ärmliche Hütten wie bunt durcheinandergewürfelt die breite Straße säumen, ist uns, als wären wir bei den ersten Landnehmern. Hier fehlt noch ganz die aufregende Geschäftigkeit unseres Alltags.

Und doch ist der Weg durch dieses grüne Waldland aufregend genug für den, der seine Geschichte und Problematik kennt.

Wer das Land ganz verstehen will, muß beginnen an der Donau, in Passau, Metten, Niederalteich, bei den Kelten, Römern und Bajuwaren und bei den Anfängen und Zielsetzungen des Christentums, bei Heiligen und mächtigen Regenten. Der Salzhandel, das Christentum, Sendungsbewußtsein und Machtstreben wirkten – ob Absicht oder Zufall – Hand in Hand, als es darum ging, das Land zwischen Lusen und Dreisessel für die Zivilisation zu gewinnen.

Das Donautal bildete die Ausgangsbasis. Dort saßen schon 500 Jahre vor Christus die Kelten und ab der Zeitenwende die Römer. Sie wurden in breiter Front im 6. Jahrhundert von den Bajuwaren abgelöst. Um 500 schon hatte Passau einen Bischof. Im 7. und 8. Jahrhundert ging eine Welle der Christianisierung – getragen

von irischen Aposteln – durch die Lande. Es war auch die Zeit des Hl. Bonifatius. Die Bajuwaren nahmen aus ihrem Hang zum Mystischen heraus die neue Lehre begierig auf. Von der Insel Reichenau im Bodensee holten sie die Benediktinermönche nach Niederalteich, und schon vor dem Jahr 800 brandeten die ersten Wellen der Kolonisation gegen den abweisenden Nordwald.
Die Mönche von Niederalteich und Metten übertrafen sich in ihrem Rodungseifer gegenseitig. Während jene von Metten – unterstützt von Kaiser Karl dem Großen – schon damals bis ins Regental vordrangen, konnten die Niederalteicher das natürliche Bollwerk der Donauberge noch nicht überwinden. Da fegten um 907 die ersten Ungarnstürme ins Land, unter denen besonders die Klöster schwer zu leiden hatten. Unter den vernichtenden Schlägen der heidnischen Horden erlahmte ihr Rodungseifer. Gut hundert Jahre stagnierte die Erschließung. Dann ging die Eroberung des Gebirges vorübergehend in weltliche Hände über. Adelige erhielten Land, bauten sich Burgen, jagten und legten Stützpunkte an. Die ersten grünen Narben im Wald entstanden. Die Grafen von Bogen schrieben schon um diese Zeit ihren Namen unvergänglich in die Geschichte ein.
Als sich das Leben im Donautal nach der Befreiungsschlacht auf dem Lechfeld 955 langsam wieder von den Schrecken der Ungarneinfälle erholt hatte, nahmen auch die Klöster und vor allem die Passauer Bischöfe wieder den Kampf mit dem Wald auf. Heinrich II – der Heilige – damals Kaiser des Römischen Reiches deutscher Nation – hatte den Auftrag gegeben, den »Nordwald« – wie das Gebirge damals genannt wurde – für das Reich zu gewinnen, einmal um seinen Besitz zu mehren, andererseits aber auch um den noch leeren Raum bis zur böhmischen Grenze hin mit Leben zu erfüllen und abwehrbereit zu machen.
Während aber Metten sich nun mit inneren, geistlichen Arbeiten begnügte, war Niederalteich, wo um das Jahr 1000 der hl. Godehard Abt und der hl. Gunther Mönch war, noch bis zum Jahr 1200 kolonisatorisch tätig. Handel und Wandel lebten auf. Schon damals war der »Bayernweg« vorhanden, der von Deggendorf über die Rusel, Ritzmais, Langbruck, den Weißenstein, Schweinhütt, Bärnzell, Zwiesel, Zwieselau, Lindberg, den Kleinen Deffernik aufwärts zum Sandel nach Hurkental und Schüttenhofen führte.

Gunther, der 1010 Rinchnach gegründet hatte, brauchte die Verbindung von Niederalteich über Auerbach, Hangenleithen, Kirchberg zu seinem Kloster. Er schlug mit seinen Mönchen den Gunthersteig und führte ihn weiter nach Bärnzell, wo er in den Bayernweg mündete, mit ihm Zwiesel berührte, um dann in Zwieselau wieder abzuzweigen über Spiegelhütte zum Scheuereck und, um über Gsenget, Staindlberg, Stubenbach endgültig Gutwasser und Schüttenhofen zu erreichen.
Fast noch interessanter, aber doch ähnlich, war die Erschließung des unteren Waldes. Kaiser Heinrich belieh das Nonnenkloster Niedernburg mit dem menschenleeren, rauhen Land am Dreisesselberg. Es war das »Abteiland«. Es mag besonders wild gewesen sein. Das Nonnenkloster war nicht stark genug, es zu halten. Es belehnte niedere Adelige mit unbebauten Landstrichen. Sie gründeten Dörfer und Märkte. Von festen Burgen aus führten sie bald Fehden gegeneinander. Auch die Passauer Bischöfe machten keine Ausnahme. Immer mächtiger waren sie geworden. Vom Jahr 999 ab triumphierten sie sogar schon über die weltlichen Herren und spielten ihre Macht rücksichtslos aus. 1161 bereiteten sie der Nonnenherrschaft in der kaiserlichen Reichsabtei Niedernburg ein kurzes Ende. Sie übernahmen die Besitzungen des Nonnenklosters. Unter ihrer Herrschaft ging das Rodungswerk der Adeligen planmäßig weiter bis hinein ins 18. Jahrhundert.
Von ihrer Zwingburg Oberhaus beherrschten die allzeit streitbaren Bischöfe ein Gebiet, das vom Lusen bis Friaul und von der Isarmündung bis zur ungarischen Grenze reichte. Der Dom von Wien trägt heute noch den Namen des hl. Stefan, wie der Dom von Passau, der seine Mutterkirche war. Der Einfluß des hl. Pilgrim von 971 – 990 reichte sogar bis an den ungarischen Königshof. Er war einer der bekanntesten Passauer Bischöfe. Ihm verdanken wir auch die Aufzeichnung des Nibelungenliedes.
Damals schon zog ein Handelsweg durch den Wald, auf dem vor allem bayerisches Salz nach Böhmen gelangte – der »Goldene Steig«. Er wurde zur sagenhaften Lebensader des unteren Bayerischen Waldes, und die Bischöfe von Passau sogen Reichtum und Macht aus ihr. Nicht einfach ist es, diesen legendär gewordenen Begriff zu erklären. Wer etwa glaubt, daß der Goldene Steig schon um das Jahr 1000 – wie es die heutige Volksmeinung ist – von Pas-

sau nach Böhmen führte, der irrt. Der Begriff »Goldener Steig« kam erst im 13., 14. Jahrhundert auf und bezeichnete mehr den fließenden Tauschhandel zwischen Bayern und Böhmen als einen bestimmten Weg. Er meinte vor allem den Reichtum, der auf mehreren Wegen im Tausch ins Land floß.

Als Goldener Steig war auch ursprünglich der erwähnte, historische Bayernweg bezeichnet worden. Erst in der heutigen Zeit verstehen wir unter diesem Namen den uralten Prachatitzer Salzsteig, der von Passau über Salzweg, Straßkirchen, Leoprechting, Großtannensteig, Außernbrünst, Waldkirchen, Böhmzwiesel, Fürholz, Grainet zum 1167 m hohen Haidel empor und über Leopoldsreut, Bischofsreut, Marchhäuser und Böhmisch Röhren nach Prachatitz führte. Er wurde schon 1010 genannt.

Wenn wir nun im weiteren diesen Weg als den »Goldenen Steig« schlechthin bezeichnen, so sollten wir gleichzeitig wissen, daß er schon bald – vielleicht ab 1366 – vier verschiedene Führen hatte. Von Passau bis Außernbrünst waren alle vereinigt. Dort zweigte rechts der Prachatitzer Steig ab. Von Außernbrünst ab über Röhrnbach liefen die drei übrigen in einer einzigen Trasse nordwärts. Von Freyung ab führte der Winterberger Steig über Hinterschmieding, Herzogsreut, Philippsreut nach dem böhmischen Kuschwarda und weiter nach Winterberg. Ein weiterer zog über Kreuzberg, Mauth, dem langen Höhenrücken von Finsterau folgend nach Norden, überschritt bei Buchwald die Grenze und erreichte über Außer- und Innergefield den Umschlagort Bergreichenstein. Schließlich gab es noch einen vierten Steig über Grafenau, St. Oswald. Er querte über die westlichen und nördlichen Lusenhänge bei den Blauen Säulen die Grenze, überwand das weite Moorgebiet von Pürstling und Mader und endete ebenfalls in Bergreichenstein. An ihm blühte Grafenau auf. Auch die Waldhäuser gingen aus einem Rasthaus an diesem Weg hervor. Noch heute wird er die »Guldenstraß« genannt. Daneben hatten mächtig gewordene Adelige noch zusätzliche Wege angelegt, um die Mautstellen zu umgehen oder selbst den Maut einheben zu können, denn der Kaiser war weit, und es dauerte meist lange, bis das Recht wieder hergestellt wurde.

Eines war all diesen Steigen gemeinsam: Auf ihnen rollten keine Wagen. Schon von der Anlage her war dies nicht möglich. Sie mie-

den die meist sumpfigen Täler und zogen über hohe, weite Bergrücken dahin. Ihr Pflaster bestand aus Reisigbündeln oder aus den vom hl. Gunther eingeführten, quer in einen Rahmen gespannten Holzbohlen die heute noch – wie damals schon – Knüppeldämme genannt werden. Darüber schritten Packpferde, die in Kufen, Fässern oder Säcken meist eine Last von 3 Zentnern trugen. Sie wurden geführt von den Säumern, welche in einer Kraxe ebenfalls noch bis zu 80 Pfund schleppten. Um die Angriffe von Wegelagerern oder wilden Tieren leichter abwehren zu können, schlossen sich meist 20 Säumer mit ihren Pferden zu Geleitzügen zusammen. So zogen sie in etwa 3 bis 5 Tagesmärschen aus dem Donautal über das wilde Gebirge hinüber zu den böhmischen Stapelplätzen.
Diese holperigen Handelswege, die sich schon früh wie Brücken zwischen dem belebten Donautal und dem kulturträchtigen böhmischen Kessel über das menschenleere Bergland spannten, wurden immer mehr zu Lebensadern des »Nordwalds«. Ihnen folgten Siedler und Kaufleute aus den Ebenen heraus und ließen sich entlang des Weges nieder. Erst als die Grenze erreicht war, ging die Besiedelung in die Breite.
Schon um 900 entstand Waldkirchen, um 950 das hochgelegene Kreuzberg. 1025 wird Röhrnbach genannt, um 1069 Hutthurm, 1150 Perlesreut, zwei Jahre später Straßkirchen. Um 1200 hören wir von Wolfstein und Freyung. Schiefweg, Böhmzwiesel, Fürholz und Grafenau folgen. Zwischen 1300 und 1400 wird eine neue Rodungswelle von den Brückenköpfen der damaligen Zivilisation Fürholz und Prachatitz gegen den Wald vorgetragen. Alle Orte, deren Namen mit -schlag zusammengesetzt sind, entstanden um diese Zeit. Grafenau wird um 1376 Stadt, Waldkirchen 1464 unter Bischof Ulrich zur uneinnehmbaren Festung ausgebaut.
Und immer noch gründeten die Passauer Bischöfe, unterstützt von Adeligen, Dörfer im Wald. Um 1600 entsteht das heute schon wieder verfallene Leopoldsreut, um 1620 Herzogsreut, 1699 Großphilippsreut, das alle Höhendörfer von Mauth bis Finsterau umfaßte, und um 1705 Bischofsreut. Viele von ihnen, wie auch Raymundsreut, Vorder-, Mitter- und Hinterfirmiansreut, die um 1764 angelegt wurden, und Firmiansmühle – das heutige Haidmühle – tragen noch die Namen ihrer Gründer.
Mit Firmiansreut, der letzten bischöflichen Gründung und gleich-

zeitig der letzten Ortsgründung in Deutschland, wurde eine Sättigung des Waldlandes an Siedlungen erreicht, die auch in Zukunft nicht mehr zu überbieten sein wird. Zwar gleicht die Streuung der Orte immer noch einem weitmaschigen Netz, und die Fluren dazwischen tragen noch nicht überall das Siegel des Menschen, aber die Höhenlage über 1000 m, die vielen Niederschläge und der Schneereichtum langer, kalter Winter, die Abgelegenheit und das fehlende Hinterland sind der Zivilisation feindlich gesonnen – und in Notzeiten gar tödlich.

So haben wir erlebt, daß der Höhenort Leopoldsreut am Prachatitzer Salzsteig schon um die Jahrhundertwende zu sterben begann. Die Bewohner – längst nicht mehr so hart und genügsam, wie die ersten Siedler – wanderten ab in die Täler, denn dort – und vor allem draußen in der Stadt – verdiente man leichter sein Brot, als im ewigen Kampf mit der rauhen Natur. Die Holzhütten verfaulten und verfielen, die Steinhäuser zerbröckelten unter dem Meißel des Wassers und dem Hammer des Frostes. Aus den Fenstern wuchsen Hollunder und Brennesseln. Heute kündet nur noch das Ortsschild von der hochgelegenen Siedlung am Goldenen Steig. Wo vor wenigen Jahrzehnten noch das Dorf stand, wuchert wieder der Wald, und die Raben krächzen darüber wie in alter Zeit. –

Noch vor 30 Jahren konnten wir den Todeskampf vieler Siedlungen am Goldenen Steig beobachten. Ganze Häuserzeilen waren schon verfallen und ausgestorben, die Menschen fort. Erst die wirtschaftlich gute Zeit nach dem Kriege, der einsetzende Fremdenverkehr, der Geld ins Land brachte, die teilweise Umstellung von der Landwirtschaft auf Industrie, der Siegeszug des Autos, welches die Entfernungen schrumpfen ließ, Hilfen des Staates – sie alle zusammen haben der tödlichen Entwicklung Einhalt geboten. Heute leuchten wieder neuerbaute, weiß gekalkte Häuschen von den Berghängen, und man muß weit gehen, bis man ein verfallendes Haus findet.

Wie lange wird die gute Zeit anhalten? Dies ist die bange Frage. Ist unser Wohlstand nicht seit Jahrhunderten schon einer Wellenbewegung ausgesetzt? Werden wir uns nicht morgen schon wieder in einem tiefen Tal befinden? Noch ungewisser als die Zukunft des flachen Landes ist die Zukunft der Walddörfer zwischen Lusen und Dreisesselberg, denn sie liegen unmittelbar an der Existenzgrenze.

Hier drängt sich uns plötzlich die Überlegung auf, wie es wohl zuging bei den ersten Siedlern, als sie vor 1000 Jahren in die Wildnis vordrangen, aus welchem Holz sie geschnitzt sein mußten, um sich behaupten zu können – und wie es heute damit steht.

Je tiefer sich die ersten Pioniere in das Waldgebirge vorwagten, um so mehr waren sie auf sich selbst gestellt. Das Land der Väter lag mehrere Tagesmärsche weit und die Verbindungen dorthin waren schlecht. Nachschub, wie heute, gab es nicht. Nur der Wald mit seinen Sümpfen und Felsen, mit Bären, Wölfen und Luchsen, mit all seinen Fährnissen war um sie. Dreiviertel des Jahres war es kalt. Meterhoch lag dann viele Monate lang der Schnee. Da mußte einer schon einen unbändigen Lebenswillen, viel Mut und große Findigkeit haben, wenn er überleben wollte.

Doch Wald und Berge waren nicht nur die unerbittlichen Feinde des Menschen – aus ihnen holte er auch alles, was er brauchte. In ihrem Schutz suchte er – meist an windsicheren, sonnigen Hängen Wärme und Geborgenheit. Der Wald lieferte das Bauholz für seine Hütte, das Brennholz für das Herdfeuer und den Kienspan für das Licht. Aus dem Holz des Waldes fertigte er den Brunnentrog, die Zäune und Gatter, zimmerte er Wagen, Schlitten und Pflug, flocht er Kiepen, Körbe und Schwingen und schnitzte Rechen und Gabeln. Aus Holz waren Wiege und Liegerstatt, Tische, Stühle, Schränke und Truhen, Zuber, Stanten, Gilten, Multern, Schüsseln und Teller samt Schöpfern und Löffeln. Der Wald und das Holz prägten sein Leben.

Aus dem Wald holte er auch den Lebensunterhalt. Mit selbstgemachten Fallen, Bögen und Pfeilen, Speeren und Spießen kämpfte er gegen Bär und Wolf und erlegte das Wild. Es lieferte Fleisch und Fett, Felle und Leder. Auch die Wildwasser und Bäche steuerten aus ihrem Fisch- und Krebsreichtum ihr Teil bei. Beeren und Pilze gab es in Fülle. Sie waren hochgeschätzt, wurden in Massen geerntet und für den Winter getrocknet. Gedörrte Wildkirschen, Holzäpfel, Birnen und Hollunderbeeren ergänzten den Vorrat. Brennesseln, Löwenzahn, Molken und Kressen waren begehrte Gemüse und Salate. Die wilden Bienen in hohlen Bäumen und Erdlöchern sorgten für Wachs und Honig. Birkensaft, Baumpech,

Wacholder, Blutwurz, Arnika und Waldmeister, Schafgarbe und Huflattich galten schon bald als Heilmittel verschiedener Art. Selbst Sauerampfer, Bitterklee, Farn, Ehrenpreis und Thymian fanden Verwendung. Hundeschmalz half gegen Schwindsucht, und Dachsfett war gut gegen alles. Sogar der Zunderschwamm an den abgestorbenen Buchen wurde durch Kochen, Klopfen, durch Schneiden, Formen und Aneinandernähen zu Hauben und einfachen Kleidungsstücken verarbeitet, und die Reste zum Feuerschlagen benützt. Auf den Kahlschlägen, wo allmählich wieder das Gras wuchs, weideten bald die Rinder. In tiefen, geschützten Lagen reifte der Roggen. Kartoffeln und Zucker gab es noch nicht. Ablenkungen, wie heute, fehlten ganz. Es war nur natürlich, daß der Mensch, der noch keine anderen Aufgaben kannte, als sich zu behaupten, im Kampf mit der Natur erfinderisch, hart und willensstark wurde. Was nicht stark und rauh genug war, das starb. So war es »im unerforschlichen Ratschluß des Allmächtigen« bestimmt, und ändern konnte es sowieso keiner. In Glauben und Demut – gepaart mit einem gewissen Fatalismus – wuchsen die Generationen heran, die durch natürliche Auslese immer wieder gestärkt, zäh an ihrem armseligen aber freien Dasein festhielten und es in allen Krisen verteidigten.
Erst die Neue Zeit mit ihrer humanitätstriefenden Vorstellung von Menschenwürde und ihren sozialen Errungenschaften erschütterte den Glauben dieses rauhen Volkes auf den Hochflächen des Waldgebirges. Wohlergehen und Bequemlichkeit gingen plötzlich über alles. Der früher so hehre Begriff »Heimat« hatte einen blechernen Klang bekommen. Es lohnte sich nicht mehr, für diese Heimat zu darben. Aber so süß die neue Lehre auch ins Blut gehen mochte – für die Siedler da droben war sie verderblich. Sie waren ohne die ihnen seit Generationen eigene Härte verloren. Vor drei Jahrzehnten war es schon so weit. Günstige Entwicklungen konnten den Exodus noch einmal verhindern. Aber nur ein »rauher Wind«, wie ihn das Weltgeschehen immer wieder mit sich brachte, und das Sterben der Bauernhöfe kann erneut einsetzen. –

Mit solchen Gedanken machen wir uns auf den Weg. Aber schon an unserem Ausgangspunkt Mauth stehen wir auf historischem Boden. Von Süd nach Nord zieht sich die Bergreichensteiner

Führe des Goldenen Steiges durch den Ort. Von Freyung über Vierhäuser kommt sie herauf und läuft über Zwölfhäuser, Höhenröhren, Heinrichsbrunn und Finsterau immer auf dem Höhenrükken zwischen Reschwasser und Saußwasser der Grenze zu. Sie ist heute ohne Bedeutung, aber man könnte sie als »gelungene Panoramastraße« bezeichnen, denn herrlich sind von ihr die Ausblicke in die Täler. Schamhaft verbirgt auf weite Strecken der Lusen sein kahles Haupt hinter den dunklen Waldkämmen des Sulzriegels und des Hohen Filzbergs. Wenn er sich aber dann einmal kurz zwischen ihnen zeigt, dann wirkt er majestätisch und unnahbar. Durch stille Wälder erreicht die Höhenstraße schließlich den Eisernen Vorhang. Hier, am murmelnden Grenzbach, ist heute alles zuende. –

Der böhmische Grenzort Buchwald ist nicht mehr. Er ist zur Steppe geworden. Auf einem hölzernen Wachtturm steht ein tschechischer Posten mit schußbereiter Maschinenpistole. Wenn er sich herabläßt, verstohlen über die Trümmer der Grenzbrücke herüberzuwinken, so ist dies wie ein Gruß aus einer anderen Welt. Hier zogen einst die Säumer nordwärts über die 1000 m hoch gelegenen böhmischen Dörfer Außer- und Innergefield nach Bergreichenstein. . . .

Wir aber folgen jetzt am Südausgang von Mauth der Straße nach Osten. Sie führt steil hinunter zum Saußwasser. Schnell verschwindet der freundliche Ort im Bergsattel hinter uns. Breit steigt auf der anderen Seite des Tales bis 1139 m der wuchtige Almberg auf. Seine Mischwälder spielen vom lichten Grün im Frühling bis zu brandigem Gelb und Rot im Herbst.

Helle Begeisterung packt uns wieder, denn, was wir nicht erwartet haben, ist eingetreten: Erneut tut sich ein interessantes Wandergebiet vor uns auf. Von der Annathalmühle drunten steigen wir am Saum eines kümmernden Kornfeldes, das mehr Mohn, Kornblumen und Margeriten zeigt als Ähren, zum Wald empor. Ein lauschiger Pfad führt durch Bitterklee und Lattich weiter hinein in das schillernde Grün. Selbst ein Forststräßchen, das wir kurz benützen, wird zur Bühne für das großartige Spiel der Natur rings um uns. Gelbe, rote und blaue Blumen leuchten aus den noch taunassen Gräsern am Wegrand. Schmetterlingspaare treiben zwischen Sonne und Schatten ihr Liebesspiel. Mücken schweben wie

Goldstaub im Sonnenglanz, blitzen auf und »verglühen« wie Sternschnuppen, wenn der helle Strahl sie entläßt. Grünes, nach Sonne drängendes Wachstum überall! Ungezählte Zweige und Blätter breiten sich und greifen nach den belebenden Lichtbündeln. Gräser und Moose fangen noch die spärlichen Kringel ein, die flüchtig über den Boden huschen. Manchmal überschreiten wir ein schmales Bächlein, das mit feinem Rauschen die Stille bricht. Von irgendwo her, aus dem weiten, hohen Walddach hören wir Vogelstimmen, so fern und verloren, und doch jede einzelne Äußerung wunderbaren Lebens.

Bald zweigt unser Pfad links ab. Er wird steiler und quert eine zum Gipfelplateau hinaufziehende Liftschneise. Jetzt geht der Blick zurück nach Mauth, zum Lusen und weit hinaus über Täler und Höhen. Wie eine Krone auf 816 m hoher Bergkuppe grüßt das tausendjährige Kreuzberg herüber, das einst seine Bedeutung an das neu aufblühende Freyung verlor. Viele Weiler und Ortschaften kuscheln sich zwischen die Berge.

Immer schöner wird die Sicht, wenn wir die breite Schneise direkt hinaufsteigen zum Gipfel. Die freien Bergflanken, die von Ost und West kommenden Skilifte und die sich südwärts hinziehende Alm geben uns – inmitten blumenreicher Bergwiesen – für einen Augenblick die Illusion, auf einem idealen Skiberg zu stehen. Hier heroben zu sein an einem sonnigen Wintertag, bei metertiefem Schnee, im Zauber des Rauhreifs, hoch über den Nebeln der Täler, müßte zu einem großen Erlebnis werden.

Aber noch streicht der Sommerwind über die Blumen und das borstige Gras. Die wenigen Baumkrüppel, die den harten Daseinskampf überstanden haben, beugen sich unter ihm. Im Sonnenglanz dehnen sich nach Süden die grünen Täler, die die Siedler im Verlauf eines Jahrtausends gerodet und mit Leben gefüllt haben. Über die geduckten Steinhäuser der »Alm« hinweg blauen schon die Waldrücken des Dreisesselgebirges herüber.

Der Weg über die weite Blöße hinunter zum Wald ist am schönsten, wenn kurz vor dem Schnitt die Hangwiesen in den Farben zahlloser Blumen schimmern, und die Gräser im Winde wogen, oder dann, wenn der Duft des frischen Heus über sie zieht.

Unser Nahziel Philippsreut liegt jenseits des schwarzen Waldbuckels, den der Almberg gegen Südosten vorschiebt. Auf einer

△ Tiefblick vom Schwarzeck auf Lamer Winkel

◁ Wanderer im Herbstwald

◁◁ Höllbachwasserfall – Falkenstein

▽ Gipfel des Mühlriegel

Berghaus »Hohen Bogen« (1980 eröffnet)

Arberkapelle

stillen Forststraße gehen wir in weniger als einer Stunde hinüber.

Einer der Wegweiser an der Straße zeigt nach Prag. Dies ist ungewohnt, aber wie in Furth i. Wald und Bayerisch Eisenstein ist auch hier ein Loch im Eisernen Vorhang. Wie vor 600 Jahren auf dieser Ader des Goldenen Steigs die Säumer hinübertrotteten nach Winterberg, so fahren heute die Autos auf gut ausgebauter Straße an den historischen Marchhäusern vorbei, hinein nach Böhmen. Freilich, der Zweck des Grenzübergangs ist ein anderer geworden. War es vor Jahrhunderten noch fast ausschließlich der Handel, von dem man herüben und drüben lebte, und der hinüber und herüber ging, so sind es heute meist Urlauber – mit den Augen der Alten gesehen: Neugierige – für die sich der Schlagbaum öffnet.

Von Philippsreut nehmen wir die wenig befahrene Hauptstraße nach Osten. Die alten, verlassenen und baufälligen Gebäude der Kricklsäge liegen rechts im Wiesental. Dahinter der ewige Wald, der sich nun auch wieder um die Straße legt! An der auffälligen Linksbiegung folgen wir einem geradeaus weiterführenden Forstweg, der sogenannten Almerstraße, der uns wieder tiefer in die Einsamkeit führt.

Wenn in heißen Sommern der Steinerne Brunnen an der Brücke versiegt ist, so ist der romantische Wildbach mit seinem rauschenden, eiskalten Wasser immer noch gut für einen labenden Trunk. Grünes Dämmerlicht und wohltuende feuchte Kühle lassen uns gerne hier rasten, bis die Hitze im Körper abgeklungen ist. Dann führt die lange Schlucht zwischen den Bäumen weiter hinauf zum uralten Prachatitzer Salzsteig, der heute noch sichtbar als Wanderweg über die waldigen Höhen zieht. Hier, wo der Wald jäh endet, stehen wir endgültig auf jenem sagenhaften Handelsweg, den heute jedes Schulkind als den »Goldenen Steig« kennt.

Er ist der älteste der 4 Goldenen Steige. Wahrscheinlich hatte er schon lange vor dem Jahr 1000 Bedeutung. Wir können heute nur staunen, wie er noch wohlbehalten durchs Land zieht. Wie er heraufkommt über den 1167 m hohen Haidel und dann den langen Bergrücken überläuft, auf dem noch um 1900 – 1100 m hoch – das sterbende Dorf Leopoldsreut lag. Keine Stunde weit liegt der »gespenstische Ort« von hier. Nur das Ortsschild im Wald kündet noch davon. – Von hier führte er durch das nahe Bischofsreut zu den Marchhäusern hinunter, wo er die Grenze überschreitet – und wir folgen ihm. Es ist ein packendes Erlebnis für fantasiebegabte Wanderer, sich auf den Spuren der ersten Säumer zu wissen und ihnen und ihrem Tun einmal für ein paar Stunden die Gedanken zu widmen.

Wir wissen, daß zu jener Zeit nicht weit nördlich der Donau die Wildnis begann, und der Steig als Trampelpfad vornehmlich über die Höhen führte. Morastige Stellen waren mit Reisig- und Holzbündeln begehbar gemacht. So ein Marsch über das Gebirge als Säumer war eine harte, entbehrungsreiche Arbeit. Rauhe und wilde Gesellen müssen die Säumer gewesen sein. Rauh war auch ihre Kleidung. In klobigen Schuhen, ledernen Hosen, leinenem Hemd und grob-tuchenem Wams mögen sie schmutzig und unter schwerer Last gebeugt neben ihren struppigen Pferden geschritten sein, die ihnen Gefährte und teuerster Besitz waren. Vielleicht nannten sie noch einen Bärenpelz für die kalten Nächte und die Wintertage ihr eigen – aber das war schon bald alles, was sie besaßen. Bei Schwarzbrot und Trockenfleisch und einem Gebräu aus Waldfrüchten, angefangen von den Beeren bis zu Eicheln und Bucheckern, und allerlei Kräutern saßen sie nachts müde und vor Kälte schaudernd um die Feuer und mußten doch jederzeit bereit sein zum Kampf gegen Raubwild und Wegelagerer.

Ob im Auftrag und Sold der Fürsten, der Klöster oder der Kaufleute, oder ob schon selbständig – ihr rauhes Handwerk und ihre Herkunft bestimmten auch ihre Sitten. Ihre Sprache war ein örtlich eingefärbtes Mittelhochdeutsch, für uns heute kaum noch verständlich und so weit von unserer Sprache entfernt wie etwa Holländisch oder Schwedisch. Mehr Flüche als gute Worte dürfte der Wald gehört haben. Diebstahl, Raub und Mord waren bei Leuten dieses Schlages an der Tagesordnung. Menschlichkeit und Moral wurden jedoch mit barbarischen Strafen aufrechterhalten. Der Galgen war unentbehrlich und durch Jahrhunderte Symbol für grausame Gerichtsmethoden. Auch bei den Blauen Säulen am Lusen war eine Richtstätte. Heute noch ranken sich scheuchtsame Geschichten um diese Stelle.

Der Hauptwanderweg quert hier den historischen Steig. Er berührt nur den westlichen Rand von Bischofsreut und mündet in die Straße nach Haidmühle. Wir aber folgen, wie schon gesagt, dem

Salzsteig nach Osten. Arnika und Bergglockenblumen leuchten aus den felsigen Wiesen – und über die grauen Dächer des Ortes schauen wir bis weit nach Böhmen hinein. Das stille, sonnige Bergdorf nimmt uns auf. Das Gasthaus zum »Goldenen Steig« lädt zur Rast ein. Da tickt die alte Uhr noch durch die Stille und neben der schnurrenden Katze strickt die freundliche Wirtin noch die Strümpfe für den langen Winter. Wären nicht auch noch Radio und Fernseher in dem behaglichen Raum – man könnte meinen, hier wäre die Zeit stehen geblieben.

Mit der Wirtin reden wir über den Goldenen Steig und erfahren, daß seine Fundamente noch in verschiedenen Schuppen und Höfen der Häuser links der Straße zu finden sind, und daß seine tiefe Spur selbst noch in einem Birkenwäldchen am Hang, links des Weges, deutlich sichtbar ist. Bereitwillig erzählt sie uns vom sagenhaften Weg. Bücher seien schon darüber geschrieben worden, sagt sie lächelnd, und grad vom Gold sei da immer die Rede, aber wer hier auf dem Hochland an der Grenze wohnen müsse, der wisse wohl, daß hier kein Gold zu finden sei, und daß es hier nur gerade immer wieder zum Leben reiche. –

Dann steigen wir weiter ab in das grüne, breite Hochtal, das der dünne Harlandbach zwei verschiedenen Welten zuteilt. Der Herzschlag möchte uns einen Augenblick aussetzen, als wir unterhalb des letzten Hauses im Wiesengrund die grün überwachsenen Windungen des Salzsteigs entdecken und die alte, steinerne Brücke, über die er hinüberführt ins Waldgestrüpp jenseits der Grenze. Seine Weiterführung können wir nur noch ahnen.

Wir wissen, daß er einst über den Waldhang hinaufzog zum Scheitel des Berges und gleich dahinter die Steinköpfelhäuser und den alten Grenzort Böhmisch Röhren erreichte. Es ist, als sähen wir noch die Kolonnen nach Osten ziehen. Aber die dunklen Gestalten am Weg sind nur junge Bäume, denn der Wald greift schon wieder nach Brücke und Steig. Lange hängen wir in der absoluten Stille den Gedanken nach und merken erst so nebenbei, daß hier im Juli noch die Bäume blühen. Wir sind immer noch auf 850 m Höhe.

Schon bei der Kirche droben haben wir den Hauptwanderweg absichtlich verlassen, denn er folgt zunächst zwei Kilometer weit der

Straße, von der er dann links abzweigt nach Auerbachsreut. Aber auch von den Marchhäusern können wir durch Wiesen und Wald in nur geringem, aber sicherem Abstand von der Grenze zu diesem einsamen, kleinen Grenzweiler kommen. Der Weg wird schon bald zu einem schmalen Sträßchen, von dem wir, kaum einen Steinwurf entfernt, die so bedeutungsvollen, weißen Steine sehen.

Von den meist freien, aber verfilzten Hängen der anderen Seite schauen verstreut ein paar halb verfallene Holzhäuschen herab. Es sind die Reste der Wüstungen Moorhäuser, Draxlerhäuser und Heger.

Ein aufregender Weg ist es, der über Theresienreut dem Grenzbächlein entlangführt. Wir trinken das kalte, köstliche Wasser eines vor einem verlassenen Holzhaus immer noch sprudelnden Brunnens und betrachten die Grenzbauern beim Heuen. Wie selbstverständlich wenden sie bis zum Bach hin die Mahd. In den jenseitigen Hängen aber rührt sich nichts. Alles ist verwildert. Wie im Dornröschenschlaf liegt das einst blühende, böhmische Grenzland. Nur die verschiedenen Grüntöne deuten noch auf eine ehemals unterschiedliche, landwirtschaftliche Nutzung.

Doch die Natur in ihrem ewigen Bemühen um Ausgleich mischt in die vielen Grünschattierungen des hohen Grases den goldenen, violetten, rostroten und weißen Schimmer der Blumen und stimmt uns versöhnlich. Das Zirpen der Heuschrecken und Grillen, die hüpfenden Lichtpunkte der Schmetterlinge, der Flug der Vögel, die alle die Grenze nicht achten, gibt uns die Hoffnung, daß sich auch die natürlichen Anschauungen der Menschen einmal ändern können.

Jetzt wandern wir hinein in die grüne Niederung der Kalten Moldau. Der gedrungene Kirchturm, die Häuser und modernen Hotelbauten des fast vergessenen Grenzdorfes Haidmühle grüßen schon ganz nahe herüber, und dahinter steigen als breite Kulisse die Waldrücken des Dreisesselgebirges auf.

Wir queren die Bahn, die keine mehr ist, betrachten den aus Steinquadern anscheinend für die Ewigkeit gefügten Bahnhof, der zum Gespött der Gegend wurde, und steigen durch die auffallend stillen Straßen hinauf zur Kirche.

Aus einer von Bischof Firmian 1764 errichteten Mühle hat sich der Ort entwickelt. Es waren goldene Tage, als der »Eiserne Hund« am 15. Nov. 1910 zum ersten Mal von Passau »heraufbellte«. Auf beschwerlichen Wegen kletterte die Eisenbahn von der Donau her über das Gebirge und fand durch den Grenzsattel hinüber ins Tal der Moldau nach Oberplan, Krummau und Budweis. Aber nach dem letzten Krieg war alles aus. Die Schwellen verfaulten, die Schienen setzten Rost an, und eines Tages kamen von drüben die Kolonnen, bauten sie ab und nahmen sie mit ins Land hinein, wo sie dringend benötigt wurden. Noch 30 Jahre lag das Gleis auf deutscher Seite – es war die Zeit des vergeblichen Hoffens auf eine Änderung – bis im Juli 1976 auch hier die Bahn »ausradiert« wurde, nachdem sie schon lange vorher »verkraftet« worden war.
Es scheint, kein Glück und keine Zukunft zu geben für die harten und tapferen Leute an dieser Grenze. In ihrer Not haben sie – schon auf dem Weiterweg zum Dreisesselberg – eine Marienkapelle errichtet. Im dichten Wald, rechts des Weges steht sie, die Kapelle zur »Madonna vom Eisernen Vorhang«.
Allein der Fremdenverkehr wird es sein, an dem dieses verwunschene Land genesen kann. Hier beginnen die herrlichen Wälder, die Adalbert Stifter schon rühmte. Hier könnte ein Volk sich gesundwandern und jene Ruhe finden, die es anderswo nicht mehr gibt. Hier sind die Sommer wohlig kühl und erholsam, und die Winter von einem Glanz wie nirgends mehr in Deutschland. Wenn 3–4 Meter Schnee Wälder und Hütten monatelang in einen weißen Traum hüllen, dann braucht dies nicht Stillstand zu bedeuten. Es könnte Schlüssel sein für die Zukunft dieses so schwer ringenden Grenzlands.

Durch den Wald leicht ansteigend queren wir die »Adalbert Stifter Straße« und erreichen die malerisch gelegene Kreuzbachklause. Sie ist der letzte Schwellteich, an dem wir vorbeikommen. Erst in den 60-er Jahren des vergangenen Jahrhunderts ausgebaut, hat sie schon seit 15 Jahren ihre Bedeutung verloren. Aber noch lockt ihr moordunkles Wasser, in dem sich die Tannen und Fichten spiegeln, zum Bad. Wie tausend feine Nadeln prickelt seine Kühle auf der Haut und nimmt alle Müdigkeit fort. Weniger eine Kneipp-

als eine Eisenbarthkur ist es, die uns fit macht für den immer steiler und wilder werdenden Aufstieg zum Dreisessel.
Am hölzernen Schwellhäusl vorbei dringt der Weg über morastige Gründe in den Bergwald ein und steigt im grünen Dämmerlicht über 300 m empor. Seine anfängliche Harmlosigkeit weicht bald einer agressiven Wildheit. Von den Schmelzwassern des Frühjahrs und von unzähligen Gewitterregen ausgeschwemmt, felsbuckelig und blockübersät, überaus steil und mit überhängenden, farngrünen oder wurzeldurchsetzten Randwülsten geht er unentwegt die steilen Hänge an. Wir überwinden sie mit verbissener Zielstrebigkeit. Um und über uns die Stille und das Lichterspiel des unheimlichen Waldes, der kein Ende hat!
Noch einmal queren wir die Straße. Schweiß tritt uns aus den Poren, kühlt die Stirn und beißt in den Augen. Schwer geht der Atem. Reinste Waldluft wühlt die Lungen auf bis in die letzten Tiefen. Was bedeutende Ärzte verordnen und genial konstruierte Maschinen den Kranken vermitteln, hier wird es uns ohne Rezept und umsonst in vollen Zügen zuteil – ganz von selbst. Welch eine Therapie!
Fast scheint es, als wollte die Steile nicht mehr enden. Mehrmals verschnaufend haben wir Gelegenheit, die kühn sich in den Hang krallenden, hochschäftigen Fichten zu betrachten – eine stämmiger als die andere. Dann wird es lichter über uns. Wir haben das Plateau erreicht. In wenigen Minuten sind wir beim Unterkunftshaus am Fuß des Dreisesselfelsens. Wie ein Dorn sticht tschechisches Gebiet herein bis hart an den Felsen. Wer dies zum ersten Mal sieht ist verwundert über die kuriose Grenzziehung. Aber sie stammt aus einer Zeit, als Grenzen zwischen zwei deutschsprachigen Ländern kaum mehr als symbolische Bedeutung hatten. Mit zunehmender Verhärtung der Fronten wuchs die beidseitige Verlegenheit über solches Machwerk. Man hat das beste daraus gemacht und sich geeinigt. Die Zufahrt zum Dreisesselhaus geht heute über tschechisches Gebiet.
Fast so alt wie die verrückte Grenzziehung dürfte diese Einkehr sein. Nachdem die Zeit der Aufklärung allgemein den Blick für die Natur geöffnet hatte, und als gegen Ende des vorigen Jahrhunderts die beginnende Industrialisierung die Menschheit durch Ausbeutung der Arbeiter, durch Bevölkerungsballung, Steige-

rung der Krankheitsanfälligkeit und fehlende Gesundheitsfürsorge verbunden mit einem despotisch-hierarchischen System vor schier unlösbare Probleme stellte, wurde der Ruf nach der alles heilenden Natur immer lauter. Sie wurde als der billigste und beste Erholungsspender erkannt. Es ist kein Zufall, daß die Gründung fast aller Wandervereine in diese Ära fällt. Auch der Bayerische Waldverein wurde seinerzeit ins Leben gerufen.

Es mag im Herbst 1887 gewesen sein, als weitsichtige, heimatverbundene Männer – an ihrer Spitze der Forstmeister Albert Gampert – die Gründung der Sektion »Dreisessel« des Bayerischen Waldvereins in Neureichenau ins Auge faßten und gleichzeitig den Plan für den Bau eines Unterkunftshauses auf dem Dreisessel berieten. Wir wissen aus alten Aufzeichnungen, daß den heute auf uns so umständlich wirkenden »Stehkragenstrategen« der damaligen Zeit in Wirklichkeit eine Gründlichkeit und obendrein ein Elan eigen waren, die in unseren Tagen nur noch selten, so glücklich vereint, anzutreffen sind. Im Frühjahr 1888 gingen die Männer ans Werk. Sie gründeten die Ortsgruppe, und als der Firn noch in den Bergwäldern lag, zogen sie schon zum Dreisessel hinauf und hoben die Fundamente des neuen Hauses aus dem steinigen Boden.

Wenn wir einen Brief richtig deuten, den Stifter 1866 aus Lackenhäuser an seine Frau schrieb, so stand schon viele Jahrzehnte früher ein Gasthaus an dieser Stelle. Es bot Jägern, Hirten, Holzarbeitern und Grenzern eine einfache Einkehr. Auch die Jakobikirchweih, die diese derben Waldleute alljährlich vereinte, geht schon in diese Zeit zurück.

In zunehmendem Maß kamen auch jene seltsamen Menschen herauf, die das »Herumstreunen im Wald« zur Mode werden ließen. Die alte Hütte mochte längst einer Erneuerung bedurft haben. So scheint also der Gedanke des Neureichenauer Forstmeisters nicht von ungefähr gekommen zu sein. Aber sein Verdienst war es, daß er Gleichgesinnte dafür begeistern konnte.

Jetzt sollte das Haus Erholungssuchenden und allen, die im Wald ihrem Beruf nachgingen, in gleicher Weise Schutz und Unterkunft bieten. Immer mehr Wanderer fanden den Weg hinauf. Wieder und wieder mußte ausgebaut werden. 1913 wurde es wenige Meter daneben groß und modern neu errichtet. 1949 brannte es nie-

der. Ein Jahr darauf war es schon wieder aufgebaut. 1964 wurde es erneut modernisiert. Heute ist ein gastronomisch hervorragend geführter Berggasthof daraus geworden, der allen Ansprüchen genügt.
Freilich, es ist nicht ganz nach dem Geschmack der Zünftigen, wenn täglich Hunderte, und an schönen Sonntagen sogar Tausende den Weg zum Dreisessel finden und dem Berggipfel das Aussehen eines Ameisenhaufens geben. Aber da wurde in jüngster Zeit die Adalbert Stifter Straße mit einem riesigen Parkplatz, kaum 10 Minuten unterhalb des Gipfels, gebaut. Der alles beherrschende Motor besorgte das übrige. Weil »Gas geben« keine Anstrengung bedeutet, finden heute Menschen aller Schattierungen und aller »Gewichtsklassen« den Weg zum Dreisesselberg. Trotzdem kann man noch Gezeter hören, weil das letzte Stückchen Asphaltweg »so steil und beschwerlich« ist.
Aber keine Angst! Die Gipfelstürmer dieser Art bleiben wie eine Traube – besser gesagt: wie ein Bienenschwarm am Gasthaus hängen. Und der Berg ist so weitläufig, daß die wenigen, die tatsächlich wandern, im Wald kaum zu sehen sind. Nur der unmittelbar neben dem Haus aufragende Dreisesselfelsen und der kaum 10 Minuten entfernte Hochstein sind stärker besucht. Die lohnendsten Ziele wie Steinernes Meer und Dreiländerecke, die Plöckensteine und der Hochkamm sind noch unerreicht von der Flutwelle der Autotouristen.

Der Dreisesselberg besticht durch seine verstreut liegenden Felsenburgen und die herrlichen Wälder, die in blockübersäten Hängen wurzeln. Manchmal hat man den Eindruck, der Berg bestehe nur aus übereinandergeworfenen Steinblöcken.
Wie ein Turm aus aufgeschichteten, großen Mehlsäcken ragt nur 10 m vom Haus entfernt der Dreisesselfelsen auf. Die Sage hat sich seiner bemächtigt. Auf seinen Zinnen sollen einst die Herrscher von Böhmen, Bayern und Österreich beisammengesessen sein, um über die Geschicke ihrer Länder zu beraten. Tatsächlich finden wir 3 Vertiefungen in den Felsen – 3 steinerne Sesselmulden. Früher sollen sogar noch die steinernen Lehnen vorhanden gewesen sein. Man sagt, das Wetter hätte die Sitze ausgewaschen, aber sie sind so ebenmäßig, daß sie nur Menschenwerk sein kön-

nen. Vielleicht haben die Erbauer des Hauses einst ihren Feierabend auf originelle Weise genützt und dieses »Mysterium« geschaffen. Jedenfalls hätte an schönen Tagen dieser Gipfel bei der beherrschenden Sicht über das weite Waldland einen exquisiten Tagungsort für die drei Mächtigen abgegeben. –
Noch wuchtiger ist der 1330 m hohe Hochstein. Wir sind beim Aufstieg an ihm vorbeigekommen. Wo der von der Kreuzbachklause heraufkommende Weg in die Horizontale übergeht, ragt er zyklopenhaft aus dem Wald auf. Besonders schön ist der Blick von seinen Felsen anfangs Juni, wenn der Frühling allmählich auch diese Hochlagen erreicht, und die im Umkreis ragenden Fichtenwipfel Tausende von purpurroten Blüten tragen. Aber auch im Herbst, wenn sie sich unter der Zentnerlast kupferbrauner Zapfen beugen, bieten sie ein großartiges, ungewohntes Bild. Doch welche Gestalten erst der Winter mit Schnee und Rauhreif in den Wald zaubert, weiß nur derjenige, der auf Skiern die unberührte, glitzernde Wildnis durchstreift hat.

Keiner aber kann sagen, er kenne den Dreisesselberg, wenn er nicht über das Steinerne Meer zur Dreiländerecke gewandert ist. Von der Straße zum Parkplatz zweigt links der Witikosteig ab – Hauptwanderweg und Abstieg zum historisch gewordenen Rosenberger Gut. Unser Weg geht gleich wieder links ab. Schon nach 30 Minuten nehmen die Felsblöcke zwischen den hohen Tannen so überhand, daß wir immer wieder staunend stehen bleiben. Aber wenn wir dann völlig unvermittelt hinaustreten auf die urzeitliche Blockhalde, sind wir überwältigt.
Eine Parallele zum Lusen finden wir in diesem Felsenmeer, dessen Wellen nur die schwarzen Waldufer zu halten scheinen. Die Blöcke sind noch viel massiger als die des Lusengipfels. Die Bergflanke scheint aufgerissen, und die grob verschorfte Narbe zieht sich über Hunderte von Metern hinauf bis zum Gipfel des Bayerischen Plöckensteins. Dumpf dröhnen unsere Schritte auf den mächtigen Platten. Seltener ist hier die gelbe Schwefelflechte, aber aus den dunklen Klüften glüht mitunter das seltene Leuchtmoos. Unser Blick gleitet hinunter ins grüne Waldland zu Füßen des Berges, entdeckt das berühmte Rosenberger Gut und stößt sich an einem weiten Campingplatz, dessen Zelte bunt und zerstörend aus

besonntem Wiesengrün mit blauen Schatten schreien. Wir suchen über das Felsgewirr, über Latschen und von Wind und Schnee gebrochene Fichtenwipfel empor zum Himmelsblau und zu den rasch ziehenden Wolken, die die nahe Grenze nicht achten. Der Bergwind raunt um die Felsen – noch wie einst, als die Gletscher plötzlich zurückgingen und ihr hunderttausendjahrealtes Zerstörungswerk zum ersten Mal freigaben. Nichts konnte seither die Narbe heilen. Sinnend und bewegt stehen wir auf den Trümmern aus grauer Vorzeit.

Ein felsiger Pfad leitet hinüber zur moorigen Grenzseige gegen Österreich und führt als »Seesteig« hinauf zur Dreiländerecke im Sattel zwischen Bayerischem und Böhmischem Plöckenstein. Während unser deutschsprachiges Bruderland die Grenze offen hält und dies sogar durch ein Schild kundtut, führt zum nahen waldumgürteten Plöckensteinsee, der Adalbert Stifters Gedanken so sehr beflügelte, und in dessen Seewand heute noch sein Denkmal steht, kein Weg hinüber. Auch der stille Grenzweg zum böhmisch-österreichischen Plöckenstein ist gefährlich. Er verläuft fast immer auf der tschechischen Seite der mit weiß-roten Steinen ziemlich unauffällig vermarkten Grenze. Das umwaldete Felsenhaupt des bekannten Berges gehört fast ganz zu Böhmen. Kaum, daß noch Platz bleibt, auf österreichischer Seite einen Fuß hinzusetzen. Die Sehnsucht nach dem kleinen See, den Stifter »eine versteinerte Träne, gefaßt von der Braue des Urwalds« nannte, wird riesengroß in uns. Nur wenige Meter bis zu seiner Seewand – aber eine unerbittliche Grenze erlaubt uns nicht, seine melancholische Schönheit zu schauen. –

Also zurück zur Dreiländermark! Ein eigenartiger Zauber geht von ihr aus. Hier ist der Punkt, wo man drei Länder zugleich mit der Hand bedecken kann, wo man in einer Sekunde durch drei Länder läuft. Aus dem Jahr 1765 stammt der Dreieckstein. Die Mark selber ist noch viel älter. Aus alten Schriften spricht stets das Geheimnisvolle, das diesen Ort immer umgab.

Verwundert, ja belustigt, lesen wir heute einen alten Bericht aus dem Schlägler Stiftsarchiv, den uns Johann Lamprecht schon 1863 in einer historischen Schrift Österreichs festhielt: »Ein berühmter Berg«, so heißt es, »wegen seines wunderbaren Sees auf dem Gipfel, und wegen anderer ungewöhnlicher Naturerscheinungen auch bei fremden Völkern bekannt; denn wie man aus Erfahrung weiß, entsteht sofort ein Sturm, wenn der See in Bewegung gerät, oder wenn man etwas wie einen Stein oder ein Stück Holz in ihn hineinwirft. Dieser Berg scheidet im Westen das Gebiet des Stiftes Schlägl von Böhmen und Bayern. Seinen Gipfel ersteigen kaum andere als Jäger und solche, die von Neugier angelockt werden. Der Platz ist nämlich überall unwegsam, abgelegen und wüst.«

Adalbert Stifter hat ihn dann salonfähig gemacht, diesen wüsten Wald. Als 1842 seine Erzählung »Der Hochwald« erschien – zuerst als Almanach und später als Buch – wurden viele davon inspiriert und zogen selbst hinauf in die tiefen Wälder des Gebirges und hinüber zum walddunklen See. Es gehörte schon bald zum guten Ton, sich für die Natur und besonders für den nun bekannt gewordenen Böhmerwald zu interessieren.
So wurde der Wald entdeckt, und es hat noch kein Ende genommen. Immer mehr kommen. Sehnsucht und der Ruf nach Berg und Wald, nach reiner Luft dringen aus allen Ballungsräumen. Kein Waldberg ist leichter zu erreichen als der Dreisessel, und für jene, die da drüben – jenseits der Grenze – von Haus und Hof vertrieben wurden, wird die Fahrt zu diesem Berg zu einer Art Wallfahrt. Mit blutendem Herzen schauen sie vom Hochstein weit hinein in ihre verlorene Heimat, wo die Häuser von Wallern aus lieblichem Wiesengrün herüberleuchten, und hängen Zeiten nach, die wohl niemals wiederkehren werden. . . .
Vom Dreiländereck zieht der Bärensteig längs der Grenze über den Bayerischen Plöckenstein und die prallwulstigen Felsen des Hochkamms wieder nordwärts zum Unterkunftshaus. Es ist eines jener Berghäuser, die trotz des täglichen Ansturms der bunten Scharen aus dem Tal – der im Waldgebirge schon viel verdorben hat – wandererfreundlich geblieben sind. Ein gemütlicher Abend mit den jungen Wirtsleuten und im Kreis echter Wanderer war mir noch immer ein angenehmes Erlebnis.
Für uns heißt es nun Abschied nehmen vom Wald.
Aber noch einmal ist er wie ein grüner Dom über uns, wenn wir den Witikosteig hinabschreiten zum Rosenberger Gut. Bald lauschig durch grünes Blätterwerk junger Buchen, bald streng und dunkel unter den gleich gotischen Säulen himmelaufstrebenden,

grauschäftigen Tannen schlängelt sich der Weg talwärts. Wie alte Musik rauscht der Wind in Zweigen und Blättern, rauschen die Wasser, die ihrer ewigen Heimat – dem Meer – zueilen. Zahllose Lichter geistern durch das Dämmer, lassen für einen Augenblick Ornamente, Mäander, Arabesken aufleuchten, zeigen kunstvolle Bögen und zarte Farbklänge. Tausendfältig bezaubert uns in Gestalt, und Klang, und Stille die Natur. Wir selber sind mitten drin und können uns nicht wegleugnen aus diesem weisen Gefüge, das wir Schöpfung nennen. Wo sollte sie uns noch näher sein als in diesem Wald? –

Adalbert Stifter, der im nahen Rosenberger Gut – eingeladen von seinem Gönner, dem reichen Kaufmann Rosenberger – in den Jahren 1855 – 1866 immer wieder erholsame Wochen verbrachte, hat in seiner bedeutendsten Dichtung, dem »Witiko« über das Gebirge hinweg eine Klammer zu schmieden versucht zwischen den beiden durch eine rauhe Geschichte verbundenen Völkern der Böhmen und der Bayern. Das Werk ist meisterlich gelungen. Es ist auch verstanden worden. Warum sonst stünde das Denkmal des Dichters heute noch über dem Plöckensteinsee?

Wie vor hundert Jahren der zuletzt unglückliche Dichter, so stehen auch wir endlich vor dem Gutshaus im Schatten der alten Bäume und schauen hinauf in die dunklen Hänge des Gebirges. Wir begreifen auf einmal, daß er verzaubert war von diesem Blick, daß er den Wald in zahllosen Wanderungen suchte und erlebte, und daß er uns die großen Werke schenken konnte über ihn.

Heute ist er in Gefahr, dieser Wald. Immer weiter werden die Straßen vorgetrieben in die Berghänge. Der Motor frißt sich hinein wie ein schädliches Insekt. Der Mensch erkennt nicht im Wohlgefühl der Zivilisation, was er tut, wenn er im »Erschließungstaumel« die Natur »menschenfreundlich« macht, indem er überall regulierend eingreift. Ich meine, nicht der Wald sollte durch alle erdenklichen Künste den Wünschen des Menschen angepaßt werden, sondern der Mensch sollte endlich wieder naturnah erzogen und für die Natur begeistert werden, damit er das Göttliche in der Schöpfung erkennt und es nicht auf Schritt und Tritt zerstört.

Das schwarze Dreisesselgebirge hinter uns – über uns die Lackenhäuser, die in weiter und malerischer Streuung von den steilen

Wiesenhängen schauen, und das immer lieblicher werdende, sonnige Waldland vor uns – genannt die »Neue Welt« – sind ein schöner Abschluß unseres romantischen Weges. Sie erscheinen uns gleichzeitig aber auch als eine würdige Fassung, als ein gelungener Rahmen, für all die »rohen Edelsteine« die wir uns erwanderten.
Wenn wir dem uralten Salzweg entlang hinausfahren ins Tal des völkerverbindenden, silberglänzenden Stromes zur zweitausendjährigen Nibelungenstadt Passau, sollten wir endgültig erkennen, welch ein historisch bemerkenswertes und landschaftlich einmaliges Land der Herrgott uns Waldlern anvertraut hat.

Literatur

August Sieghardt, Bayerischer Wald, Nürnberg, 1974[3]
Priehäusser, Bayerischer und Oberpfälzer Wald, Essen 1965
Der Bayerwald, Zeitschrift des Bayerischen Waldvereins, Jahrgänge 1954–1976
Hans Bleibrunner, Niederbayerische Heimat, Landshut 1967[5]

Bildnachweis:

Alle Fotos stammen vom Autor.